GENÇLER SERİSİ

İÇİMDEKİ
Turkuaz

David Harizanov

Telif Hakkı © 2025 David Harizanov

Bu eser PST Coaching'e ait olan "Gençler Serisi" projesinin bir çalışmasıdır. Tüm hakları saklıdır.

Bu kitabın hiçbir bölümü, yazarın veya yayınevinin yazılı izni olmadan herhangi bir biçimde ya da herhangi bir yöntemle kopyalanamaz, saklanamaz veya iletilemez.

Yayınevi: PST Coaching

ISBN: [978-1-918272-08-6]

1.Baskı: Eylül 2025
2.Baskı: Ekim 2025

Kapak Tasarımı: PST Coaching
İletişim: info@pstcoaching.co.uk

Bu eser, Amerika Birleşik Devletleri ve diğer ülkelerin telif hakları yasaları kapsamında korunmaktadır.
ABD Telif Hakkı Ofisi'ne kayıtlıdır.
Yazarın manevi hakları saklıdır.

Ayrıca eser, "Edebi ve Sanatsal Eserlerin Korunmasına ilişkin Bern Sözleşmesi" kapsamında, üye ülkelerde uluslararası koruma altındadır.

GENÇLER SERİSİ

İÇİMDEKİ
Turkuaz

David Harizanov

Sorularına cevap arayanlara…

İçindekiler

Önsöz 9
1- Hayata, Kur'an Perspektifinden Bakış 11
2- Kur'an'ın Işığında Kendini Keşfetmek: İslam Kimliği ve Transformasyon .. 26
3- İslam'ın Beş Temel Disiplini Rehberliğinde Hayat Yolculuğu 44
4- Huzurlu ve Balanslı Bir İnsan Olmak İçin İhtiyacımız Olan Ruh ve Kur'an Senkronizasyonu 62
5- Ahir Zamanda Gençlerin Manevi Yolcuğu: İslami Değerlerle Donanmak ... 85
6- İslam'a Göre İyi İnsanların Özellikleri Nelerdir? Ebrar Kavramı 102
7- Zihinsel ve Manevi Kölelikten Kurtulmanın Formülü: Kur'anî Disiplinler 125
8- Nefsin Hapishanesinden Hakiki Özgürlüğe: Kur'an'ın Işığında, Zihinsel ve Ruhsal Esaretten Kurtulmanın Yol Haritası 142
9- Öz Güven mi, Kibir mi? 160
   Kur'anî Kıssalar Işığında Bir Değerlendirme- 1 160
10- Öz Güven mi, Kibir mi? 183
   Kur'anî Kıssalar Işığında Bir Değerlendirme- 2 183
11- Duygusal Zekâ ve Musa (A.S.) Kıssasından Öğrenilenler 206
Sonsöz 233

Önsöz

Sevgili Genç,

Benzersiz bir çağda yaşıyorsun. Tarihin hiçbir döneminde, iyinin ve kötünün bu kadar iç içe geçtiği, her şeyin bu kadar hızlı değiştiği, zihnin bu kadar çok uyaranla kuşatıldığı bir zaman olmadı. Öyle ki, bir dokunuşla dünyalara açılabiliyor, fakat aynı hızla hakikatlerden de uzaklaşabiliyorsun. Ve bu karmaşa içinde en büyük mesele, kendini kaybetmemek.

Bu kitap sana, "Ben kimim? Nereye gidiyorum? Yolumu nasıl bulabilirim?" sorularında bir pusula olmayı hedefliyor. Çünkü insan, kimliğini keşfetmeden huzuru bulamaz. Güçlü duruş, sağlam değerler ve dengeli bir öz güven; hayat yolculuğunda en çok ihtiyaç duyacağın şeylerdir.

Okuyacağın her bölüm, sana bir hatırlatma ve aynı zamanda bir çağrı niteliğinde. Modern dünyanın sunduğu sahte parıltıların ötesinde, hakiki mutluluğun kaynağına yönelmek için bir davet. Bu yolculukta yalnız değilsin, senden önce nice genç aynı sorularla mücadele etti. Senin elindeki bu kitap, o sorulara verilen cevapların bir toplamı ve yeni nesle bir miras.

Unutma, kahramanlık sadece meydanlarda değildir. Asıl kahramanlık, insanın kendi içindeki karanlığı aşabilmesinde gizlidir. Kendinle barıştığında, değerlerini sahiplendiğinde ve öz güvenini doğru temellere oturttuğunda, gerçekten özgürleşeceksin. İşte bu kitap, sana bu özgürlük yolculuğunda eşlik etmek için hazırlandı. Sen, çağının yüklerini taşıyan bir gençsin. Ve her genç gibi, içinde eşsiz bir potansiyel barındırıyorsun.

Gel, bu yolculuğa birlikte çıkalım.

1- Hayata Kur'an Perspektifinden Bakış

Dünya hayatı; âdemoğlunun Rab'bini tanımak, O'na (C.C.) yaklaşmak, kulluk etmek ve insanın kendi potansiyelini keşfedip, onu gerçekleştirmek için yaptığı bir yolculuktur. Bu yolculuk, bazen dalgaların yükselip alçaldığı, bazen sakinleştiği bir denizde gitmek gibidir ve bu denizin içinde herkesin kendine ait özel bir kayığı vardır. Yolculuk esnasında bazen dalgalar öyle yükselir ki kayığımız sarsılır, su almaya başlar, batacak gibi olur ve yüreğimiz ağzımıza gelir. Bu; bazen sağlığımız, ailemiz, evladımız, eşimiz gibi bireysel çapta imtihanlar ile; bazen de ülkemizdeki ya da dünya çapındaki büyük imtihanlar ile olabilir.

Allah (C.C.), insanın dünyadaki bu hâli için, Beled suresinin dördüncü ayetinde; "Biz insanı, imtihan ve çile yüklü bir hayata gönderdik." buyuruyor. Yani imtihan ve sıkıntılar; bu hayatın olmazsa olmazlarıdır. Dikkat edin; Allah (C.C.) ayette, "insanı" diyor. Yani mümin-kâfir ayırt etmeksizin, herkes imtihan olacak. Bu imtihanlar esnasında; kayığımızın sahile ulaşmasını sağlayacak bir pusulaya, navigasyona; yani bir rehberliğe ve hidayete ihtiyacımız vardır.

Peki, en optimum rehberlik ve hidayetin ne olduğunu biliyor musunuz? O navigasyon ve rehberlik, Allah'ın insanlığa göndermiş olduğu son hidayet rehberi olan Kur'an'dır.

Kur'an; dünya ve ahiret hayatımızı değiştiren, mana zenginlikleri asla bitmeyen bir hazinedir. Bu çalışmada; bu hazineyi keşfetmeye, ondan daha efektif olarak nasıl istifade edebileceğimizi ve onun derinliklerine nasıl ineceğimizi anlamaya çalışacağız. Ayrıca Rab'bimizin bize göklerden uzattığı bir ip olan bu kıymetli hazineyi; kendi kelimeleri üzerinden açıklayarak, ona nasıl yaklaşmamız gerektiğinin üzerinde duracağız.[1] "Yaşananlara Kur'an perspektifiyle bakmak nedir ve bu bakış açısını nasıl kazanabiliriz? Kur'an, bizim için nasıl bir hidayet rehberidir?" sorularına cevaplar bulmaya çalışacağız. En önemlisi de Kur'an'ı hayatımıza nasıl tatbik edebiliriz, "Nasıl Kur'anlaşırız?"ı anlamaya gayret edeceğiz. Yani gerek kendi nefsimizde, gerek dış dünyada gerçekleşen olaylara; Kur'an'ın sunmuş olduğu anlam ve bakış açılarıyla bakıp, realitemizi ona göre şekillendirmenin şifrelerini öğreneceğiz.

Unutmayın! Bazen gerçekleşen bir olaya yüklediğimiz anlam, realitenin kendisini bile değiştirebilir. İşte Kur'an, öyle bir hidayet rehberidir ki en negatif görünen olayları pozitife çevirebilir. Bazen de pozitif sandığımız olayların, aslında negatif olabileceğini gösterir. Kur'an'ın hidayetini anlamak demek; bir insanın olayların arka planını okuyabilme yeteneğinin gelişmesi ve olaylara daha geniş perspektiften, daha olgun ve hikmetle bakabilmesi demektir. Böyle bir anlayışınızın olmasını istemez misiniz?

Gelin şimdi, Rab'bimizin ilahi rahmetinden bizlere sunulan bu hidayet rehberini anlamaya ve hayatımız için şifreler bulmaya çalışalım.

Allah (C.C.), Yûnus suresi, 57. ayetinde Kur'an'ın özelliklerini şöyle açıklıyor:

Yûnus 57- "Yâ eyyuhân nâsu kad câetkum mev'ızatun min rabbikum ve şifâun limâ fîs sudûri ve huden ve rahmetun lil mu'minîn."

"Ey insanlar! İşte size, Rab'binizden bir öğüt, gönüllerdeki dertlere bir şifa, müminlere doğru yolu gösteren bir hidayet ve rahmet geldi."

Ayette dikkat çeken ilk nokta nedir?

---

1. "Kur'an, Allah'ın gökten yeryüzüne sarkıtılmış ipidir." (Müsned, III, 14, 17; İbni Kesir, II, 73)

Ayette ilk dikkati çeken, "Yâ eyyuhân nâs. - Ey insanlar!" hitabıdır. Bu hitaptan; Kur'an'ın, sadece Müslümanlara değil, bütün insanlığa gönderildiğini bir kez daha görürüz. Çünkü o, âlemlerin Rab'binden bütün insanlığa sunulan bir mesaj, insanlığın yolunu aydınlatan bir nur, bir rehberdir.

Peki ayette, Kur'an nasıl tanımlanıyor?

Rab'bimiz bu ayette, Kur'an'ı dört özellikle şöyle tanımlıyor:

1- Mev'ızatun: Kur'an, Rab'bimizden kalbe dokunan çok etkili bir öğüttür.

2- Şifâun limâ fîs sudûr: O, sadırlardaki dertlere şifadır. Yani bu; kalbimizi Allah'tan (C.C.) daha iyi bilen olamaz ve sadrımızdaki sıkıntıların şifasını bize ancak Rab'bimiz verebilir, demektir.

3- Huden: Kur'an; doğru yolu gösteren bir rehber, hidayet demektir. Bu da kalbimiz şifayı bulduktan sonra, onun tekrar incinmesini istemiyorsak; bu hidayetle hareket etmeliyiz anlamına gelir.

4- Rahmetun lil mu'minîn: Kur'an, müminlere rahmettir.

Bunu, şöyle açıklayalım: Hepimiz, hayat denilen bir yolculukta ilerliyoruz. Bu yolculukta zorluklarla karşılaşmamız kaçınılmazdır. Fakat bilmeliyiz ki bu zorlukların içinde bile Allah'ın rahmetinden, şefkatinden mahrum değiliz. Elimizde Kur'an gibi bir yol haritası var. Allah'ın rahmetinin bir eseri olarak verilmiş bu kitap, tam da bu zor zamanlarda bize yol gösterir.

Kur'an'ı, şu karmaşık dünya hayatında bir navigasyon gibi düşünebiliriz. Nasıl ki bir navigasyon, bizi doğru yoldan hedefe ulaştırır, Kur'an da dünya hayatının fırtınaları arasında bizi alabora olmadan sahile çıkartan bir rehber gibidir. Böyle bir yol haritasına hepimizin ihtiyacı vardır. Çünkü dünya hayatı; imtihanlarla, zorluklarla dolu bir yerdir.

İçimdeki Turkuaz

Bazen sıkıntılar öyle bir artar ki insanın balansı bozulabilir. Böyle anlarda, yönümüzü kaybetmemek, yolumuzu bulmak için hidayete ve doğru bir bakış açısına ihtiyacımız var. İşte Kur'an, bu noktada bize muhteşem bir rehberlik sunuyor.

Böyle sıkıntılı zamanlarda nasıl hareket etmeliyiz?

Böyle anlarda iki adım geriye atarak kendimize; "Ne oluyor? Ben bunları neden yaşıyorum?" sorularını sormalı ve doğru bir perspektifle cevaplar aramalıyız. Perspektif değişimi, her şeyi değiştirebilir. Realite aynı kalsa bile bakış açımızı değiştirdiğimiz zaman, yaşananlara yüklediğimiz anlamlar da değişir ve bir anda siyah, beyaz oluverir. Yani gördüğümüz tablo, tamamen farklı bir hâle bürünür.

Örneğin Hudeybiye, Müslümanlar için çok zor bir imtihandı. Olaylara dışarıdan bakıldığında, yapılan analizlere göre Hudeybiye; her açıdan bir yenilgi gibi görünüyordu. Çünkü Müslümanlar, hac için büyük zorluklarla gittikleri Kâbe'yi ziyaret edememiş, müşriklerin saldırılarına, küçümsemelerine maruz kalmış ve ilk etapta Müslümanların aleyhinde gibi görünen bir antlaşma imzalamak zorunda kalmışlardı. Fakat Allah (C.C.), dönüş yolunda Hudeybiye için; "İnnâ fetehnâ leke fethan mubînâ. - Biz, Sana aşikâr (apaçık) bir fetih ve zafer ihsan ettik."[2] buyurarak, aslında bu antlaşmanın bir zafer olduğunu bildirmişti.

Aklınıza, görünürde bir yenilgi gibi duran bu olay için; "Bu yaşananlar, nasıl fetih olabilir?" sorusu gelebilir. Nitekim, Ömer Efendimiz ferasetinde birisi dahi Resulallah (S.A.V.) bu ayeti okuduğunda; "Nee! Bu, bir fetih mi?" diye şaşkınlığını gizleyememişti. Resulallah (S.A.V.) ise, hayretler içerisindeki Ömer'e (R.A.); "Evet, ya Ömer! Hayatım kudret elinde olan Allah'a yemin ederim ki bu antlaşma, muhakkak bir fetihtir!"[3] demişti. İlk bakışta yenilgi gibi görünen Hudeybiye'nin, daha sonra gelecek fetihler için bir eğitim süreci, Allah'a (C.C.) yaklaşma yolculuğunda açılan bir kapı olduğu net olarak görülmüştü.

---

2. Fetih Suresi, 1
3. İbni Sad, Tabakât, 2,105

Bütün bunlar; Kur'an'ın anlattığı perspektiften baktığımızda, yenilgi ya da kayıp gibi görünen şeylerin; aslında apaçık bir fetihe dönüşebileceğini gösteriyor. İşte bu, Kur'an'ın bize öğrettiği bir bakış açısı değişimidir.

Şu hakikati, aklımızdan hiç çıkarmayalım: Biz asla sahipsiz, başıboş değiliz. Bize kıymet verip yaratan ve her an sınırsız nimetler veren bir Rab'bimiz var. O (C.C.), kullarını imtihan eder; ama asla ihmal etmez. Bu perspektifleri elde ettiğimizde; nerede bulunursak bulunalım, ne yaşarsak yaşayalım; Rab'bimizin bize darılmadığını, bizi terk etmediğini ve hiçbir zaman da terk etmeyeceğini biliriz. Çünkü bu, Allah'ın bir vaadidir. Bunu gerçekten anlayabilsek; en karanlık, dipsiz kuyulardan bile çıkabiliriz.

Kur'an'ın nasıl bir hidayet rehberi olduğunu; Yûsuf suresi 111. ayet üzerinden incelemeye devam edelim.

Yûsuf 111- "Lekad kâne fî kasasıhim ibratun li ulîl elbâb, mâ kâne hadîsen yufterâ ve lâkin tasdîkallezî beyne yedeyhi ve tafsîle kulli şey'in ve hudev ve rahmeten li kavmin yu'minûn."

"Peygamberlerin kıssalarında, elbette tam akıl sahipleri için alacak dersler vardır. İyi bilin ki bu Kur'an, uydurulmuş bir söz değildir. Sadece daha önceki kitapları tasdik eden, dine ait her şeyi açıklayan, iman edecek kimseler için hidayet, rehber ve rahmettir."

Ayetteki bazı kelimeleri kısaca analiz ederek, Kur'an'ı ve onun bize kazandıracağı bazı bakış açılarını anlamaya çalışacağız. Bunları şöyle sıralayabiliriz:

1- Kur'an'da, akıl sahipleri için dersler vardır ve bu derslerle; duygusal yoğunluklardan, negatifliklerden nasıl kurtulabileceğimizi öğreniriz.

Ayet, "Lekad kâne fî kasasıhim ibratun li ulîl elbâb. - Peygamberlerin kıssalarında elbette tam akıl sahipleri için alacak dersler vardır." cümlesi ile başlıyor. Burada geçen "ibratun" kelimesi, "karşıdan karşıya geçme, duygusal bir yoğunluğun içinden karşıya geçebilme, ibret alma, ders alma" demektir. Yani bu kelime, ayete "duygusal bir yoğunluktan, negatiflikten; Kur'an'dan alınan derslerle, bir nehirden karşıya geçer gibi o duygulardan kurtulmak" anlamlarını katar.

İşte biz de peygamber kıssalarında, onların yaşadıkları imtihanlar karşısında nasıl davrandıklarına bakarak; içinde bulunduğumuz negatiflikten çıkıp, Kur'an ile karşıya; yani selamete, pozitifliğe geçebiliriz. Çünkü en iyi öğrenme yollarından biri, örneklere bakarak öğrenmedir. Peygamberler ile bağ kurup, onların hayatlarındaki çözümleri hayatımıza uyguladığımızda; negatif görünen birçok meseleyi doğru bir şekilde yorumlayabiliriz. Yani peygamber kıssalarından çok önemli hidayetler öğrenebiliriz.

Ayetin devamında gelen "yufterâ" kelimesi mealen, "Kur'an, kesinlikle uydurulmuş bir söz değildir ve olma ihtimali de yoktur." demektir. Kur'an; Allah kelamıdır, kendinden önce gelen kitapları tasdik eden, o kitaplara sonradan yapılan eklemeleri düzelten, her şeyi açıklayan bir hidayet rehberidir. Yani, Kur'an'da anlatılanlar haktır, benzersizdir ve içindeki hükümler sonsuza kadar geçerlidir.

2- Kur'an, açıklaması gereken her şeyi açıklar ve ihtiyacımız olan her şeye çözüm sunar.

Ayette geçen, "Tafsîle kulli şey'in. - Açıklanması gereken her şeyi açıklar." cümlesiyle mealen anlatılmak istenen şudur: "Kur'an, hayatları ve problemleriyle ilgili ders almak isteyenlere, soru soranlara cevaplar sunar. Kur'an'da sorulan her soruya ve ihtiyaç duyulan her konuya bir yanıt bulunur. Tıkandığımızda, ümitsizliğe düştüğümüzde nasıl hareket edeceğimizi, nasıl düşünmemiz ve nasıl hissetmemiz gerektiğini, bu düşünce ve duyguların sonunda nasıl aksiyon alacağımızı gösteren tüm cevaplar burada vardır." Yani Kur'an, hayatımızın her alanına yönelik hidayetler sunar.

3- Kur'an; içimizdeki sesleri, yaşadığımız olayları, nasıl ayrıştırıp analiz edebileceğimizi öğretir.

Ayette geçen "tafsîl" kelimesi, "ayrıştırmak, iki şeyi birbirinden ayırmak" demektir.

Peki, bu ne demek?

Şöyle bakın: Kur'anî bir bakış açısına sahip olursak; en kompleks ve çözülmez görünen olaylara, rasyonel çözümler üreterek doğru ile yanlışı ayrıştırabiliriz. Bazen insan, "Acaba doğru mu yapıyorum?" endişesi içinde olur. Kur'an, insana öyle bir analiz etme yeteneği öğretir ki; Kur'an'ın gözlükleriyle baktığınızda kalbiniz ve aklınız ikna olmuş bir şekilde; "Evet bu doğrudur, ya da evet bu yanlıştır." dersiniz. Bu ayrıştırmayı yapıp, duygularınızı ve olayları netleştirdikten sonra, artık ne yapacağınızı bilirsiniz ve o duygunun, olayın içinden çıkarsınız. Meseleye bakış açınız değişir ve yaşadıklarınız, bir anda farklılaşıverir. Böyle olunca da hangi durumda olursanız olun, yaşadıklarınızı doğru perspektiften değerlendirmeye başlarsınız.

Örneğin Yûsuf suresinde; incitildiğimizde, ihanete uğradığımızda, bize zulmedenleri affetmemiz gerektiğinde, kelimeler boğazımıza kadar gelip yutkunduğumuzda; nasıl hissetmemiz, nasıl hareket etmemiz gerektiğiyle ilgili pek çok cevap bulabiliriz. Kur'an, geçmişte gönderilenleri tasdik eder ve bizim şu andaki sorunlarımıza, hislerimize, davranışlarımıza; yani her şeye bir açıklama, bir çözüm sunar. Yeter ki doğru niyetle, hidayet arayışıyla Kur'an'a yönelmesini bilelim.

4- Kur'an; bir hidayet rehberidir; bizi doğru yola yönlendirir ve o yolda bize rehberlik eder.

İnsanın hayatta; her meseleyle ilgili yönlendirilmeye, rehberliğe ihtiyacı vardır. Bu rehber Kur'an'dır. Zaten Kur'an'ın birinci özelliği de, insanlar için bir hidayet rehberi olmasıdır.

Ayette geçen, "huden - hidayet rehberi" kelimesi de "Allah'ın birine yol göstermesi, doğru istikamete yönlendirmesi"ni anlatır. Yani Kur'an ile bize, "Eğer şu yoldan giderseniz, şu sonuçları elde edersiniz; buradan giderseniz de şu sonuçlarla karşılaşırsınız." denilerek bir yol haritası verilir. O yolu tercih edip etmemek ise, cüzi irademizi nasıl kullandığımıza bağlıdır.

Kur'an, Allah kelamı olduğu için her mesele ile alakalı rehberlik sunar. Kur'an'ı, sadece dinî meselelerle sınırlı bir rehber olarak görürsek; onun gerçek değerini göz ardı etmiş oluruz. Çünkü Kur'an'ın hidayet ve yol göstericiliği, başka hiçbir şeyde bulunmaz. Bu hidayet gelince de diğer hidayetlerin, yol göstermelerin, rehberliklerin hepsi, onun gölgesinde kalır. Yani mutlak manada hidayeti, doğru rehberliği Kur'an gösterir. Bu hakikati, bir Arap deyimiyle ifade etmek gerekirse: "Sabah olunca lambaya gerek yoktur." Yani Kur'an öyle bir hidayettir ki ona uyduğunda, ayetlerini hayatına uyguladığında, onu yaşayan bir rehber olarak kabul ettiğinde; başka hiçbir hidayete ihtiyaç duymazsın.

Unutmayalım! Kur'an'ın nuru, hidayeti ve rehberliği olmadan; diğer tüm rehberlikler karanlıkta kalır. Kur'an'ın hidayetini, rehberliğini kabul ettiğimizde ise; diğer tüm yol göstermeler, rehberlikler anlam kazanır.

5- Kur'an; rahmettir.

Ayetin devamındaki "rahmete" kelimesi, Kur'an'ın müminlere; yani iman edecek olanlara özel bir rahmet olduğunu ifade eder. Bu, Kur'an'ın tüm yaratılmışlara rahmet olmasının yanı sıra, müminlere ekstra bir rahmet olarak sunulması anlamına gelir. Bu ekstra rahmet de Kur'an'dır. Allah (C.C.); yarattıklarına merhametinden dolayı hidayet rehberi Kur'an'ı ve peygamberlerini göndermiştir. Ayrıca hangi durumda nasıl hareket etmemiz gerektiğini de peygamberlerin hayatlarını bize bildirerek öğretmiştir.

Allah'ın; Kur'an'ı bize bir rahmet, hidayet olarak göndermesini; bir örnekle anlamaya çalışalım.

Güvenilirliği konusunda hiç şüphe bulunmayan birinin size, "Bir saat sonra tsunami olacak, elimde kesin bilgiler var. Bu şehri, bir an önce terk etmelisin! Yoksa hayatını kaybedebilirsin!" dediğini varsayalım. Bu kişiye, "Sen nasıl olur da bana; ailemi, sevdiklerimi, evimi, daha yeni aldığım arabamı bırakmamı söylersin!" diyerek kızar mısınız; yoksa ona teşekkür ederek, dediklerini harfiyen yapar mısınız?

Ya da birinin size gelip, "Kısa bir süre sonra dışarıda fırtına kopacak. Bundan kurtulmak istiyorsan şu yolu takip et. O yolda giderken şöyle zorluklar olacak; ama o zorlukları aşabilmen için, ihtiyaç duyacağın her şeyi ben karşılayacağım." dediğinde bu, onun merhametinin bir göstergesi değil midir?

İşte birinci örnekte kötülükten korumak için bir uyarı vardır. İkinci örnekte ise hidayet yolu gösterilip o yoldaki zorluklar için yardımın geleceği vadedilir.

Dikkat edin! Allah'ın sevgisi, koruması, rahmeti; hidayeti ile iç içedir. Yani O (C.C.), sevdiklerine doğru yolu göstererek, onlara merhamet eder. Bazen o yolda gitmek ve yolculuk sırasındaki değişime uyum sağlamak zor olabilir. Fakat bu yolculuk, Allah'ın rahmetiyle iç içe olduğu için, yolun sonunda muhakkak bir iyiliğe, kurtuluşa ulaşacağız demektir. Bu nedenle ayette de "hudev ve rahmeten" kelimeleri yan yana kullanılmıştır.

Bu bağlamda hayatımızdaki zorluk ve imtihanlar esnasında iç dünyamızda, "Neden, neden?" sorusunu sormaya başladığımızda; şu hakikati kendimize hatırlatmalıyız: Allah (C.C.) bizi ya daha büyük nimetler, daha büyük vazifeler için hazırlıyor ya da eksikliklerimizi gideriyor, zorluklarla bizi günahlarımızdan arındırıyordur. Bu perspektif ile baktığımızda, o sıkıntılar bizim için rahmete dönüşür ve Kur'an'ın sunduğu hidayetle, yaşadıklarımıza farklı bir pencereden bakmaya başlarız.

Bununla ilgili Bakara suresinin 216. ayetinde bize bir perspektif verilir: "Olur ki hoşlanmadığınız bir şey, sizin için hayırlı olur. Olur ki sevip arzu ettiğiniz bir şey sizin için şerli olur. Gerçeği Allah bilir, siz bilmezsiniz." Yani, yaşadığımız olaylar göründüğü gibi olmayabilir. Biz olayların arkasındaki gerçeği her zaman bilemeyiz. Eğer yaşadıklarımıza, Kur'an'ın bakış açısıyla bakmazsak; olaylardaki hikmetleri göremeyiz ve bu yolculuktaki zorluklarla başa çıkamayız. Dolayısıyla, Kur'anî bir bakış açısına sahip olmak çok önemlidir.

İçimdeki Turkuaz

Şunu asla unutmayalım; Allah (C.C.), kullarına karşı sonsuz şefkat sahibidir ve bu yolculuk için bize bir hidayet rehberi vermiştir. Allah'ın hidayet ve rahmetinin iç içe olduğu bu kıvam yolculuğunda Rab'bimize kavuşmak için ilerliyoruz. Bu süreçte de değiştirilip dönüştürülüyor, gelişiyoruz. Allah (C.C.), kullarını bir değişim sürecine soktuğunda, merhametiyle onları sarıp sarmalar.

Peki, kalp dünyasındaki bu değişim kolay mıdır?

Bu, birçok insanın sandığı gibi çok zor bir konu değildir. Ancak doğru rehberlik ve stratejilere ihtiyaç vardır. Şeytan ve nefis asla durmaz; ama eğer biz motiveysek ve ihlasla Kur'an'a başvurur, Rab'bimize yönelirsek; Allah (C.C.) bu yolculuğu kolaylaştıracaktır.

Kur'an'ın rehberliğinden en optimum tarzda istifade edebilmek için ona nasıl yaklaşmalıyız?

Bunu, beş madde ile açıklayabiliriz.

1- Kur'an'a hidayet için, rehberlik için gitmeliyiz.

En öncelikli mesele, Kur'an'a hangi niyet ve amaçla gittiğimizdir. Niyetimiz; Kur'an'dan rehberlik ve hidayet almak olmalıdır. Kur'an'ı başkalarına bir şeyler öğretmek, onlara bir şeyler anlatmak için değil; öncelikle kendi nefsimizin zaaflarına çözüm bulmak için gitmeliyiz. Yoksa ondaki hidayetleri; geçmişte yaşayanların hikâyeleri olarak okur ve Kur'an'dan hakiki manada istifade edemeyiz. Yani Kur'an'a başvururken niyetimiz, ondan hidayet alma olmalıdır. Her okumamızın sonunda kendimize, "Ben bundan ne öğrendim, nasıl bir hidayet aldım?" diye sorarsak; Kur'an'dan hakiki anlamda istifade eder ve "Ohhh Elhamdülillah, Rab'bim bana bu ayette nefsimin şu yönüyle ilgili çözüm sundu!" diyebiliriz.

İnsanlara dini anlatanların yaşadığı en büyük problem, bazen Kur'an'ı anlatmaya çalışırken kendi nefislerine dönmeyi unutmalarıdır. Bu, bir kişinin başına gelebilecek en büyük talihsizliklerden biridir. İnsan; Kur'an'ı önce kendi nefsini düzeltmek, iç dünyasına çözümler bulmak için okumalı ve Allah'ın ona sunduğu bu çözümleri başkalarıyla paylaşmalıdır. Kendi nefsimizi bir kenara koyarak insanlara din anlatmak, Kur'an'ın hidayetini engelleme riskini doğurur. Bu bakış açısının değişmesi, dini anlatanlar için çok önemlidir. Çünkü, Kur'an'ı anlatan da dinleyen de Allah'ın kuludur. Herkesin hidayete ihtiyacı vardır ve herkes, önce kendi nefsine okumalıdır. Kur'an'dan doğru bir şekilde istifade etmenin ilk adımı budur.

2- Kur'an'ı "tedebbür" ederek, yani üzerinde derin düşünerek okumalıyız.

Kur'an'dan gerçek anlamda faydalanabilmek için ayetler üzerinde derinlemesine düşünmek ve tefekkür etmek gereklidir. Sadece okuyup geçmek ya da dikkatimizi başka şeylere vererek dinlemek, Kur'an'dan hidayet almak için yeterli olmaz. İşte tam bu noktada şeytan devreye girer ve "Ben âlim değilim, bunu anlamam mümkün değil." gibi düşünceler aşılamaya çalışır. Ancak bu düşünceler, şeytanın bir aldatmacasıdır. Unutmayalım ki Kur'an, sadece belirli bir gruba ait değildir. Allah (C.C.), kitabının anlaşılmasını bizim için kolaylaştırmıştır. Eğer biz ihlasla Kur'an'a başvurursak, orada sunulan çözümleri hayatımıza nasıl uygulayabileceğimizi düşünürsek; Allah (C.C.) bize birçok kapı açacaktır.

Bunu, bir örnek ile açıklayalım.

Evladınızın rahatsız olduğunu düşünün! Bununla ilgili size, "Şu kitabın içinde, evladının iyileşmesi için bir çözüm sunuluyor. Bu kitabı gece gündüz analiz et ve o çözümü bul. Unutma, bunu ancak sen bulabilirsin." denilse; ne yaparsınız? O çözümü bulmak için yapılması gereken her şeyi yaparsınız, değil mi? "Ben âlim değilim. Burada yazılanları anlamıyorum!" demezsiniz. O hâlde bize hidayet rehberi olarak gönderilen Allah'ın kelamını derinlemesine öğrenmek için de motive olmalı, gayret göstermeli, ihlasla Kur'an'a koşmalıyız. İşte o zaman, Kur'an da kendisini bizlere açar.

3- Kur'an'ın özel bir mana zenginliği taşıdığını ve içerdiği mesajın derinliğiyle, insanlığa rehberlik eden bir kitap olduğunu kesin olarak kabul etmeliyiz.

Kur'an'da her döneme ve her olaya cevaplar bulunur. Bu, onun mucizevi tarafıdır. Kur'an'a, "Bu kitap; Allah'ın kelamı olan, sonsuz mana zenginliği bulunan, sadece dinî bilgiler değil; hayatın her alanıyla ilgili bilgiler içeren muhteşem bir rehberdir." perspektifiyle baktığımızda, Kur'an kendini bize açar.

4- Kur'an okurken tüm dikkatimizi vermeli ve Allah'ın (C.C.) bizimle konuştuğunu hissederek okumalıyız.

Kur'an okurken bazen zorlanabilir, ayetlerin anlamını hemen kavrayamayabiliriz. Ancak bu durumda Kur'an okumayı ve araştırmayı asla bırakmamalıyız. Anlayamadığımızda hemen Rab'bimize yönelmeli ve "Allah'ım, kelamını okudum; ama anlamadım. Ne olur bana Kur'an'ı aç. Bu ayetin, başka ayetlerle bağlantısını anlamaya çalışıyorum ve bu konuyu çözmek istiyorum. Kalbimi aç, bana doğru yolu göster, ne anlamam gerektiğini kolaylaştır." diye dua etmeliyiz.

Bu samimi gayret ve içten dua, Allah (C.C.) tarafından karşılıksız bırakılmaz. Allah (C.C.), bu çaba sayesinde Kur'an'ın şifrelerini bize açabilir.

5- Kur'an'dan öğrendiğimiz hidayetleri, hayatımıza uygulamalıyız.

Bu, en kritik bölümdür. Kur'an'a samimi bir niyetle, hidayet almak için başvurduğumuzda, bize kendini açmaya, sonsuz mana zenginlikleri sunmaya başlar.

Kur'an bize kendini açmaya başladığında, aslında bizden bazı şeyler istediğini de fark ederiz. Kur'an, Allah (C.C) ile bağımızı güçlendirmemizi ve aramızda özel bir ilişki kurmamızı ister. "Şunları yap, şunlardan uzak dur. Haram olan şeylerden sakın. Unutma, Allah seni her an görüyor, buna göre yaşa!" der. Hayatımızın her anının değerini bilmemizi ve buna uygun hareket etmemizi ister. Bu istekleri yerine getirdiğimizde; düşüncelerimiz, bakış açımız ve hayatımızda büyük değişimler yaşamaya başlarız. Bu değişim zamanlarında, insan üç şekilde tepki verebilir:

İlk zümre, "Ne olursa olsun, değişmek içi elimden geleni yapacağım. Allah, Kur'an'ı bana sevdirdi. Allah'ın izniyle kendimi değiştirmeye çalışacağım ve bu değişim için her türlü çabayı sarf edeceğim." der ve bir mücadeleye başlar. Bu zümre, Kur'an'dan çok istifade eder.

İkinci zümre: Kur'an'ı öğrenir. Fakat, "Kur'an'da anlatılan hakikatleri inkâr etmiyorum. Ancak ben bunları uygulayamam. Benim değiştiremeyeceğim hayat standartlarım, sosyal çevrem, bir işim var." der. Bu zümreye de Kur'an kendini açar; fakat onlar, Kur'an'dan sınırlı şekilde istifade eder.

Üçüncü zümre: Bu kişiler değişmek istemez; ama bunu da kabul etmez. Hayatını olduğu gibi sürdürmek için, Kur'an'ı kendi menfaatine göre yanlış yorumlar. "Allah, Gafûr'ur Rahîm'dir; nasıl olsa beni bağışlar." diyerek kendini avutur ve bu düşünceyle, şeytanın Allah'ın rahmetiyle kandırdığı zümreden olur. Bu kişiler, Kur'an'ı okur; ama okudukları ayetler, kalplerine işlemez. Çünkü uygulama zamanı geldiğinde, gereğini yapmazlar.

Arz edilen bu beş madde üzerinde iyice düşünmek gerekiyor. Kur'an bize kendini açmaya başladığında, artık değişim vakti gelmiş demektir. O an, "Evet, ben değişmek istiyorum." diyerek bu yola adım attığımızda, Allah (C.C.) da bize destek olacak ve yolumuzu kolaylaştıracaktır.

Toparlayalım.

Bu bölümde anlatılanları bir gözlük gibi takarak dürüstçe kendimize bakalım.

Kur'an, hayatımızın neresinde duruyor? Hayatımızda sadece, namazda okuduğumuz üç-beş sure kadar mı yer alıyor; yoksa sürekli aklımızda olan, her an, her durumda başvurduğumuz bir rehber mi? Bu soruları

23

kendimize sorarak, Kur'an'ı hayatımıza ne kadar yansıttığımızı düşünmeliyiz.

Gönül dünyamızda, düşünce tarzımızda, bir olaya bakış açımızda ve yaşadığımız olayları çözme biçimimizde; Kur'an'ı ne kadar referans alıyoruz? Bakın; bu soruya verdiğimiz cevap, hayatımızın dönüm noktası olabilir. Korkmadan, Allah'ın kitabına yönelelim, onun rehberliğinden faydalanmak için derinlemesine düşünerek ve odaklanarak Kur'an'ı okuyalım. O zaman Kur'an'ın rahmeti, huzuru ve rehberliği hayatımıza yön verecektir.

Kur'an, bize verilmiş en büyük hediyedir. Cennete gidebilmek için tutunduğumuz kurtuluş ipidir. Bunun için bizler de Kur'an'ın hazinelerini keşfetmeliyiz. Allah (C.C.), kalp dünyamızı hidayetle açsın ve biz de gökten gönderilen bu kutlu rehberle ilerleyelim. Kur'an'ın sunduğu çözümleri uygulayalım; çünkü ahir zamanın zorluklarına karşı bu çözümlere, bu rehberliğe çok ihtiyacımız var. Pozitif bir bakış açısıyla Kur'an'a yaklaşalım. "Ben yapamam, edemem, bilmiyorum." gibi sözler, şeytanın fısıldamalarıdır. Bunlara asla aldanmayalım! Allah (C.C.), Kur'an'ı anlaşılır kılmıştır. Yeter ki biz, hidayet için ona yönelip, onu araştırarak hayatımıza dahil edelim. Göreceksiniz, Allah (C.C.), kitabını açacaktır.

Eğer, "Bu bölümde anlatılanları okudum, tasdik ediyorum; ama tam olarak ne anlamalıyım, ne yapmalıyım bana bir örnekle anlatır mısınız?" derseniz, size şöyle cevap verilir:

Kur'an, ihtiyacınız olan her şeye yeni bakış açıları sunar, yeni anlamlar yükler. Yaşadığınız olaylara yüklediğiniz bu anlamlar da, her şeyi değiştirebilir. Örneğin, yolda yürürken ayağınızı bir taşa çarptığınızı düşünün! Bu, realitede X birim bir rahatsızlık verir. Fakat kendinizi eleştirerek, "Yine ayağımı taşa çarptım, ne kadar beceriksizim!" diye düşünmeye başlarsanız; bu X birim problem, bir anda 100X oluverir. Aynı şekilde, yanınızdaki birinin de bu hatayı sürekli dile getirmesiyle; yaşadığınız olayın yükü daha da ağırlaşır. Oysa aslında, sadece küçük bir taş parçasına çarptınız. Fakat bizler; bazen yüklediğimiz anlamlarla, sıkıntı ya da sevincimizi normalin çok ötesinde yaşayabiliyoruz.

Kur'an'a vâkıf olan biri ise; her durumda nasıl hareket etmesi gerektiğini, nasıl düşünmesi gerektiğini bilen, balanslı bir insandır. Zorluklarla karşılaştığında sabır gösterir, nimetlere karşı şükreder. Kur'an'ın bakış açısına sahip biri, hayatındaki en dramatik olayları bile sabırla karşılayabilir. İşte Kur'an bize, Allah'ın hidayetiyle olaylara nasıl anlam yükleyeceğimizi öğretir. Bu bakış açısını hayatımıza kazandığımızda, ne olursa olsun; sabırlı, balanslı ve hikmet sahibi biri oluruz. Hayatınızda böyle bir bakış açısına sahip olmak istemez misiniz?

Öyleyse, son hidayet rehberi olan Kur'an'da anlatılan disiplinleri hayatınızda uygulayın! Göklerden gönderilen o ipe sımsıkı tutunun!

Bu bölümde, Kur'an'ın hidayet oluşunu ve anlatılan şifreleri hayatımızda nasıl uygulayabileceğimizi anlamaya gayret ettik. Bir sonraki bölümde, "İslam kimliği ve Kuran'la transformasyon" konularını analiz ederek gençlerle ilgili çalışmamıza devam edeceğiz.[4]

---

4. Transformasyon: Köklü değişim ve dönüşüm sürecidir. Kişisel transformasyon; bireyin kendini keşfetmesi, olumsuz alışkanlıkları bırakması, yeni ve daha pozitif bir yaşam tarzı oluşturması anlamına gelir. Bu süreç; bireyin duygusal, zihinsel ve ruhsal düzeyde dönüşmesini ve gelişmesini sağlar.

2- Kur'an'ın Işığında Kendini Keşfetmek: İslam Kimliği ve Transformasyon

Bu bölümde, günümüzde tam bilinmeyen ve doğru anlaşılmayan önemli bir konu olan İslam kimliği üzerinde duracak ve çok kritik bir soru olan "Neden Müslümansın?" sorusuna cevap bulmaya çalışacağız.

İslam kimliği; insan hayatını şekillendiren temel bir anlayışın inşa edilmesidir. Bu kimliğin ne olduğunu tam olarak kavrayabilmek ve içselleştirebilmek çok önemlidir. Bunun için de öncelikle kişinin kendine sorması gereken kritik bir soru vardır: "Neden Müslümanım?" Bu soruya verilen yanıtlar, kişiyi İslam'a nasıl baktığı, inancıyla ne kadar bütünleştiği konusunda önemli ipuçları verir.

Ancak çoğu insan bu soruya; "Çünkü anne-babam Müslümandı.", "Müslüman bir toplumda doğdum." ya da, "Böyle öğrendim." gibi yüzeysel, alışıldık cevaplarla karşılık verir. Oysa gerçek Müslümanlık, dışsal faktörlerle değil; kalbin derinliklerinden gelen, bilinçli bir tercihin sonucudur.

Bir Müslümanın nasıl olması gerektiği Kur'an ve Sünnet'te en güzel tarzda anlatılmıştır. Eğer Kur'an ve Sünnet'te anlatılan İslam'ı iyi anlayabilirsek, aslında, İslam'ın yaşanabilir, hayatın her alanına çözümler sunan sosyal bir din olduğunu görebiliriz.

İşte bu bölümde, Kur'an ve Sünnet perspektifinden İslam kimliğini analiz edip, bunu hayatımıza nasıl uygulayabileceğimizi öğrenmeye çalışacağız. Öncelikle Kur'an'ın neden gönderildiğini, içindeki şifrelerle insanı nasıl transform ettiğini ve bütün insanlığa gönderilen bir hidayet rehberi olmasını anlamaya çalışalım.

Kur'an, Allah'ın (C.C.) âdemoğluna göndermiş olduğu en kapsamlı, son hidayet rehberidir. Kendinden önceki tüm hidayetleri içinde barındıran ve en mükemmel şekilde insanlığa sunan bu ilahi kitap, dört ana tema üzerine kurulmuştur. Bu temaları şu şekilde sıralayabiliriz:

1-Tevhit

2- Risalet

3- Ahiret

4- Adalet/ibadettir.

Kur'an'a genel olarak bakıldığında; pek çok farklı konunun işlendiği; ancak işlenen her konunun bu dört ana alt başlık altında ele alındığı görülür. Kur'an'da anlatılan her konu, İslam'ın öğretisine hizmet eder.

Peki; Kur'an'ın neden gönderildiğini, ana amacının ne olduğunu hiç düşündünüz mü?

Bunlar, üzerinde ciddi tefekkür edilmesi gereken önemli sorulardır. Bu meseleler üzerinde düşünmek için illa belli bir yaş, eğitim, meslek gibi kriterlere sahip olmanıza gerek yoktur. İster on beş yaşında bir genç olun; ister elli yaşında, mesleğinde profesyonelleşmiş biri olun fark etmez. "Kur'an'ın ana amacı ne? Kur'an sizin için ne ifade ediyor? Kur'an niçin gönderildi?" soruları, herkesin üzerinde düşünmesi ve cevaplandırması gereken sorulardır. Bu sorulara, birçok cevap verilebilir. Ancak, en kapsamlı cevaplardan birisi, "Kur'an'ın ana gayesi, kişide 'transformasyon' sağlamaktır." denilebilir.

Kur'an, öyle bir hidayet rehberidir ki; girdiği her kalbi, her zihni değiştirip transform etmek için gönderilmiştir. Kur'an, insanın iç dünyasında öyle bir transform yapar ki bakış açısını, hayata yüklediği anlamları değiştirir. Bu hakikati, bir örnek ile biraz somutlaştırmaya çalışalım.

Kur'an; kız çocuklarının diri diri toprağa gömüldüğü, cehaletin en üst seviyede yaşandığı bir topluma gönderildi. Ve bu toplumdaki insanlar,

Kur'an'ın muhteşem rehberliğiyle yirmi üç sene gibi kısa bir sürede insanlığa örnek olan bireyler hâline geldiler. İşte Kur'an, böyle bir transformasyon yaptı. Allah (C.C.), Fetih suresi 29. ayette; "Öyle bir ekin ki filizini çıkarmış, sonra da onu kuvvetlendirmiş, derken kalınlaşmış da artık gövdesi üzerinde doğrulmuş. Öyle ki ekicilerin hoşuna gider, kâfirleri de öfkelendirir." buyurarak, sahabe efendilerimizin bu gelişimini adım adım tarif ediyor.

Peki bizler, Kur'an'ın hayatımızı transform edip; bizi hikmet sahibi bir insan yapacağına inanıyor muyuz? Kur'an'ı hiç bu bilinçle okuyor muyuz? Yoksa Kur'an'ı, "Yâsîn suresini okursan, şu kadar sevabı var. Ayetü'l-Kürsî'yi okursan, şöyle korunursun." düşüncesiyle, anlamı üzerinde düşünmeden, sadece dua niyetiyle mi okuyoruz. Ya da Kur'an'ın sadece; eski ümmetlerin hikâyeleri anlatılan, İslam'ın kural ve kaidelerini öğreten bir kitap olduğunu mu düşünüyoruz?

Unutmayalım! Kur'an; sadece dua amacıyla okunmak için veya belirli konuları anlatmak için gönderilmiş bir kitap değildir. Kur'an, insan hayatında optimum transform sağlayan muhteşem bir hidayet rehberidir. Zaten, Kur'an'ın asıl gönderilme amacı da budur.

Bu mesele, çok kritiktir. Çünkü bir insan; bakış açısını değiştirmeden, Kur'an'dan hakiki manada istifade edemez. Kur'an'a, "Ben bilmem." mütevazılığında ve ön yargılarımızdan sıyrılarak gitmeliyiz. Böyle bir anlayış; Kur'an'dan gerçek manada istifade edebilmemiz ve iç dünyamızın onunla transform olması için gereklidir.

Gelin, "Müslüman kimliği" kavramını analiz etmeye başlamadan önce, bu konunun üzerinde biraz duralım.

Allah (C.C.), Kur'an'ın önemini ve peygamberinin tebliğ etme metodunu Hadîd suresi 25. ayette şöyle anlatıyor:

"Lekad erselnâ rusulenâ bil beyyinâti ve enzelnâ meahumul kitâbe vel mîzâne li yekûmen nâsu bil kıst."

"Şu kesindir ki Biz, resullerimizi açık delillerle gönderdik ve insanların adaleti gerçekleştirmeleri için resullerle beraber kitap ve adalet terazisi indirdik."

Ayette, geçen "beyyinat ve kitap" ifadelerinin ne anlama geldiğini anlamaya çalışalım.

"Beyyinat" kelimesinin iki anlamı vardır:

1- Peygamberin söylediklerinin Allah (C.C.) tarafından olduğunu ispat eden kesin mucizeler anlamına gelir.

Bunlar öyle ikna edici argümanlardır ki, bu öğretiyi gören; "Bu, bizzat yaratıcı tarafından gönderilmiştir." der. Ay'ın yarılması, buna verilebilecek en güzel örneklerdendir. İnsan, bu mucizeleri inkâr edemez.

2- Bir görüşün, öğretinin; hiçbir karmaşaya yer vermeden açık ve net olarak açıklanmasıdır. Yani "beyyinat", "neden ve ne" sorularına açık, net ve ikna edici şekilde cevap verilmesi demektir.

İlk önce "neden" sorusunu açıklamaya çalışalım.

On beş-on altı yaşındaki bir gencin "Neden inanayım, neden ibadet edeyim, neden böyle giyineyim?" sorularına; "Sus! Sakın, bu soruları sorma! Allah (C.C.) böyle emrettiği için, bu şekilde yapıyoruz!" gibi cevaplar verilmesi, "beyyinat" değildir. "Beyyinat" bu gibi soruları; Amerikalıların deyimiyle "crystal clear" bir biçimde net olarak açıklamaktır.

Bu sorular "beyyinat" ile açıklanmalıdır ki; "Niye Müslümansın?" sorusuna cevap verilebilsin. Şimdi düşünün! İnandığı değerlere akıl ve kalple ikna olmuş birine; "Neden Müslümansın?" denildiğinde; "Anne-babam Müslüman." gibi bir gerekçe sunmaz. Aksine bilinçli ve kendine güvenen bir şekilde Müslüman olduğunu ifade eder.

Bakın bu soruyu; bir Hristiyan'a, bir Hindu'ya, bir Yahudi'ye sorsanız onların da birçoğu; "Anne-babam bu dine mensup." der. Kur'an'da da müşriklerin bu söylemi; "Biz, babalarımızı bir dine bağlanmış gördük. Biz de onların izlerinden gidiyoruz."[1] şeklinde anlatılıyor. Ayette bu ifade; körü körüne bir bağlılık olarak eleştirilerek, bunun müşriklere ait bir anlayış olduğu açıkça vurgulanır. Müslümanların, inançlarını bu şekilde temellendirmeleri düşünülemez. Nitekim Kur'an, "Delillerinizi getirin." ayetiyle Yahudi ve Hristiyan bilginlerine meydan okuyarak, dini konularda körü körüne bağlılıktan ziyade, akıl ve delile dayalı bir yaklaşımın önemini gösterir. İşte bu nedenle Müslüman için bu sorunun cevabı net ve kesin olmalıdır.

Şöyle bakın: Normal şartlarda, kendine güveni olmayan birinin muhatabına meydan okuyarak, "Haydi, delilini getir de görelim." demesi beklenmez. Ancak Kur'an'ın üslubu öylesine net, öylesine açık ki; ayette âdeta, "Tamam, haydi getir delilini de görelim." denilerek meydan okunuyor. Bu ifadeyle, "Bizim delillerimiz bunlar." diyerek hakikate sahip çıkmanın, bu hidayeti öz güvenle savunmanın gerekliliği vurgulanıyor. Kur'an, böyle bir yaklaşımla, müminlere hem kendilerine güvenmeyi hem de inançlarına tereddütsüz bir şekilde sahip çıkmayı öğretiyor. Yani bizim, "Neden Müslümanım?" sorusuna net cevaplarımız, delillerimiz olmalı ki beyyin olalım.

Kendimize sormamız gereken ikinci soru olan "ne" sorusuyla devam edelim.

Biri bize, "Kur'an ne anlatıyor?" diye sorsa, buna net bir cevabımız var mı? Peki ya, "Enfâl suresi ne anlatıyor? Bakara suresinde hangi meseleler işleniyor? Tevbe suresinde hangi hidayetler var?" diye sorulsa, İslam dünyasında bu sorulara cevap verebilecek kaç kişi var dersiniz?

Çoğu insan, "Ben âlim değilim ki, nereden bileyim? Ben sadece bir avukatım, doktorum ya da iş adamıyım. Evet, Kur'an bizim kitabımız; ama bu detayları bilmem. Ancak ezberimde pek çok sure var." der.

---

1. Zuhrûf Suresi, 22

Burada, bir durup düşünmek gerekiyor. Biz gerçekten Kur'an'a vâkıf mıyız? Akıl ve kalbimiz tam anlamıyla ikna olmuş bir şekilde inandığımız değerlere sahip çıkıyor muyuz? Bu soruları, kendimize sorup cevapları üzerinde düşünelim.

Devam edelim.

Dikkat edin! Analizin başında arz edilen Hadîd suresi 25. ayette; ilk olarak peygamberlerin beyyinat ile gönderildiği bildiriliyor. Peygamberler dini anlatmaya önce; "Neden?" ve "Ne?" sorularına cevap vererek başlamışlar. Daha sonra "kurallar"ı anlatmışlar. Yani önce zihinlerdeki sorulara net bir şekilde "beyyinat"la cevaplar verilmiş, sonra kural ve kaideler tebliğ edilmiş.

Ne demek bu?

Kur'an'ın büyük bir bölümü, Mekke'de nüzul olmuştur. Yani yirmi üç senelik risaletin büyük bir bölümü, Mekke'de geçmiştir. Mekke döneminde, fıkıh ile ilgili kuralların indiği ayetler çok azdır. Örneğin, beş vakit namaz, risaletten on sene sonra Miraç hadisesinde farz kılınmıştır. Yine alkol, on altı sene sonra; üç adımda yasaklanmıştır. Başörtüsü de on dört sene sonra farz kılınmıştır.

Sahabeler; en kıvamlı, en itaatkâr insanlardı; ama bu kurallar, risaletin sonlarında indirildi. Neden? Çünkü en önce, insanların zihinlerindeki sorulara cevaplar verilerek "beyyinat" oturtuldu. İnsanlar, anlatılan meselelere hem aklen hem de kalben ikna oldu. Daha sonra kurallar anlatıldı.

Peki, risaletin büyük bir bölümünde nasıl ayetler nüzul oldu?

İnsanın iç dünyasını transform eden, sorularına cevaplar veren, iç değişimi sağlayan ayetler geldi. Yani önce binanın ana kolonları öğretilip, bir temel atıldı. Daha sonra ince işçilikler yapılarak; İslam'ın kuralları diye tarif edilen fıkhî konular anlatıldı. Ancak bunlar, Kur'an'ın %10'u bile değildir. Ticaret hukuku, miras, kılık kıyafet gibi fıkhî konular, buz dağının görünen yüzü gibi; İslam'ın sadece bir bölümünü oluşturur.

İslam'ın esas bölümü ise transformasyonun gerçekleştiği "beyyinat" alanıdır. İşte tam da bu alanda İslam kimliğinin tarifi yapılır. Kur'an'ın %90'ı; "Allah'a neden inanıyorsun? Neden Müslümansın? Neden ibadet ediyorsun? Neden ahirete inanıyorsun? Peygamberler ne anlatıyor?" gibi konuları anlatır.

Kur'an'daki bu konu dağılımında bile bizim için çok büyük hidayetler vardır. Buradan; iman hakikatleri kişinin iç dünyasında tam oturmadan, zihnindeki sorulara cevaplar bulmadan; fıkhî emirler anlatılmaması gerektiğini öğreniyoruz. Nitekim sahabe efendilerimize de önce iman hakikatleri açık, net, ikna edici bir biçimde anlatılmış, zihinlerindeki sorulara cevaplar verilmiş; daha sonra kurallar tebliğ edilmiştir.

Kur'an'ın %90'nını kapsayan "beyyinat" kısmı, sahabe efendilerimiz üzerinde nasıl bir transform sağladı?

Şöyle izah edelim:

Öncelikle sahabe efendilerimizin manevi, duygusal ve mantıksal olarak kendilerine, dünyaya, geçmişe ve geleceğe yüklediği anlamlar değiştirildi. "Ben kimim? Benim içimde nasıl mekanizmalar var? Hangi yönlerimi geliştirmeliyim? Artılarım, eksilerim neler? Duygu kontrolünü nasıl sağlayabilirim?" gibi sorulara cevaplar verilerek bakış açısı değiştirildi. İşte Kur'an, bu üç ana temada değişim yaparak transformasyon gerçekleştirdi. Yani önce, sahabe efendilerimizin iç dünyası transform edildi. Daha sonra namaz, zekât gibi emirler anlatıldı.

Bu hakikat, Yûsuf suresi 108. ayette şöyle anlatılır: "Ey Resul'üm de ki: 'İşte benim yolum budur! Ben insanları Allah'ın yoluna, düşünmeksizin, taklit yolu ile değil, delile dayanarak, idraklerine hitap ederek davet ediyorum. Ben de, bana tabi olanlar da böyleyiz. Allah'ı bütün eksikliklerden tenzih ederim. Ben, asla müşriklerden değilim.'"

Yani bizler; anne-babamızı taklit ederek, menkıbeler dinleyerek; gerçek anlamda Müslüman olamayız. İslam bunu; bize delillerle, hiçbir şüpheye yer bırakmayacak netlikle anlatır. Akla ve kalbe hitap eden açıklamalarla transform olmamızı ister. Resulallah (S.A.V.) da insanlara bu şekilde tebliğ etmiştir.

Şimdi kendimize soralım: Bizler böyle miyiz? İslam'ı, bu şekilde mi anlatıyoruz? Evlatlarımızı bu öğretiye göre mi yetiştiriyoruz? Bunun üzerine düşünelim.

Evlatlarımız, anlamadıkları her konuyu sorabilmeliler. Onların sorularına, "Sus! Böyle soru sorulur mu?" demek; İslam'ın ruhuna da, Resulallah'ın (S.A.V.) tebliğ etme yöntemine de aykırıdır. Bizler, babamız İbrahim'in evlatlarıyız. O (A.S.) ki Allah'a (C.C.) bile; "Ya Rab'bi, ölüleri nasıl dirilteceğini bana gösterir misin?' demişti. Allah: 'Ne o, yoksa buna inanmadın mı?' dedi. İbrahim şöyle cevap verdi: 'Elbette inandım, lakin sırf kalbim tatmin olsun diye bunu istedim.'" demişti. Bu da bize, kalbimizin tatmin olması ve öğrenmek için İbrahim (A.S.) gibi soru sorabileceğimizi gösteriyor.

Ancak, burada unutmamız gereken bir şey var: Soru sormak ile sorgulamak, iki farklı şeydir. Soru sormak, tevazu ile öğrenmek için yapılır. Sorgulamada ise negatifliğin ve enaniyetin hakim olduğu bir hâl vardır.

İslam, soru sormayı teşvik eder ve insanın pozitif bir şekilde gelişmesini ister. İslam, meseleleri doğru bir şekilde anlayıp, kalben ve akılla kesin olarak kabul etmeyi hedefler. Ancak şeytan, insanların doğru bilgi edinmelerini engelleyerek, onları sorgulatarak zihinlerini bulandırır ve bu şekilde dinden uzaklaştırmaya çalışır.

Şunu akılda tutmalıyız ki, öğrenmek için her türlü soru sorulmalıdır. Ancak meseleyi anlamaya çalışmak, sadece yanlış ya da kusur bulmak için sorgulamakla karıştırılmamalıdır. Burada arz edilen anlayışın, Kur'an'daki karşılığını şu iki ayette görebilirsiniz:

Bakara 108- "Yoksa siz daha önce Musa'dan istendiği gibi Resulünüz'den de olur olmaz şeyler istemek, onu sorguya çekmek mi istiyorsunuz? Kim imana bedel inkârı alırsa, artık doğru yoldan sapmış olur."

Yûsuf 7- "Gerçekten, Yusuf ile kardeşlerinin kıssalarında; sorup ilgilenenlerin alacakları nice ibretler vardır."

Bakara 108. ayette sorgulamanın, soru sormaktan farklı olduğu öğretilirken; Yûsuf suresi 7. ayette ise, öğrenmek için soru sorma teşvik edilir.

Unutulmamalıdır ki iman, inanmayı gerektirir. Bu hakikat de Âl-i İmrân suresi 179. ayette şöyle anlatılır: "Allah, sizin hepinizi gayba vâkıf kılacak da değildir. Fakat Allah, resullerinden dilediğini seçer. (Onu gayba vâkıf kılar.) O hâlde, Allah'a ve resullerine iman edin. Eğer iman eder ve Allah'a karşı gelmekten sakınırsanız size büyük mükâfat vardır."

Devam edelim.

Allah (C.C.) ile bağımızı kuvvetlendirmek için anlamadığımız her şeyi sorup öğrenmeliyiz. Ancak bunu yaparken, yukarıda arz edilen sorgulama ve öğrenmek için soru sorma konusuna dikkat etmeliyiz. Eğer bu ayrımı iyi yapmazsak, İsrailoğulları gibi davranarak işin hakikatinden uzaklaşabiliriz.

Hatırlayın! Musa (A.S.) kavmine Allah'ın emrini bildirip, bir buzağı kesmelerini söylediğinde; onlar bu işi yapmak istemediklerinden dolayı bir sürü gereksiz soru sormuşlardı. Verilen emri layıkıyla yapmak için soruyormuş gibi görünüp; aslında onu yapmamak için bahane uydurup durmuşlardı. Allah (C.C.) Bakara suresinin 71. ayetinde; "Neredeyse kesmeyeceklerdi." diyerek onların asıl niyetlerini bize bildiriyor. (Daha ayrıntılı bilgi için şu ayetlere bakınız.)[2]

---

2. Bakara 67;71- "Bir vakit de Musa kavmine: 'Allah, bir sığır kesmenizi emrediyor.' demiş, onlar da: 'Ay! Sen bizimle alay mı ediyorsun.' diye cevap vermişlerdi. Musa da, 'Öyle cahillere katılmaktan Allah'a sığınırım.' demişti. Bunun üzerine Musa'ya: 'Peki öyleyse, Rab'bine yalvar da onun ne olduğunu bize açıklasın.' dediler. Musa, 'Rab'bim şöyle buyuruyor: O sığır ne pek geçkin, ne de körpe olmayıp orta yaşta dinç bir inek olacaktır.' Haydi size emredilen işi yapın bakalım.' dedi. Bu sefer dediler ki: 'Rab'bine yalvar da onun rengini bize bildirsin.' O da: Allah diyor ki: 'O, bakanların

Gençler Serisi

İslam'da, anlamak amacıyla her türlü soru sorulabilir. Kur'an, her soruya bir cevap sunar. Ancak, yorum yapmadan ve ön yargılı davranmadan önce; ayetlerin tefsirlerine ve kelime analizlerine bakarak, yapılan açıklamalarla iç dünyamızı ikna etmemiz ve bu doğrultuda bir transform yaşamamız gerekir.

"Neden Müslümanız? İslam, bize ne anlatıyor?" sorularının cevabı iç dünyamızda net olmalıdır. Çünkü bu sorular, bir insanın kişisel kimliği ile ilgili, cevaplaması gereken önemli sorulardır. Delillere dayanarak, aklı ve kalbi ile, "Ben, Müslümanım." diyen kişi, Müslüman kimliğini kabullenir ve bununla gurur duyan biri hâline gelir. Bir insan bu kimliği kazandığında; yani, "Ben Müslümanım." dedikten ve Kur'an'a uygun şekilde transform olduktan sonra; her şeye meydan okuyabilir.

Buraya kadar anlatılanları bir örnekle açıklar mısınız derseniz, size dünya tarihinden kısa bir özet sunalım. Ardından sahabe efendilerimizin Kur'an ile dönüşüm yaşadıktan sonraki hâllerine bakarak; Kur'an'ın nasıl muhteşem bir hidayet rehberi olduğunu daha iyi kavrayalım.

İnsan, Kur'an'ın öğrettikleriyle İslam kimliğini kazandıktan sonra; hayatında karşılaşabileceği her türlü zorlukla başa çıkabilen, nerede ve hangi koşullarda olursa olsun; duruşunu kaybetmeyen, öz güvenli bir birey hâline gelir. Şimdi, bu dönüşümün nasıl gerçekleştiğini daha yakından görelim.

Dünya tarihine baktığımızda, yeryüzündeki her toplumun bir dizayn edilme şeklinin olduğunu görüyoruz. Risalet öncesi dönemde de durum böyleydi. Hatta o dönemdeki birçok toplum, benzer bir dizayna

---

içini açan parlak sarı bir inek olacaktır.' dedi. Onlar yine dediler ki: 'Bizim adımıza Rab'bine yalvar da onun nasıl olacağını bize iyice bildirsin. Zira istenen sığır, bize diğerlerine benzer geldiğinden tereddütte kaldık. Ama inşallah asıl istenen sığırı buluruz.' Musa: 'Rab'bim şöyle diyor: O inek, ne toprağı sürmek için çifte koşulmuş, ne de ekin sulamada çalıştırılmış olmayan, salma ve her kusurdan uzak, hiç alacası bulunmayan bir inek olacaktır.' Onlar: 'İşte şimdi gerçeği tam anlayacağımız tarzda bildirdin.' diyerek nihayet sığırı kestiler ki az kaldı yapmayacaklardı."

sahipti; yani birbirlerine çok benziyorlardı. Arap Yarımadası'ndakiler, Hristiyanlar, Hindular; kısacası aklınıza hangi toplum gelirse gelsin; belirli bir sınıflandırmaya sahipti.

Mesela; Hristiyan dünyasında insanlar, bazı sınıflandırmalarla gruplara ayrılmıştı. Bunlardan birinci sınıftakiler; özel; aristokrat insanlardı. Bu kişiler; yönetici ya da kral olarak doğmuşlardı ve inanışlarına göre; tanrı tarafından, diğer insanlara yönetici olarak atanmışlardı.

İkinci sınıftakiler ise manevi liderlerdi. Bu grup; tanrı tarafından seçilmiş olduklarına inanan, dindar kişilerdi. İncil'i okur, anlar ve dini kuralları belirlerlerdi. Onlara karşı yapılan bir itaatsizlik, tanrıya itaatsizlik olarak kabul edilirdi.

Aristokrat yönetici elitler ve manevi elitler; bu iki zümre, genellikle ortaklaşa çalışırdı. Mesela; manevi elitler topluma, "Krala itaat edin; çünkü onu tanrı seçti, şayet ona itaat etmezseniz; lanetlenirsiniz." derlerdi. Buna karşılık, krallar da kiliseye para aktarır ve ikinci sınıftakilere, kiliseye itiraz eden herkes cezalandırılırdı. Bu durum, belli bir süre böyle devam etti. Avrupa tarihine baktığımızda, bunun örneklerini net bir şekilde görebiliriz.

Avrupa tarihi incelendiğinde, aslında çıkan birçok isyanın, yapılan Reform ve Rönesans hareketlerinin; az evvel tarif ettiğimiz bu baskıdan, kilise ve kralların; yani aralarında anlaşmış iki elit grubun birlikte hareket ederek halkı ezmesinden kaynaklandığı görülebilir.

Bu toplumlarda, bahsettiğimiz o iki elit sınıfın dışında, bir de üçüncü sınıf olan zenginler vardı. Bu zenginlerin; tanrının seçip, dünyada malmülk verdiği özel kimseler olduğu kabul ediliyordu. Tarlalar, bahçeler, araziler, evler, mallar, mülkler; seçilmiş olduğu düşünülen elit zenginlerin elindeydi.

Toplumun dördüncü sınıfı ise; yukarıda sayılanlar haricinde kalanlar, yani hiçbir statüsü olmayan insanlardı. Bu sınıftakiler; diğer üç sınıfın hakimiyeti altındaydı. Diğerlerinin; gücünü, hakimiyetini kabul edip, kendi yerlerini kabullenir ve kral ne derse, kilise ne derse, zenginler ne derse; onu yaparlardı. Buna karşılık olarak da karınları doyurulurdu. Firavun döneminde var olan bu durum, günümüz dünyasının Çin, Hindistan gibi yerlerinde de devam etmektedir.

Risaletten önceki Mekke'de de buna benzeyen bir yapı vardı.

Arap Yarımadası'nda, "Mekkeliler seçilmiş. Onlarla karşı karşıya gelemeyiz. Buna gücümüz yetmez." anlayışı hakimdi. Çok fazla kervanın yağmalandığı dönemlerde bile Kureyş'in kış ve yaz seferlerine giden kervanlarına kimse dokunmuyordu. Bunun nedeni; Kâbe'nin, Kureyşlilerin şehri olan Mekke'de bulunması ve diğer tüm gruplara ait putların da Kabe'de rehin olmasıydı.

İşte Kur'an, insanlığın tam da böyle bir kast sistemiyle bölündüğü bir dönemde gönderildi.

Peki, Kur'an ne yaptı?

Kur'an; nüzul olmaya başladığı ilk andan itibaren, bir transformasyon başlamıştı. Aslında bu, bir devrimdi.

Ayetlerde; "Allah'tan başkasına kulluk edilmez." deniliyor ve hiçbir krala, soyluya, kiliseye, papaza, zengine kulluk edilmeyeceği anlatılıyordu. Parçalanmış, gruplaşmış toplumlar; Kur'an'ın hidayetleri ile birleşerek, tek vücut gibi hareket etmeye başladı.

Kur'an'da, herkesin eşit haklara sahip olduğu anlatılıyordu. Allah (C.C.); hepimizin Adem'den (A.S.) yaratıldığını; siyahi, beyaz, kadın, erkek fark etmeksizin; herkesin eşit olduğunu söylüyordu. "Sen şöyle soylu bir aileden geliyorsun; aristokratsın, yönetici sınıftansın, elitsin." gibi söylemlerin hepsi, Kur'an'ın yaptığı transformasyonla kaldırıldı.

İslam'ın gelişi ile artık; bir köle, efendisi ile aynı şekilde ibadet edebiliyor, yan yana namaz kılabiliyordu. Düşünsenize! Resulallah (S.A.V.) çıkıp Kur'an ayetlerini okuyor ve Mekke'nin aristokratlarından Ebu Cehil ile, siyahi bir köle olan Bilâl-i Habeşî'nin eşit olduğunu söylüyordu. Allah (C.C.) indindeki kıymetin; zenginlikle, makam sahibi, belirli bir ten rengine ya da soylu bir geçmişe sahip olmakla değil; takvayla ilgili olduğu söyleniyordu. Bunun; kast sisteminin, gruplaşmanın olduğu bir toplum için ne anlama geldiğini iyi anlayın!

Ayetlerde, "Zengin, fakiri ezemez. Kadın ile erkek eşittir. Kız çocuklarınızı hor görüp, erkek çocuklarını kayıramazsınız. Yetimi, güçsüzü itip kakamazsınız. Gücü yok diye, kimsenin malını elinden alamazsınız. Size hakikatleri kim söylerse söylesin; onu dinleyecek ve hakikati kabul edeceksiniz, kibirlenmeyeceksiniz. Namaz kılacaksınız. Namaz kılarken ayakkabılarınızı çıkaracaksınız. Çünkü etiketlerinizin, makamlarınızın, soyunuzun, ırkınızın bir önemi yok; hepiniz eşitsiniz ve namazda da bu anlayışla, yan yana duracaksınız. Tarlada çalışanla, makam sahibi yöneticiler, zenginler; namazı omuz omuza kılacak ve aynı secdeye başını koyacak." deniliyordu.

Kıymetli olmanın; kişinin cinsiyetiyle, ırkıyla, soyuyla, parasıyla, makamıyla ilgili olmadığı söyleniyordu. En kıymetli kişiler ise; hakkın yanında duran, yardımsever, sabırlı, şükreden, güler yüzlü, hiç kimsenin hakkına girmeyen; yani takva sahipleri olarak tanımlanıyordu. Bunun, ne kadar önemli bir anlayış değişimi olduğunun farkında mısınız?

İnsanların "Sen şu sülaledensin, çok zenginsin; bu nedenle de sen elitsin." gibi söylemleri, artık anlamsızlaşmıştı. Çünkü Kur'an topluma; "Allah'a kulluk ediyorsan, komşuna iyi davranıyorsan, iyilik yapıyorsan, insanlığa faydalı olmaya çalışıyorsan, yalan söylemiyorsan, hayvanlara, doğaya zarar vermiyorsan; sen en kıymetli kişisin." anlayışını kazandırıyordu. Bu; Mekke döneminde inen Kur'an'ın verdiği ana fikirdi ve bir bölgenin transformasyonu, bu öğreti ile gerçekleşti. Elit kısmın yaptığı haksızlıklara son verildi. Kur'an; insanların eşit olduğunu, her birinin eşit fırsatlara sahip olabileceğini ve Allah (C.C.) ile olan ilişkilerinde en yüksek seviyeye ulaşabileceğini öğretiyordu. Dolayısıyla artık; "Sen şu sülaleden geliyorsun. Ne kadar ibadet edersen et; ancak, şu seviyeye kadar gelebilirsin." söylemlerinin de bir anlamı kalmamıştı.

Durun ve hayal edin! Sizce; toplumda kendi sistemlerini kuran ve insanların sırtından geçinen bu sözde elit tabaka, bu durumdan hoşlanmış mıdır? Tabii ki hayır.

Çünkü Kur'an; "Saygınlık soydan, makamdan, zenginlikten gelmez. Saygınlık takvadan gelir." diyordu. Anlayışlar, bakış açıları değişiyor ve toplum transform oluyordu. Kimsenin, karşısındaki kişiyi; "Sen kölesin, fakirsin, soylu bir aileden gelmiyorsun." diyerek kıymetsizleştirmeye hakkı yok deniliyor, toplumun kıymet ve değer ölçüleri yeniden dizayn ediliyordu.

Kur'an, bütün bakış açılarını değiştirerek; bir toplumu transform etti. Ancak bu durum, o dönemin sözde elitleri için çok tehlikeliydi. Çünkü bu yeni anlayış, insanları sorgulamaya teşvik etmişti. İnsanlar, o dönemin sözde elitlerine bakıp; "Sen, sözde saygın birisin. Fakat görüyorum ki yalan söylüyor, insanlara eziyet ediyorsun. Ben ise, hep iyi işler yapmama rağmen; toplumda 'kötü' kabul ediliyorum. Neden?" demeye, soru sormaya başladılar.

Şöyle düşünün: Önceden kiliseyi, kralı ya da zengin, elit birini sorgulamak; ölüm sebebiydi. Kur'an, bir anda bütün bu sistemi de değiştirdi.

Mesela, önceden; elitler haricindekilerin dini metinlere ulaşabilme hakkı yoktu. İnsanlar, ilim öğrenmek için papaza gidiyor ve onun kendilerine okudukları ile yetinip, onları anlamaya çalışıyorlardı. Fakat Kur'an gelir gelmez, bu durum değişti. Okunan ayetler hemen ezberleniyor, dilden dile okunuyor ve insanlar hakikatleri duyup dinliyorlardı. Yani kutsal metinlerin; saklı bir yerde durup, sadece elitlerin okuyacağı metinler olmadığı ve hakikatlerin herkese açık olduğu anlaşılmıştı.

Kur'an; bütün kast sistemlerini altüst etti. İnsanların iç dünyalarında bir transformasyon gerçekleştirdi ve bu da insanları kuvvetlendirdi. İbni Mesud gibi çobanlar, Kur'an'ın sağladığı bu transformasyon ile, toplumun en saygın kişileri hâline geldi.

Kendimize soralım! İç transformasyon ile mi Müslüman olduk, yoksa ailemiz Müslüman diye mi Müslüman'ız? Kur'an'da anlatılan hidayetleri ve bunlarla bizlere neler söylendiğini gerçekten biliyor muyuz? Allah'ın Kitabı'nı okumaya, anlamaya niyet edip bu konuda gayret ettik mi? Bu muhasebe, bizim için çok önemlidir.

İnsan; iç transformasyonu olmadığında; evrensel faktörlerin etkisi altında kalır. Trendler, toplum baskısı, bu kişiyi kontrol altında tutar. Böyle biri için, doğru ve yanlış; trendler tarafından, propagandası güçlü kişiler ya da arkadaş ortamı tarafından belirlenir. Oysa Kur'an; insana hak ve hakikati ayırt edebilecek bir anlayış kazandırır, saygınlık verir. Kişi bunu anlamadığında ve kendisine verilen saygınlığa, değerlere göre yaşamadığında; kıymeti de saygınlığı da başka yerlerde arar. Öz güveni olmaz.

Dikkat edin! Kur'an bize, pasif olmayı öğretmiyor; bir köşeye çekilip, hiçbir şey yapmadan durmamızı söylemiyor. Kur'an bize; bulunduğumuz ortamı güzelleştirmeyi, aksiyon insanı olmayı öğretiyor.

İslam'ın isimlerinden biri "millete ebîkum ibrâhîm"dir. Biz, atamız İbrahim'in (A.S.) soyundan geliyoruz. İbrahim (A.S.), bulunduğu toplumun şirk öğretisini sorgulayan bir gençmiş. Hak ve hakikate ikna olduğundan dolayı da sorular sormaktan çekinmemiş.

Siyer'e bakın! Sahabeler de gençti. Kur'an ile transform olunca, bütün toplum onları ötekileştirdi. Fakat onlar da dimdik durdular. Neden? Çünkü iç dünyaları transform olmuştu. Sorularına cevap bulmuş, açık delillerle ikna olmuş ve öz güven kazanmışlardı. Allah'ın kelamı onları ikna etmişti. Sonuç olarak da Müslüman kimlikleri netleşmişti. Yaşadıklarına, Kur'an'da belirlenen kurallara bakıldığında; ilk bakışta sanki hayat standartlarını sınırlandırdığı düşünebilir. Ancak onlar, iç dünyalarındaki transformasyonla gerçek kıymeti ve öz güveni kazanmışlardı.

Düşünün şimdi! Şirkin yaygın olduğu bir toplumda yaşıyorsunuz. Hiçbir kural yok. İnsanlar; istediğini öldürüyor, istediği kadar kadınla evleniyor ya da evlenmeden onları alıkoyuyor, kız çocukları diri diri gömülüyor.

Sizce insanlar, neden böyle bir toplumda yaşarlarken, Kur'an'ın belirlediği kuralları kabul ederek bir hayat yaşamayı kabul ettiler? Bakıldığında İslam; "Onu giyemezsin, bunu yiyemezsin, şunu içemezsin." gibi birçok kural getiriyor gibi görünüyor, değil mi? Neden bütün bunlara rağmen, insanlar Müslüman olmayı tercih ettiler, ne yaşarlarsa yaşasınlar inançlarından vazgeçmediler?

Çünkü onların iç dünyaları değişime uğramıştı. Hak ve hakikat, kalplerine yerleşmişti. Artık yanlış olana karşı bir farkındalık geliştirmişlerdi. Bakın, böyle derin bir dönüşüm, ancak "beyyinat", yani "ayrıştırıcı bir açıklama" ile gerçekleşir. Beyyinat ile, Kur'an'ın sağladığı transformasyon ile; insanın basireti açılır ve kişi bu sayede olaylara daha derin bir bakışla yaklaşmaya başlar. Bu konu hepimiz için, fakat özellikle de siz gençler için çok önemlidir.

Hangi toplumda yaşarsanız yaşayın, Kur'an'ın rehberliğiyle o iç değişimi ve dönüşümü kazandığınızda, hiçbir şey sizi sarsamaz. Çünkü her türlü baskı ve etkiye karşı Allah'ın Kitabına yönelmeniz ve ona tamamen inanmanız gerektiğini bilirsiniz. Her durumda ihtiyaç duyduğunuz doğruluğu ve hakikati bulmak için Kur'an'a başvurur, onun öğretilerine göre hayatınızı şekillendirirsiniz.

Kur'an'ın bizi dönüştürmesine izin vermeliyiz. Tevazu ile hidayet için Kur'an'a yönelmeli ve onun öğretileriyle hayatımızı değiştirmeye kararlılıkla devam etmeliyiz. Başlangıçta zor gibi görünebilir, ancak zamanla öyle öz güvenli bir birey hâline geliriz ki, duruşumuzu hiçbir şey sarsamaz.

Resulallah (S.A.V.), ashabına ve oradaki gençlere Kur'an'ı okur, ikna edici deliller sunardı. Böylece onlar öyle bir değişim yaşadılar ki, hangi zorlukla karşılaşırlarsa karşılaşsınlar; yollarından asla dönmediler.

Allah'ın kelamını anlamaya çalışmak önemlidir. Sınırlayıcı düşüncelerden uzaklaşarak, gerçek bir değişim ve hidayet arayışıyla Kur'an'ı okumalıyız. "Anlamam" dememeliyiz; çünkü Allah (C.C.), Kur'an'ı anlamayı kolaylaştırmıştır.

Kur'an'ı dikkatle okuyun! Anlamadığınız ya da dikkatinizi çeken ayetleri işaretleyin, araştırın, üzerinde düşünün ve anlamaya gayret edin. Sakın, "Ben anlayamam." demeyin. Çünkü böyle söylerseniz, gerçek bir dönüşümün önüne geçmiş olursunuz.

İç dünyamızın Kur'an'la değişmeye ihtiyacı var. Eğer Kur'an'a "Anlayamam." diye yaklaşırsak; Kur'an'ı okumaz ve anlamaya çalışmayız. Orada anlatılan hakikatlerin iç dünyamızda yerleşmesine izin vermezsek, ihtiyaç duyduğumuz duruşu kazanmamız zor olur. Kimliğimiz oturmadığında da, yaptığımız ibadetlerin veya inancımızdan dolayı giydiğimiz kıyafetlerin gerçek anlamını tam olarak kavrayamayız. İslam'ı bir kültür gibi yaşar, kimliği tam oturmamış bir toplumda her yeni akıma kolayca kapılabiliriz.

Toparlayalım.

Hangi ortamda olursanız olun, Yusuf (A.S.) gibi kendini ve değerlerini koruyabilen bir genç mi olmak istiyorsunuz? Sahabeler gibi, üzerinde ne kadar baskı olursa olsun; savunduğu değerlerden vazgeçmeyen, duruş sahibi biri mi olmak istiyorsunuz? Toplumun, mahalle baskısının, trendlerin peşinden koşmak, onlara göre değişmek yerine; "Benim kimliğim bu." diyebilecek bir öz güvene mi sahip olmak istiyorsunuz?

Bütün bunların yolu, önyargılardan ve etiketlerden sıyrılarak gerçek hidayet için, Allah'ın kelamına yönelmekten geçer.

"Ben hiçbir şey bilmiyorum tevazusu ile hakikati öğrenmek, değişmek ve duruş sahibi olmak istiyorum." diyerek Kur'an'a gitmeliyiz. Açık delilleri araştırarak, ikna olarak ve değişim yaşamaya gayret ederek kendi dönüşümümüzü sağlamalıyız. "Ben yapamam, daha gencim." demeden, "Kur'an'la gelişeceğim, Kur'an beni dönüştürecek." diyerek ona yönelmeliyiz.

Unutmayın! Bu, babamız İbrahim'in (A.S.) yoludur. Böyle davrandığımızda; babamız İbrahim'in yolunda, O'nun (A.S.) öğretisi ile ilerleyen bir genç oluruz. Babamız İbrahim'in yolunda ilerlediğimiz zaman da Allah'ın izniyle kalbimiz mutmain olur, kuvvetleniriz.

Kur'an'la transformasyon; insana öz güven kazandırır, onu; bulunduğu her ortamı değiştiren, güzelleştiren, pozitif, iyi bir insan hâline getirir. Bu kişi, artık Kur'an'dan aldığı prensiplerle hareket eder ve duruş sahibi olur.

Trendlerle popülarite ile hareket eden bir kişi ise; iç dünyasında kimliği tam manasıyla oturmadığından her rüzgârda sarsılır ve sürekli bir kargaşa içinde kalır. Ancak Resulallah (S.A.V.), bu karışıklığın yerine gerçek huzuru ve istikrarı bulmamız için; "Sizin en hayırlınız Kur'an'ı öğrenen ve öğreteninizdir."[3] buyurarak bize önemli bir yol gösteriyor. Bu yüzden Kur'an'ı okuyarak, sevdiklerimize öğreterek ve ona yönelerek, hayatımızda aradığımız huzuru ve dengeyi bulmalıyız.

Şu hakikati asla unutmayalım! Hayatın her anında doğru yolu bulmak, huzuru yakalamak ve balansımızı sağlamak için Kur'an'ı rehber edinmeliyiz.

Bizler Müslümanız. Müslüman; güvenilir, şefkatli ve sözünü tutan bir insan demektir. Müslüman olmak; emniyet veren, toplumunu güzelleştiren ve Allah'ın rızası için iyilik yapan kişi olmaktır. Müslüman olmak, kimseye zarar vermeyen; aksine herkesin güvenini kazanan ve zalimlere karşı duruşu olan bir kişi olmaktır. Müslüman, yaptığı her şeyin, hatta her düşüncesinin Allah (C.C.) tarafından görüldüğünü bilen ve doğruyu savunan kişidir. Yalan söylemeyen, zulmetmeyen, her zaman hakkın yanında olan kişidir.

İşte bunlar; gururla taşıdığımız, bizi biz yapan değerlerdir. Bu kimliği kazanmanın ve gerçek anlamda huzura kavuşmanın yolu da Kur'an ile transform olmaktır.

Bu bölümde; "Kur'an ile transformasyon ve İslam kimliği" konularını anlamaya gayret ettik. Bir sonraki bölümde ise İslam'ın beş temel disiplinini ve bunları hayatımıza nasıl uygulayabileceğimizi inceleyeceğiz.

---

3. Ebu Davud, Salât 349

3- İslam'ın Beş Temel Disiplini Rehberliğinde Hayat Yolculuğu

Bu bölümde, birçok kişinin iç dünyasında bekleyen soruların cevabı olacak bir konu üzerinde duracağız. Öncelikle; "usûlü'd-dîn" denilen bir alandan, yani İslam'ın aslında neyin üzerinde kurulu olduğundan bahsedecek, daha sonra da Hûd suresinin çok önemli bir ayeti olan; "Emrolunduğun gibi dosdoğru ol."[1] ayeti üzerinde duracağız.

Hûd suresi; içeriği ve barındırdığı hidayetler bakımından; hayatımızı şekillendirecek, transform edecek çok önemli bir suredir. Resulallah'ın (S.A.V.) bu sure hakkında, "Beni, Hûd suresi ihtiyarlattı." dediği rivayet edilir.[2]

Gelin, surenin üzerinde duracağımız ayetlerini okuyarak analizimize başlayalım.

Hûd 112- "Öyleyse ey Resul'üm! Sen beraberinde olup tövbe edenlerle birlikte, Sana nasıl emredilmişse, öyle dosdoğru hareket et. Aşırı gitmeyin. Çünkü O, yaptığınız her şeyi görmekte olup işlerinizin karşılığını da size verecektir."

Hûd 113- "Bir de sakın zulmedenlere meyletmeyin, sempati duymayın. Yoksa size ateş dokunur."

Bu iki ayet; Allah Azze ve Celle'nin bizden yapmamızı ve uzak durmamızı istediklerini bildirmesi açısından, âdeta İslam'ın bir özeti gibi

---

1. Hûd 112- "Öyleyse ey Resul'üm, Sen beraberinde olup tövbe edenlerle birlikte, Sana nasıl emredilmişse öyle dosdoğru hareket et. Aşırı gitmeyin. Çünkü O, yaptığınız her şeyi görmekte olup işlerinizin karşılığını da size verecektir."
2. Tirmizi, Tefsir, 56/3297; Kurtubi, IX, 107

düşünülebilir. Bunu daha iyi anlayabilmek için şöyle bir çalışma yapabiliriz:

Elinize bir kâğıt alın ve iç içe girmiş beş tane çember çizin. İç içe çizdiğiniz bu çemberler; yaşanabilir bir sistem olan İslam'ı temsil ediyor olsun.

İslam; temel esası olan imandan sonra, imanın gerektirdiği şartların yerine getirildiği, işleyen ve uygulanabilir bir sistemdir.

Çizdiğiniz çemberlerin en içteki alanı, yani çekirdeği imanı temsil eder. Onu çevreleyen ilk halka ise, İslam'ın temel disiplinlerini (fundamentals); yani Allah'ın (C.C.) bizden istediği temel yükümlülükleri ifade eder. Çekirdeğin etrafında yer alan diğer halkalar ise, bu sistemin işleyişinde önemli rol oynayan diğer unsurlar olarak düşünülebilir.

Gelin şimdi, çizdiğimiz şekil üzerinden İslam'ın temel prensiplerini ve halkaların neyi temsil ettiğini tek tek inceleyelim.

Birinci Halka:

Bu alanı, üç ana kategoriye ayırarak inceleyebiliriz.

1- Allah (C.C.), Kur'an'da bir insanın nasıl olması gerektiğini "leallekum" kelimesi ile ifade ediyor. "Leallekum" kelimesi "muhakeme etmeniz için, umulur ki…" anlamlarına gelir. Kur'an'da, "leallekum" kelimesi ile ifade edilen pek çok kullanım mevcuttur. Bunlardan birkaçını izah edelim.

Allah (C.C.), Bakara suresi 21. ayette şöyle buyuruyor: "Yâ eyyuhen nâsu'budû rabbekumullezî halakakum vellezîne min kablikum leallekum tettekûn. - Ey insanlar! Hem sizi, hem de sizden önceki insanları yaratan Rab'binize kulluk ediniz. Böyle yapmakla her türlü zarardan korunmayı ümit edebilirsiniz." Ayetin son kısmında "leallekum tettekûn - korunasınız diye" ifadesi geçiyor.

Nahl suresinin 90. ayetinde ise şöyle buyruluyor: "İnnallâhe ye'muru bil adli vel ihsâni ve îtâi zîl kurbâ ve yenhâ anil fahşâi vel munkeri vel bagyi, yeizukum leallekum tezekkerûn. - Allah adaleti, hatta adaletten de fazla olarak ihsanı, en güzel davranışı ve muhtaç oldukları şeyleri yakınlara vermeyi emreder. Hayasızlığı, çirkin işleri, zulüm ve tecavüzü yasaklar. Düşünüp tutasınız diye size öğüt verir."

Bu ayette de "leallekum tezekkerûn - düşünüp tutasınız diye" deniliyor.

Yine Bakara suresinin 56. ayetinde Allah Azze ve Celle şöyle buyuruyor: "Summe beasnâkum min ba'di mevtikum leallekum teşkurûn. - Siz bir müddet ölü vaziyette kaldıktan sonra, şükredersiniz ümidiyle sizi dirilttik." Bu ayetin son kısmında ise, "leallekum teşkurûn - şükredesiniz diye" hitabı geçiyor.

Bütün bu hitaplar; aslında Allah'ın (C.C.), Kur'an'da bizden istediği şeylerdir. Yani "leallekum" ifadesi ile kullanılan bu tarz hitaplar; İslam'ın en temelinde, en içteki halkada bulunur.

2- Allah (C.C.) Kur'an-ı Kerim'deki birçok ayette, "İnnallâhe yuhıbbu. - Allah sever." buyuruyor.

Peki, Allah (C.C.) kimi sever?

Bu ifadenin kullanıldığı ayetleri incelediğimizde; Allah'ın (C.C.) muhsinleri, takva ehlini ve müttakîleri sevdiğini bildirdiğini görüyoruz.

Allah Azze ve Celle'nin, hem bu ayetlerde hem de "düşünesiniz; tefekkür edesiniz diye, iyilik yapıp muhsin olasınız diye" başlayan ayetlerin ortalarında veya sonlarında, bize bildirdiği, olmamızı istediği bir hâl var. Bu ayetlere bakarak; Allah'ın (C.C.) neleri yapmamızı, nasıl olmamızı istediğini öğreniyoruz.

3- Kur'an'daki birçok ayette, "İnnallâhe meanâ. - Allah bizimle beraberdir."[1], "İnnallâhe meas sâbirîn. - Allah sabredenlerle beraberdir."[2] deniliyor.

Bu sayılanlar; Allah'ın (C.C.) bir insanda olmasını istediği, İslam'ın ve Resulallah'ın (S.A.V.) tebliğ ettiği hakikatlerin tam merkezinde yer alan özelliklerdir.

Dikkatli baktığımızda, bunların aslında birer fikriyat olduğunu görebiliyoruz. Mesela Allah (C.C.), "Vallâhu yuhibbus sâbirîn. - Allah böyle sabırlı insanları sever." buyuruyor.[3] Ancak burada; sabreden kişinin nasıl olması lazım, ne yapması lazım kısmının tarifi yapılmıyor. İhtiyacımız olan bu tarifi; Resulallah'ın (S.A.V.) Sünneti'nden, rehberliğinden öğreniyoruz.

İslam'ın ilk halkasını oluşturan bu üç ana bölümün ardından, konumuza ikinci halka ile devam edelim.

İkinci Halka:

İkinci halkada, Allah'ın (C.C.) farz ve yasaklar gibi bizden yapmamızı ve uzak durmamızı istedikleri yer alır. Farzlar; beş vakit namaz, oruç, zekât ve hac gibi temel ibadetlerdir.

Bu halkanın temel mantığı, birinci dairedeki fikriyata bağlı kalmaktır. Örneğin Allah (C.C.), Tâhâ suresinin 14. ayetinde; "Beni anmak için namaz kıl!" buyuruyor. Aynı şekilde Kur'an'da, "leallekum ta'kılûn - düşünüp anlamanız için" ifadesini kullanarak bizden tefekkür etmemizi istiyor.[4] Bu düşünceyi namaza bağladığımızda, namaz gerçek anlamını kazanıyor.

---

1. Tevbe Suresi, 40
2. Bakara Suresi, 153
3. Âl-i İmrân Suresi, 146
4. Zuhruf Suresi, 3

Allah (C.C.), oruçla ilgili olarak da Bakara suresinin 183. ayetinde; "Ey iman edenler! Sizden öncekilere farz kılındığı gibi oruç tutmak size de farz kılındı. Umulur ki fenalıklardan korunursunuz." buyuruyor. Yani Allah'ın bizden korunmamız için yapmamızı istediği şey, ikinci halkadaki farzlar yoluyla aksiyon hâline geliyor.

Burada, şu noktaya da dikkat çekelim: Bir insan, Allah'ın birinci halkada olmasını istediği özellikleri namazla birleştirmediğinde, "kültür Müslümanlığı" dediğimiz bir durum ortaya çıkar. Böyle bir kişi namaz kılar, eğilip kalkar; ama bunu, Allah'ı (C.C.) zikretmek olarak görmez. Ya da namaz kılar; ama haram yer. Çünkü bu kişi işin özünü anlamamıştır. Namazı temel disiplinlere bağlamadığı için de Ankebût suresi 45. ayetindeki, "Muhakkak ki namaz, insanı ahlak dışı davranışlardan ve kötü işlerden uzak tutar." hidayeti, hayatında karşılık bulmaz.

Peygamber Efendimiz (S.A.V.), bu durumu şu hadisiyle açıklıyor: "Nice oruç tutanlar vardır ki, oruçlarından kazandıkları; sadece açlık ve susuzluktur. Nice namaz kılanlar vardır ki, namazlarından elde ettikleri yalnızca yorgunluktur."[5]

Dikkat edin! Eğer oruç; Allah'ın emrettiği şekilde fenalıklardan korunmaya yönlendirmiyorsa, içi boş bir kabuk hâline gelir.

İslam'ın temelinde, adalet gibi evrensel disiplinler vardır. Allah (C.C.), Kur'an'da şöyle buyurur: "Allah, adil olanları sever."[6] Ancak kişi adil davranmazsa, Allah'ın istediği ahlaki özellikleri hayata geçiremez ve şekil Müslümanlığına mahkûm olur. Bu durumda namaz, onu kötü işlerden korumaz; oruç, davranışlarını güzelleştirmez. Böyle bir insan haram yer, zulmeder; ama yine de Allah'ın selamıyla konuşur. Bunun sebebi, özün kaybolmasıdır. Çünkü bu kişi, Allah'ın ne istediğini anlamamış; dini, hayatının merkezine yerleştirmemiştir.

---

5. İbni Hanbel, 2/373
6. Maide Suresi, 42

Ömer (R.A.), bu durumu şu sözleriyle özetler: "Kişinin namazı ve orucu sizi aldatmasın. Siz; onun dinarına ve dirhemine bakın."[7] Bu; bir insanı tanımak için onun ticaretine ve günlük hayatındaki dürüstlüğüne, yani ilk halkadaki disiplinleri aksiyona geçirip geçirmediğine bakın demektir.

İslam, sosyal bir dindir. Allah (C.C.); bireysel, yani Zat'ına karşı yaptığımız hataların hepsini affedeceğini bildiriyor ve "Tövbe edin, affederim." buyuruyor.[8] Ancak sosyal, yani diğer insanlarla alakalı meselelerde ise sorunumuzu; muhatap olunan kişiyle çözmemizi istiyor. Çünkü işin temelinde iyi insan olmak var.

Bakın, bu konunun ne kadar önemli olduğunu; Resulallah'ın (S.A.V.) şu hadisi bize net bir şekilde gösteriyor:

Bir gün Ebu Amr (veya Ebu Amre) Süfyan İbni Abdullah (R.A.), Peygamber Efendimiz'e (S.A.V.) gelerek şöyle diyor: "Ya Resulallah! Bana İslam'ı öylesine tanıt ki, onu bir daha Sen'den başkasına sormaya ihtiyaç hissetmeyeyim." Resulallah (S.A.V.) ise ona şöyle cevap veriyor: "Allah'a inandım de, sonra da dosdoğru ol!"[9]

Peki, "dosdoğru olmak" ne demek?

Allah (C.C.), "Günahın açığını da bırakın, gizlisini de." buyuruyor.[10]

Daha iyi anlaşılması adına, durumu şöyle bir örnekle açıklayalım: Hacca gitmek; sağlık, maddiyat ve yol emniyeti yönünden imkânı olan ve akıl sağlığı yerinde, büluğ çağına erişmiş Müslümanlara farzdır. Bu, bir Müslüman için önemli bir ibadettir. Ancak hacca gidip, Kâbe'nin

---

7. Kenzul-Umman, h. no: 8436
8. Zümer 53- "De ki: 'Ey çok günah işleyerek kendi öz canlarına kötülük etmede ileri giden kullarım! Allah'ın rahmetinden ümidinizi kesmeyiniz. Allah bütün günahları affeder. Çünkü O, Gafur ve Rahîm'dir (çok affedicidir, merhamet ve ihsanı fazladır)."
9. Müslim, İman 62. Ayrıca bk. Tirmizi, Zühd 61; İbni Mâce, Fiten 12
10. En'âm Suresi, 120

yanında duran Hacerü'l Esved'e dokunmak için insanları itip kakmak, rahatsız etmek doğru bir davranış değildir.

Hucurât suresi 10. ayette, "Müminler, sadece kardeştir." deniliyor. Kişi, Hacerü'l Esved'e dokunmak istiyor olabilir. Ancak bu; yazının başında çizmenizi istediğimiz şekle göre, belki de İslam'ın beşinci halkasında yer alabilecek bir iştir ve bu şekilde hareket etmek; en temelde olan, "mümin kardeşine zarar vermeme" prensibini çiğnemek demektir.

Resulallah (S.A.V.) bize; "Dosdoğru ol!" derken; aslında bu ilk iki halkadaki vazifeleri tebliğ etmiştir.

Bakın, İslam'ı merak eden ya da yeni tanıyan bir insanın ilk öğrenmesi gereken; birinci halkadaki; "Lâ ilâhe illallâh Muhammedu'r-Resûlullah." hakikati ve ardından gelen, "Dosdoğru ol!" emridir. Bir insan, öncelikle bunları kabul etmelidir.

Ali (R.A.) da bu konuyla ilgili, "İlim bir noktaydı, o da 'Lâ ilâhe illallâh.'tı. Avam anlasın diye genişletildi." diyor. Yani asıl anlaşılması gereken nokta budur.

İnsanlar, Allah (C.C.) ile bağ kurmadıkları zaman; detaylarla uğraşmaya başlarlar. Allah (C.C.) ile bağ kurulmadığı, temel düzgün atılmadığında da tutulan oruç; aç kalmaktan, kılınan namaz da eğilip kalkmaktan ibaret olur.

Yapılan bir araştırmada, hazırlanan bir istatistik raporu için insanlara; "Cennet'e girmen şu an garanti olsa, ölmek ister misin?" diye soruluyor. Soru sorulanların %75'i, bu soruya; "Ölmek istemem!" diye cevap veriyor. İnsanların din ile olan bağlarını, aslında sadece bu istatistiğe bakarak bile anlayabiliriz. Bakın soruda, "Cennet'e girmen garanti." denilmesine rağmen; insanlar ölmek istemiyor ve dünya hayatını tercih ediyorlar. İnsanların cennet gibi büyük bir ödül karşısında dahi dünya hayatını tercih etmeleri, aslında İslam'ın temel hakikatlerinin tam olarak kavranmadığını göstermektedir. Bu eksik anlayış, bizi İslam'ın özüne; yani güzel ahlaka yönlendiren esas mesajı hatırlamaya davet eder.

İslam güzel ahlaktır. Bundan dolayıdır ki Resulallah (S.A.V.), "Ben, ancak güzel ahlakı tamamlamak için gönderildim." buyuruyor.[11] Bu hakikati anlamak, insanın kıldığı namazı neden kıldığını da anlamasını sağlar. İslam'ın güzel ahlak olduğunu bilen bir insan için, namaz kılmak sadece eğilip kalkmak değildir. O, namazı; Allah'ın (C.C.) "leallekum" diye başlayan, "Beni anmak için namaz kıl!" ayetine konsantre olarak kılar. Bunu yaparken de, "Ya Rab'bi! Sen'in en temelde istediğini yapıyorum!" der. Zaten, bu anlayışa sahip birinin de namaz kılmaması düşünülemez.

Bir de meseleye şu açıdan bakalım:

Haramın neden kötü olduğunu hiç düşündünüz mü?

Haram; içinde kötülüğü, nankörlüğü ve şükürsüzlüğü barındırır. Çünkü haram, Allah'ın mülkünde, O'nun (C.C.) insana verdiği nimetlerle O'na (C.C.) isyan etmektir. İşte bu yüzden Allah (C.C.), "leallekum teşkurûn - şükredesiniz diye" buyuruyor.[12]

Haram işlemek, İslam'ın temel prensiplerine ters olduğu için kötüdür. Bir insan namaz kılmıyorsa, harama kolay bulaşıyorsa bu durum; onun temelde Allah'ın (C.C.) istediği biri gibi olmamasından kaynaklanıyordur.

Kısacası; İslam'ın birinci halkasını anlayan bir insanın, ikinci halkadaki aksiyonları yapmaması, farzlara ve uyulması gereken kurallara uymaması düşünülemez.

Kur'an'da, "Allah yolunda malınızı harcayın da kendi ellerinizle kendinizi tehlikeye atmayın!" buyuruluyor.[13] Bu ayetle bize; "infak"

---

11. Ahmed b. Hanbel, Müsned, 2/381; Mâlik, Muvattâ, s. 651
12. Bakara Suresi, 56
13. Bakara Suresi, 195

aksiyonunun, aslında korunma olduğunu öğretiliyor. Yani infak ederek, korunmamız ve takva ehlinden olmamız isteniyor.

İslam komplike değil, yaşanabilir bir dindir. Ancak ne yazık ki bazı insanlar, onu komplike bir hâle getirebiliyor. Çoğu zaman şekil ve görüntü gibi dış unsurlara odaklanılarak, İslam'ın asıl hakikatleri geri planda kalabiliyor. Oysa İslam; sadece kılık kıyafetten, sakaldan ya da dış görünüşten ibaret değildir. Öncelikli olarak üzerinde durulması gereken, "Lâ ilâhe illallâh." hakikati ve güzel ahlaktır. Şükreden bir kul olmak, adil davranmak ve insana değer veren bir ahlaka sahip olmaktır.

Unutmayın, bizi başarıya götürecek olan, sadece şekilsel boyutuyla ele alınan namaz ve oruç değil, bu ibadetlerin özüne inerek; İslam'ın temel değerlerini hayata geçirmektir. Bu temel unsurlar, Allah'ın bizden istediği doğru davranışları hayatımıza yerleştirip onları namaz ve diğer ibadetlerle bütünleştirmektir. Bu bütünlük sağlandığında, namaz gerçek anlamını kazanır ve kişiyi kötülüklerden korur. Aynı şekilde, oruç da bizi takva mertebesine ulaştırır. Bu temel anlayışı kavramak, inanç ve ibadet arasındaki bağı kurmak açısından çok önemlidir. Bu yüzden Resulallah'ın (S.A.V.) tebliğinde esas aldığı ve üzerinde durduğu alanlar, birinci ve ikinci halkalar olarak ifade edilen bu unsurlardır.

Üçüncü Halka:

Bu halkada; Resulallah'ın (S.A.V.) Sünnetleri ve mübahlar bulunur.

Bunu şöyle izah edelim:

İslamiyet'ten önce insanlar; Kâbe'yi elbisesiz tavaf ederler, kızlarını diri diri toprağa gömerlerdi. Ancak Allah'ın (C.C.) mucizevi yardımı ve Resulallah'ın (S.A.V.) rehberliğiyle, bu insanlar içlerinde oldukları bu karanlık durumdan çıkıp insanlığın en üstün örnekleri hâline geldiler.

Sahabeler, İslam'ı anlayıp özümseyerek Allah'ın (C.C.) istediği olgunluğa ulaştıklarında; yani İslam'ın birinci ve ikinci halkasındaki hakikatleri tam anlamıyla sindirdiklerinde, artık üçüncü halka devreye giriyordu. Bu noktada; kıyafet düzeni, sakalın şekli gibi detaylar gündeme geliyordu. Ancak burada, temel sünnetlerden ziyade; o dönemde kişisel ve toplumsal düzeni tamamlayan unsurlardan söz edildiğini unutmamak gerekir.

Burada, önemli bir noktadan bahsedelim.

Bazı insanlar, birinci ve ikinci halkalara odaklanılması gereken bir dönemde; sürekli haramlarla ilgili detaylara dikkat çekerek, asıl önceliklerin anlaşılmasını zorlaştırır. Örneğin, sakalı olmayan birine; eksik Müslümanmış gibi muamele etmek, İslam'ın temel hakikatlerini göz ardı ederek öncelikleri yanlış sıralamak anlamına gelir. Bu tür yaklaşımlar, İslam'ın özüne ulaşmayı engelleyebilir.

Elbette bu konular da önemlidir; ancak İslam'ın temeli olan adalet, şükür, zulümden kaçınma, hırsızlık yapmama, yalan söylememe gibi değerlerle kıyaslandığında, üçüncü halkaya ait meselelerin, daha sonraki bir aşamada ele alınması gerekir.

Maalesef, bazı bakış açıları, İslam'ın temel prensiplerini göz ardı ettiğinden "kültür Müslümanlığı" dediğimiz anlayış oldukça yaygın bir hâl aldı. Oysa Resulallah (S.A.V.) bir ve ikinci halkaları özümsedikten, yani "Lâ ilâhe illallâh Muhammedu'r-Resûlullah."[1] ı anlayıp hayata geçirdikten sonra; namazın insanı kötülüklerden alıkoyacağını, orucun ise koruma sağlayacağını vurgulamıştır.

Bu; İslam'ı yeni tanıyan, öğrenmek isteyen birine, bir gence İslam anlatılırken kullanılması gereken çok önemli bir yaklaşımdır. Bunu iyi anlamalı ve öncelikle birinci ve ikinci halkalara konsantre olmalıyız.

Şöyle düşünün: Eğer bir gence, doğrudan müzik dinlemek haram derseniz; o genç zaten müzik dinliyorsa şu şekilde düşünebilir: "Madem müzik dinlemek haram ve ben de bugüne kadar çok dinledim, o hâlde zaten kayıptayım. Bu durumda, diğer haramları da yapmam bir şeyi değiştirmez." Böyle bir yaklaşım, dini gereksiz yere zorlaştırır ve genç bir insanın yanlış yargılara varmasına sebep olabilir. Hatta bu durum;

53

zina, alkol içmek gibi büyük günahları bile müzik dinleme eylemine indirgemesine yol açabilir.

Dördüncü Halka:

Bu halkada, sahabe efendilerimizin icmâsı yer alır. İcmâ; İslam hukukunda, bir dönemde yaşamış İslam bilginleri ve müctehitlerin, Kur'an, Sünnet ve bazı mezheplere göre kıyas gibi delillere dayanarak; İslamî bir hüküm üzerinde fikir birliğine varmasıdır. Kısacası icmâ, sahabe efendilerimizin belirli konular üzerindeki ortak görüşlerini ifade eder.

Ancak sahabe efendilerimiz dahi her konuda içtihatta bulunmamış ya da tam bir fikir birliğine varmamışlardır. Bu nedenle, İslam'ın temel esaslarını; yani usûlü'd-dîn ve fıkıh meselelerini bir bütün olarak ele almak gerekir.

Onların hemfikir oldukları bazı konuları, şu şekilde sıralayabiliriz:

1- Tarihi olaylar: Sahabe efendilerimiz, olaylara bizzat şahit oldukları için tarihi olayların zamanlaması konusunda anlaşmışlardır. Örneğin, "Bedir Savaşı şu tarihte gerçekleşti." gibi.

2- Büyük fakih sahabelerin görüşleri: Sahabe efendilerimiz; Abdullah İbni Ömer (R.A.), Abdullah İbni Abbas (R.A.), İbni Mesud (R.A.) gibi büyük fakih sahabelerin fikirlerinde anlaşmışlar.

3- Halifelerin sözleri: Sahabe efendilerimiz; halifelerin söz ve kararlarında genellikle hemfikir olmuşlardır.

Bunun dışında, sahabe efendilerimizin farklı içtihatlarda bulundukları konular da olmuştur.

Bazen, kendi fikirlerimizi sanki İslam'ın değişmez hükümleriymiş gibi sunarak, insanlara empoze etmeye çalışıyoruz. Ve ne yazık ki bu durum Müslümanların, İslam'ın birinci ve ikinci halkalarına; yani temel inanç ve ahlaki değerlerine odaklanmalarını engelleyebiliyor.

Şu ana kadar incelediğimiz konuları tekrar gözden geçirdiğimizde; İslam'ın halkalarının içten dışa doğru, şu şekilde sıralandığını görüyoruz: Allah'ın (C.C.) emir ve yasakları, Resulallah'ın (S.A.V.) bu emir ve yasakları nasıl uygulamamız gerektiğini öğretmesi, sahabe efendilerimizin bu hususlardaki icmâsı ve ardından âlimlerin içtihatları.

Son halkayla devam edelim.

Beşinci Halka:

Bu halka, âlimlerin içtihatlarının yer aldığı alandır. Daha iyi anlaşılması için şöyle bir örnek verelim:

Emîrü'l-mü'minîn olan Harun Reşit, bir gün hacca gider. Usulen, namazı onun kıldırması gerekir. Ancak Harun Reşit, hacamat yaptırmıştır. Hanefî mezhebine göre hacamat abdesti bozar ve Harun Reşit de Hanefî mezhebine mensuptur. Bu durum karşısında Harun Reşit, zekâsını kullanarak bir çözüm bulur. Yanında, Ebu Hanife'nin en büyük talebesi ve Hanefî mezhebini pratiğe döken kişi olan İmam Ebu Yusuf bulunmasına rağmen, ona danışmaz. Bunun yerine, İmam Malik'e giderek; "Hacamat yaptırdım, namazı kıldırabilir miyim?" diye sorar. Malikî mezhebinde, kan abdesti bozmadığı için İmam Malik; "Tabii, sıkıntı yok." cevabını verir.

Harun Reşit, İmam Malik'in bu görüşüne dayanarak namazı kıldırır. Arkasında hem İmam Malik hem de İmam Ebu Yusuf ona uyar. Namaz sonrasında talebeleri, "Efendim, hacamat oldunuz, namazı iade edelim mi?" diye sorar. Harun Reşit bu soruya sert bir şekilde, "Namazı iade etmeyi düşünen mürted olur! (Dinden çıkar!)" diye yanıt verir. Bu tavrının sebebi, meseleyi Kur'an ve Sünnet'te açıkça belirlenmemiş bir husus olarak görmesi ve içtihadıyla hareket etmesidir. Şöyle der: "Benim görüşüme göre kan abdesti bozar. Ancak burada İmam Malik var ve ona göre bozulmaz. Bu durumda onun görüşüne göre hareket ettim."

Şimdi böyle bir olayın bir camide yaşandığını hayal edin! Ya da bir kişinin, yalnızca abdestin farzlarını yerine getirerek abdest aldığını ve bu abdestle namaz kıldığını düşünün. Bunu gören biri, yanlış bir kanaate vararak; "Abdest almadan namaz kılıyor." diyebilir. Ancak burada, esas meseleye odaklanmak gerekir.

Dinin özü, Allah'ın (C.C.) bizden istediği temel prensiplerdir: Dürüst olmak, iyi bir insan olmak, hırsızlık yapmamak, iftira atmamak, yalan söylememek gibi. Bunlar, dinin temel disiplinleridir. Ancak biz, çoğu zaman bu esasları bırakıp detaylara odaklanıyoruz. Sanki detayları bilmek, iyi bir Müslüman olmak için yeterliymiş gibi davranıyoruz. Oysa, fıkhî olarak genele uymak, bireysel olarak takvalı olmaktan daha faziletlidir.

"Bir insan neden kültür Müslümanı olur? Bu kadar kolay harama nasıl bulaşır?" gibi soruların cevabı, kişinin dinin temelindeki meseleyi çözmemesinde saklıdır.

Allah (C.C.), "Ey Resul'üm, Sen beraberinde olup tövbe edenlerle birlikte, sana nasıl emredilmişse öyle dosdoğru hareket et."[14] (Allah, tövbe edenleri sever.) buyuruyor. Yani Allah (C.C.) mealen, "Sen beraberinde olanlarla, temizlenenlerle, tövbe edenlerle birlikte emrolunduğun gibi dosdoğru ol." diyor.

Din, doğru bir şekilde yaşanmalı; ancak bu yaklaşım kesinlikle dengeyi bozmadan yapılmalıdır. Eğer bir kişinin Allah'a (C.C.) olan bağlılığı, onu namaz kılmaya veya faizden uzak durmaya yönlendiremiyorsa; bu kişinin İslam'ın temel disiplinleriyle ilgili sorunları olduğu anlamına gelir. Çünkü İslam'ın temelinde yer alan inanç; kişinin namaz kılma eylemini gerçekleştirmesini; alkol, kumar, hırsızlık, zina gibi günahlardan da uzak durmasını sağlar. İnsan, bu temele dayalı inancı içselleştirip özümseyerek, ibadetlere yönelik bir ihtiyaç hisseder. Mesela; namaz, oruç ve infak, bu anlayışın doğal sonuçlarıdır.

"Emrolunduğun gibi dosdoğru ol!" demek; her an sıdk (integrity) ile, Allah (C.C.) beni her an görüyor şuuru ile hareket etmek demektir. Bu

---

14. Hûd Suresi, 112

anlayış; kişinin ticaretinde, aile içindeki ilişkilerinde ve hatta düşmanına karşı olan davranışlarında bile dosdoğru olmasını ister.

Peygamber Efendimiz (S.A.V.) peygamberlik gelmeden önce de Muhammedü'l Emin olarak biliniyordu. Yani o zamanlar da son derece dürüst ve güvenilir biriydi, dosdoğruydu. Aksi takdirde Ebu Cehil karşına çıkıp, "Ben, Sen'in peygamber olduğunu biliyorum; ama kabul edemem. Peygamberlik, neden Sen'in soyundan geldi?" demezdi. Biz de O'nun (S.A.V.) gibi, dosdoğru olmalıyız! Eğer dosdoğru olmazsak, zulmedenlere meyletme tehlikesi ile karşı karşıya kalırız. Meyletmekten de öte onlardan olma, onların akıbetlerini yaşama tehlikesi içinde oluruz.

Allah Azze ve Celle, bizi bu konuda uyarıyor:

Hûd 113- "Bir de sakın zulmedenlere meyletmeyin, sempati duymayın. Yoksa size ateş dokunur."

Allah (C.C.), ayette "dokunabilir" demiyor. Üstelik ayette, zalimlerden değil; zulme ve zalime sempati duyanlardan bahsediyor. Allah (C.C.) vaadinden dönmez; zulmedenlerin cezasını da, zulmedenlere sempati besleyenlerin cezasını da yine bu dünyada verir.

Yarın; iyilikle kötülük, zenginlikle fakirlik, güçle zayıflık arasında imtihan olabiliriz. Zayıf olanlar güçlü, güçlü olanlar ise zayıf hâle gelebilir. Resulallah'ın (S.A.V.) yaşadığı şu olay, bu hakikati bize çok güzel anlatır:

Peygamber Efendimiz'in (S.A.V.), yarışlarda her zaman kazanan bir devesi vardı. Bir gün genç bir bedevi, kendi devesiyle yarışa katıldı ve Efendimiz'in (S.A.V.) devesini geçti. Bunun üzerine sahabe üzüldü ve durumu garipsedi. Resulallah (S.A.V.) ise şöyle buyurdu: "Bu, Allah'ın bir kanunudur: Allah, dünyada her yükseleni alçaltır."[15]

---

15. Buhari, Cihad 59, Rikak 38; Ebu Davud, Edeb 8; Nesai, Hayl 14

Bu hadis, Allah'ın değişmez kanunlarını (âdetullah) açıklayan önemli bir hadistir. İnsanlara, her şeyin bir hikmet ve denge içinde olduğunun hatırlatılması açısından da önemli bir mesaj içerir. Yani bugünün güçlüleri yarın zayıf olabilir, bugünün zayıfları da yarın güçlü hâle gelebilir. Bu, Allah'ın değişmeyen kanunlarındandır. Dolayısıyla, ne güçlü olduğumuzda ne de zayıf olduğumuzda adil olmaktan taviz verebiliriz. Nitekim bununla ilgili Allah (C.C.), Mâide suresi 8. ayette, "Bir topluluğa karşı, içinizde beslediğiniz kin ve öfke, sizi adaletsizliğe sürüklemesin. Adil davranın, takvaya en uygun hareket budur." buyuruyor. Burada, gerçek adaletin, sadece güçlüyken değil; her durumda korunması gerektiği vurgulanıyor. Esas olan; adaletin ve takvanın her durumda geçerli olduğu zamanlardır.

Allah (C.C.), haklı olduğu hâlde tartışmayı terk edene; cennetin ortasında bir köşk vadetmektedir.[16] Bu da Allah'ın (C.C.) adalet anlayışını ve takvaya verdiği önemi bir kez daha ortaya koymaktadır.

Toparlayalım.

İslam, "klas insan olma işi"dir; gerçek insan olma yolculuğudur.

Klas insan her durumda; ister fakirlikte ister zenginlikte, ister sıkıntıda ister huzurda; nabzı aynı ritimde atan, her an Allah'la (C.C.) ilişki kuran, O'na (C.C.) yönelen ve O'na (C.C.) teslim olandır.

O; Allah'ın (C.C.) "leallekum - muhakeme etmeniz için, umulur ki" diye başladığı ve "İnnallâhe meanâ. - Allah bizimle beraberdir." diye tarif ettiği muhsinlerdendir. İslam'ın temel disiplinlerini anlayanlar, Resulallah'ın (S.A.V.) dini neden bu kadar kolaylaştırdığını da anlarlar.

Düşünün şimdi! Resulallah (S.A.V.) öyle kolaylaştırıcıymış ki, havalar kötü olduğu zaman müezzinlere; "Namazı evinizde kılın." dermiş. İnsanların sıkıntı çekmesini hiç istemezmiş. Müminlere karşı hep "Raûf" ve "Rahîm"miş.

---

16. Tirmizi, Birr 58, (1994); Ebu Davud, Edeb 8, (4800); İbni Mace, Mukaddime 7, (51); Nesai, Edeb (6, 21)

Resulallah (S.A.V.) bize hep, "Lâ ilâhe illallâh." a odaklanmamız gerektiğini öğretir. Nitekim şu hadis, bunun çok önemli bir örneğidir:

"Kıyamet gününde, herkesin gözü önünde ve duyacağı bir şekilde ümmetimden bir kişi çağrılacak. Onun karşısına her birisi, gözün uzanabildiği kadar uzandığı; her satırda adamın günahlarının yazılı olduğu doksan dokuz kayıtlı siccîl yayılacak. Sonra, Allah (C.C.) şöyle buyuracak: 'Bunlardan herhangi bir şeyi inkâr ediyor musun?' O kişi, 'Hayır Rab'bim.' diyecek. Allah (C.C.) soracak: 'Benim koruyucu yazıcılarım (meleklerim) sana zulmetti mi?' O, 'Hayır.' diyecek. Sonra Allah (C.C.), şöyle buyuracak: 'Senin ileri sürecek bir mazeretin var mı? Senin bir hasenen, iyiliklerin var mı?' Adam korkacak ve 'Hayır.' diyecek. Bu sefer Allah (C.C.) şöyle buyuracak: '(Durum) sandığın gibi değil. Senin, Biz'im nezdimizde iyiliklerin var. Bugün, senin aleyhine zulüm söz konusu olmaz.' Daha sonra adama, üzerinde; 'Lâ ilâhe illallâh.' yazan bir kâğıt gösterilecek. Adam, 'Rab'bim bu kâğıt parçacığının bunca siccîle karşılık kıymeti ne olabilir ki?' diyecek. Allah Azze ve Celle de yine, 'Şüphesiz sana zulmedilmeyecek.' buyuracak. Ardından, günahların yazılı olduğu siccîller bir kefeye; kelime-i tevhidin yazılı olduğu kâğıt parçası da diğer kefeye konulacak. Bütün o siccîllerin bulunduğu kefe havaya kalkarken, o kâğıt parçası ağır basacak."[17]

"Lâ ilâhe illallâh."ın ne kadar kıymetli bir hazine olduğunun farkında mıyız?

Biz temele, esas disiplinlere konsantre olmalıyız. Şeytanın en büyük tuzağı, insanı ümitsizliğe düşürmektir. Unutmayın! Kur'an'da, "Allah'ın rahmetinden asla ümidinizi kesmeyiniz. Çünkü kâfirler gürûhu dışında, hiç kimse Allah'ın rahmetinden ümidini kesmez." deniliyor.[18]

Biz ümidimizi kaybedemeyiz. Ölçümüz şu olmalıdır: Takva sahibi olmaya, nefsimize karşı disiplinle hareket etmeye, hassas yaşamaya çalışmalıyız. Ancak dışarıya karşı da hoşgörülü ve anlayışlı olmalıyız.

---

17. Beyhakî, Şuabu'l-İman, Hadis No: 6848; Ahmed bin Hanbel, Müsned, Cilt 2
18. Yûsuf Suresi, 87

İşte bu hoşgörü ve anlayış, ancak Allah'ı (C.C.) gerçek manada tanıyan ve O'nun rahmetini bilen kişilerde mevcut olabilir. İçki içen, zina yapan; yani günah işleyen birine karşı ancak Allah'ı (C.C.) hikmetle tanıyan ve O'nun (C.C.) rahmetini bilen ârifler hoşgörülü ve sabırlı olabilir. Çünkü onlar; Allah'ın (C.C.) rahmetinin genişliğini ve affediciliğini bilir; insanlara göre değil, Kur'an'ın disiplinlerine göre hareket ederler. Ârif kişi, insanların hatalarını görüp onları yargılamak yerine; onlara merhametle davranır. Biz de âriflik yolunda yürümeli, onlar gibi olmaya çalışmalıyız.

İslam'ın en temel disiplinlerine konsantre olmalıyız. Bu disiplinler, Allah (C.C.) ile münasebettir. Bunu anladığımız zaman; hiçbir şey, bizi namazımızdan alıkoyamaz. Çünkü o zaman namazı, namazlaşma olarak, Allah'ı (C.C.) zikretmek olarak görürüz. "Allah bana, Kendisi'ni anmam için bir fırsat vermiş." der, Kur'an'ı Allah (C.C.) ile konuşmak, orucu korunmak, infak etmeyi de Allah'a (C.C.) hediye sunmak olarak görürüz. Bu anlayış da bize; hayatımızın her alanında Allah (C.C.) ile münasebetimizi derinleştirmenin önemini hatırlatır.

Resulallah'ın (S.A.V.) eşi Ayşe'nin (radiyallahu anhâ) şu davranışı bizim için çok güzel bir örnektir. Ayşe (radiyallahu anhâ) infak edeceği bir şeyi, vermeden önce süsler, ona güzel kokular sürermiş. Neden böyle yapıyorsun, diye sorduklarında da; "Ben, bunu Allah'a hediye gönderiyorum." dermiş. Biz de her davranışımızda; Allah (C.C.) ile münasebete konsantre olmalı, bu anlayışı gözetmeliyiz.

Bazı insanlar; Coca-Cola içmemeyi, bazı ürünleri boykot etmeyi, meydanlarda; "Kahrolsun zalim!" demeyi; müminliğin en üst mertebesi sanıyorlar. Ancak bir bakıyorsunuz ki; namaz kılmıyor, hatta insanlara zulmediyorlar.

Buradaki önemli nokta şudur: Allah (C.C.), Kur'an'da çok az ayette lanet eder. İbrâhim suresi 3. ayet, bunlardan biridir. Bu ayette, "Vay hâline, onlar ki ahirete inanırlar; ama bile bile dünyayı ahirete tercih ederler." buyrulur.

Bu ayette tarif edilenler, işin özünü anlamayan kişilerdir. Çünkü onların, Allah (C.C.) ile bir irtibatları yoktur; ahiret gibi bir kaygıları da yoktur. "Benim fikrim, benim görüşüm, benim istediğim olsun." derler. Onların tek derdi; makam-mevki, para, villa, araba sahibi olmaktır. Dünyanın nimetleriyle boğulurlar ve hep böyle gideceklerini düşünürler. Ancak Allah (C.C.), Hûd suresi 112. ayette, "Öyleyse ey Resul'üm, Sen ve tövbe edenlerle birlikte size nasıl emredildiyse; öyle hareket edin. Aşırı gitmeyin. Çünkü yaptığınız her şeyin karşılığını alacaksınız." der. Bu bize, işin özüne, kalbine konsantre olmamız gerektiğini hatırlatır. Çünkü işin tam kalbinde, "Lâ ilâhe illallâh Muhammedu'r-Resûlullah." vardır.

Bundan sonra; Allah'ın sevdiği ve sevmediği, istediği ve istemediği alanlar gelir. Dosdoğru bir hayat yaşamak için bu alanlara dikkat etmeli ve kendimizi sürekli muhasebe etmeliyiz. Ömer (R.A.), "Hesap gelmeden önce kendinize hesap sorun." der. Kendimizi, o çetin gün gelmeden önce muhasebe etmeliyiz. Zorluklar karşısında; "İşimize geldiği gibi mi hareket ediyoruz, yoksa Allah'ın istediği gibi mi davranıyoruz?" sorusunu kendimize sormalıyız.

Unutmayalım! İslam, sadece teoriden ibaret değildir. İslam; hayat yolculuğumuza en uygun sistem, en pratik yaşam biçimidir.

Emrolunduğumuz gibi dosdoğru olmak ve hayat yolculuğumuzda dosdoğru ilerlemek için İslam'ın özüne, yani; "Lâ ilâhe illallâh."a konsantre olmalı ve her davranışımızı Allah'ı (C.C.) memnun etmek için şekillendirmeliyiz. Ebu Bekir'in (R.A.) şu duası bu konuda bizim için çok güzel bir yardımcı olacaktır: "Allahümme erinel hakka hakkan verzuknâ ittibâ'ahü ve erinel bâtıla bâtılan verzuknâ ictinâbehü bi-hurmeti Seyyidil-beşer. - Allah'ım! Doğruyu bize doğru olarak göster ve ona uymayı bize nasip et ve yanlış olan şeylerin yanlış olduklarını bize göster ve onlardan sakınmamızı nasip et!"

Allah (C.C.) bizi dosdoğru eylesin. Doğruyu görmemizi sağlayacak hikmet versin ve bunu hayatımızda uygulayabilmeyi nasip etsin. (Amin)

4- Huzurlu ve Balanslı Bir İnsan Olmak İçin İhtiyacımız Olan Ruh ve Kur'an Senkronizasyonu

Bu bölüme, bir alıştırma yaparak başlayalım. Konsantre olabileceğiniz bir yere geçin ve birkaç dakika iç sesinizi dinleyin.

"Off çok sıkıldım. Off içim daraldı. Sebebini bilmiyorum, ama kendimi çok çaresiz hissediyorum. Sabahları yataktan kalkmak istemiyorum. Yaptığım hiçbir şey zevk vermiyor. Her şey çok anlamsız ve karanlık görünüyor." gibi sesler duyuyor musunuz?

Bu tür söylemlerle; hem iç dünyanızda hem de çevrenizdeki insanların konuşmalarında sıkça karşılaşıyor olabilirsiniz. Çünkü bu hisler, ahir zaman insanında çokça vardır. Modern psikoloji ile diğer bilimler, insanların bu hisleri ile ilgili çözümler üretmeye çalışıyor.

Biz de bu bölümde; duyduğumuz bu seslere, bu hislere Kur'an'ın ışığı ile bakmaya çalışacağız. "Neden böyle sesler duyuyoruz? Niçin böyle hissediyoruz? Çaresizlik, sıkılma, daralma gibi hislerin kaynağı nedir? Bunlarla nasıl başa çıkabiliriz? Huzura ermiş bir iç dünya nasıl kazanılır, balanslı bir insan nasıl olur? Bir insanın iç dünyasındaki denge nasıl sağlanır? Ve bu balans neden bozulur?" gibi sorulara Kur'an'dan cevaplar arayacağız.

Analizimize başlamadan önce, Kur'an'a göre insandan ve onun yaratılışından biraz bahsedelim. Daha sonra, kâinattaki düzen ve dengeye bakıp tefekkür ederek, iç balansımızı nasıl sağlayabileceğimizin formüllerini birlikte keşfedeceğiz.

Gelin, ilk insan ve peygamber olan Adem (A.S.) kıssasını hatırlayarak analizimize başlayalım.

Adem (A.S.) kıssası, Kur'an'da birçok surede anlatılır. Ancak özellikle A'râf suresi, Adem'in (A.S.) yaratılış kıssasının anlatıldığı önemli bir suredir. Allah (C.C.) bu surede, kıssanın birçok detayını bize anlatır. Kıssayı genel olarak hatırlayalım ve önemli bazı noktaların altını çizelim.

Allah (C.C.), Adem'i (A.S.) yarattı ve meleklere ona secde etmelerini buyurdu. Bütün melekler secde ederken, İblis secde etmedi. Genel olarak kıssayı bu şekilde biliyoruz. Ancak kıssaya sadece bu bakış açısıyla baktığımızda, oradan alacağımız ve bizim için hayati önem taşıyan bazı hidayetlerden, şifrelerden mahrum kalıyoruz. Bu yüzden, biraz detaya girmeliyiz ki, Kur'an'ın sunduğu şifreleri daha iyi anlayabilelim.

Allah (C.C.), Adem'i (A.S.) yaratmadan önce bu durumu meleklere bildiriyor. O sırada, meleklerin arasında cinnîlerden olan İblis de var.

İblis, melek değildir; melekler nurdan yaratılmışken, İblis ateşten yaratılmıştır. Ancak çok ibadet ettiği için, Allah (C.C.) tarafından İblis'e melek sureti verilmiştir. Onda, meleklerde bulunmayan bir cüzi irade de mevcuttur.

Allah (C.C.), Adem'in (A.S.) yaratılışıyla ilgili şöyle buyuruyor:

Sâd 71; 72- "Bir vakit Rab'bin meleklere, 'Ben, çamurdan bir beşer yaratacağım. Onu iyice biçimlendirip, ona Ruhumdan üfleyince hep birden secde ediniz.' dedi."

Hicr 28- "Ve hani Rab'bin meleklere şöyle demişti: 'Ben kuru çamurdan, şekillenmiş bir balçıktan, bir beşer yaratacağım.'"

Hicr 29- "Bu itibarla, Ben onu düzenlediğim insan şekline koyduğum ve içine Ruhumdan üflediğim zaman, derhâl onun önünde secdeye kapanınız."

Dikkatle bakıldığında, ayetlerde benzer bir anlatım olduğu görülür. Allah (C.C.), bu ayetlerde; babamız Adem'in yaratılışını ve o yaratılıştaki adımları açıkça tarif ediyor. Peki neden? Çünkü bu meselenin derinliklerinde, hayatımızı pek çok açıdan değiştirecek önemli bazı şifreler var.

Sâd suresinin 71. ayetinde öncelikle, "Çamurdan bir beşer yaratacağım." deniliyor. "Çamurdan yaratılış", sadece âdemoğluna has bir konu değildir. Çünkü bu durum, sadece insanlar için değil; yeryüzündeki bütün canlılar için geçerlidir. Yani diğer canlılar ile yaratılıştan gelen ilk ortak noktamız, "çamurdan yaratılış"tır. Buna "cismaniyet" de denilebilir.

Konuyu bilimsel açıdan ele aldığımızda da şunları söyleyebiliriz: Yaşam, kimyasal elementlerin değişken bir alt kümesine dayanır. Yani yerkabuğunda bulunan elementler, farklı şekillerde canlı organizmaların bileşenlerini oluşturur. Bunların bazıları hâlâ keşfedilmeye devam ediyor. Ancak dünyada bilinen ve tüm yaşam için gerekli olan temel makrobesinler konusunda bir fikir birliği var. Yapılan araştırmalara göre, özellikle hücrenin başlıca makromolekülleri olan karbon, hidrojen, oksijen, azot, fosfor ve kükürt (Carbon, Hydrogen, Oxygen, Nitrogen, Phosphorus, Sulfur) yaşamın kütlesinin büyük kısmını oluşturuyor. Bu durumu, canlıların maddi yapısındaki; yani cismaniyetindeki benzerlik olarak tanımlayabiliriz.[1]

Tüm bunların yanında; insan ve diğer canlılar arasında birçok ortak özellik de bulunmaktadır. Mesela; beslenme, barınma ve neslin devamını sağlama gibi temel ihtiyaçlar; hem insanlarda hem de hayvanlarda ortaktır. Ancak insan, yaratılışındaki farklılıklardan dolayı burada da diğer canlılardan ayrılır.

"Çamurdan yaratılış" perspektifinden bakıldığında ise, insanın diğer varlıklardan daha kompleks bir yapıya sahip olduğu görülür. Örneğin; kuşlar da, insanlar da yuva yapar. Ancak insanın inşa ettiği yuva, daha

---

1. Advances in Microbial Physiology/Chapter One - The elements of life: A biocentric tour of the periodic table.

detaylı, karmaşık ve işlevseldir. Dahası insan; yaptığı yuvaya anlamlar yükler, duygularını katar ve kendine özel, estetik bir bakış açısı geliştirir. İşlev açısından barınma ihtiyacını karşılıyor olsa da insan, bu ihtiyacını hep daha yüksek bir bilinç ve anlamla şekillendirir durur.

Cismaniyet anlamında insanın diğer canlılarla; beslenme, solunum, boşaltım, neslin devamı gibi pek çok ortak noktası olsa da Kur'an'da, insanı diğer canlılardan ayıran şu iki önemli özellikten bahsedilir: Balanslı, dengeli olma ve Allah'ın ruhundan üflemesi. Bu özellikler, ayette şöyle anlatılıyor:

Sâd 72- "Fe izâ sevveytuhu ve nefahtu fîhi min rûhi."

"Onu iyice biçimlendirip ona Ruhumdan üfleyince."

Ne demek bu?

Ayeti daha iyi anlamak için biraz detaya girelim.

Ayette geçen "sevveytuhu" ifadesi, tam olarak anlaşılmamaktadır. Kelime, "biçimlendirme" olarak tercüme edilir. Ancak bu, verilmek istenen anlamı tam olarak karşılamaz. Çünkü Rab'bimiz ayetteki bu kelimeyle "insanı balanslı, dengeli ve mükemmel bir şekilde yarattığını" vurgulamaktadır.

Kelimeyi daha iyi anlamak için, biraz inceleyelim.

"Sevveytuhu" kelimesi, "sevaye" kökünden türetilmiştir. "Sevaye" kelimesi, "eşitlemek, düzenlemek, şekil vermek, uyum sağlamak, dengeli olmak, düz hâle getirmek" gibi anlamlara gelir. Aynı kökten türeyen "tesviye" kelimesi de "eşitleme, dengeleme" demektir. Bu ifade Arapçada, "bir yüzeyi dümdüz yapmak için" kullanılır. Örneğin; çelik levhaları düzleştirmek için kullanılan aletlerin yaptığı işlem, "tesviye" olarak adlandırılır. Yani bu kelime; bir yüzeyi mükemmel şekilde düzleştirme, pürüzsüzleştirme sürecine işaret eder.

Allah (C.C.), ayette geçen bu kelimeyle aslında; yaratılan bu varlıkta, diğerlerinde olmayan bir denge, balans ve mükemmellik olduğunu bize bildiriyor. Böylece insanın, yaratılış itibariyle denge ve uyumun en güzel örneği olduğu da tasvir edilmiş oluyor.

Peki, burada nasıl bir balanstan bahsediliyor?

Şöyle düşünün: Bakıldığında, maymunlar tek kollarıyla ağaçtan ağaca zıplıyorlar; kartallar gökyüzünde müthiş bir şekilde uçuyorlar. Yani onlarda da bir balans var, hatta hareket bakımından, bizden daha balanslı görünüyorlar. Fakat ayette, sadece ayağa kalkıp statiğimiz bozulmadan gidebilmemizden bahsedilmiyor. Yani kastedilen sadece vücudumuz, cismaniyetimiz değil. Burada, insanın zıtlıkları da balanslayabilme özelliğinden bahsediliyor.

Bunu insanın; kişisel ve toplumsal ihtiyaçlarını balanslayabilmesi, iş hayatı ile özel hayatını, dünya ile ahiret dengesini, maddi-manevi ihtiyaçlarını, sabır-şükür dengesini balanslayabilmesi, kızgınlık ve sakinliğini balansta tutabilmesi, birçok duygusunu kontrol edebilmesi, değişik anlamlar yükleyebilmesi ve farklı çözümler üretebilmesi şeklinde düşünebiliriz.

Gelin daha iyi anlaşılması için, dürtülerimiz ile düşünce sürecimizi nasıl dengeleyebildiğimize dair bir örnek verelim.

Aç bir hayvanı; örneğin bir hafta boyunca hiçbir şey yememiş bir aslanı düşünün! Yiyecek bulduğunda ne yapar? Dürtüsel olarak hemen harekete geçer, gördüğü yiyeceğe saldırır ve onu elde etmeye çalışır. İhtiyacı ve bu ihtiyacın oluşturduğu dürtü, anında bir eyleme dönüşür. "Biraz sabredeyim, belki karşıma daha iyisi çıkar." diye düşünmez; orada durup bir değerlendirme yapmaz. Yani iç dünyasında onu frenleyecek bir mekanizma yoktur. Fakat insan böyle değildir. İnsanın içinde dürtülerini kontrol edebilen mekanizmalar bulunur. Örneğin, çok açken yiyecek gördüğümüzde; dürtülerimize teslim olup hemen saldırmak yerine, içsel bir muhakeme yaparız. "Bir dakika! Bu hırsızlık olur, yasal değil, bu haramdır, caiz değildir." gibi birçok parametreyi değerlendiririz. Açlık dürtüsüne karşı koyar, doğru ve yanlış arasındaki dengeyi kurmaya çalışırız. Dürtü ile aksiyon arasına, düşünce süreci ve içsel muhasebeyi yerleştiririz. İşte bu denge, insanı diğer canlılardan ayıran önemli bir özelliktir.

İnsanda, diğer varlıklarda olmayan bir yetenek vardır. Bunu; duygu, dürtü, ihtiyaç, düşünce ve aksiyonlarını denge ve uyum içinde tutabilme özelliği olarak tanımlayabiliriz.

Ayette, "insanın bütün hayatının denge ve balans üzerine kurulacağı" belirtiliyor. İnsanın "çamurdan yaratılışı" diğer varlıklarla ortak bir özelliktir. Fakat Allah (C.C.) onu "balanslı bir varlık" olarak yaratacağını ve ona "Kendi ruhundan üfleyeceğini" de bildiriyor.

Ruh, insana özgü şekilde dizayn edilmiş ve Allah (C.C.) ile insan arasında özel bağ kuran bir mekanizmadır. Biz, ruhun mahiyetini tam olarak bilmiyoruz. İsrâ suresinin 85. ayetinde bu konu ile ilgili şöyle buyuruluyor: "Bir de sana ruh hakkında soru sorarlar. De ki: 'Ruh, Rab'bimin emrindedir, O'nun bileceği işlerdendir. Size, sadece az bir ilim verilmiştir.'". Bu ayet, ruhun mahiyetinin yalnızca Allah (C.C.) tarafından bilindiğini ve insan aklının sınırlarını aşan bir mesele olduğunu gösterir.

Ruh; Allah'ın (C.C.) bizim iç dünyamıza yerleştirdiği, bu âlemden olmayan, emir âlemine ait bir nurdur. Ayette mealen: "Ona özel, mahiyetini bilmediğiniz gizemli Ruhumdan üfleyeceğim." buyuruluyor. Bu; bizim içimize yerleştirilen, diğer varlıklarda olmayan ve Allah'ın katından gelen özel bir "ruh"a işaret etmektedir.

Ruh, Allah (C.C.) ile aramızdaki bağı kurar. Aklın düşünmesiyle kalbin düşünmesini dengeler. Bunu sağlayan, ruhun derin muhakeme gücüdür. İnsan, kendisine verilen ruh sayesinde duygu, düşünce ve aksiyonlarında bir denge ve uyum kurabilir.

Yaratılışımızla ilgili üç önemli özellik sıralanıyor. Bunlar: Çamurdan yaratılma, dengeli olma ve ruhtur. Allah (C.C.), bu üç özelliğin birleşimiyle çok kıymetli bir varlık yaratacağını ve meleklere secde etmelerini bildiriyor. Bakın bu söz söylendiğinde, insan henüz yaratılmamıştı.

Peki, "Secde edin!" emriyle kastedilen nedir?

"Secde" denildiğinde genellikle aklımıza, ibadet ve kulluğumuzu göstermek için tevazu ile alnımızı yere koymak gelir. Ancak Kur'an'da secdenin geçtiği ayetler incelendiğinde, bu kavramın sadece ibadetle sınırlı olmadığını görürüz. Olağanüstü bir olay ya da mucize gerçekleştiğinde de secdeden bahsedilir.

Mesela Musa (A.S.) ile sihirbazlar arasındaki mücadele sırasında Musa'nın (A.S.) asası yılana dönüşüp sihirbazların sihrini yutunca, sihirbazlar hemen secdeye kapanmışlardı.[2] Neden? Çünkü yaptıklarının bir sihir olduğunu, Musa'nın (A.S.) gerçekleştirdiği şeyin ise, Allah'ın bir mucizesi olduğunu fark etmişlerdi. Bu olağanüstü olay karşısında da kendilerini frenleyememiş ve secdeye kapanmışlardı.

Bir başka örnek de bazı müşriklerin Kur'an'ı dinlediklerinde istemsizce secdeye kapanmalarıdır. Onlar da karşılaştıkları bu mucizevi sözler karşısında hayranlıklarını gizleyememişlerdir. Bu olayın, ancak Allah'ın (C.C.) kudretiyle mümkün olduğunu anladıklarında da içlerinden gelen bir refleksle secdeye yönelmişlerdi. Yani bu tür secdeler, sadece kulluğu değil; saygı ve hayranlığı da ifade ediyor.

Dikkat edin! Allah (C.C.), meleklerin bir kısmına değil; hepsine emir veriyor. "Bu muhteşem sanatın üç aşaması (çamurdan yaratılış, dengeli hâle getirilme ve ruh üflenme) tamamlandığında, Allah'ın yarattığı bu varlığın muhteşemliğini gördüğünüzde hayranlıkla secde edin." deniliyor. Bu emre uyulduğunda da insanın yaratılışındaki eşsiz güzelliğe, kusursuzluğa duyulan derin hayranlık gösterilmiş oluyor. Yani aslında buradaki secde, bir saygı secdesi olarak nitelendirilebilir.

Peki, secde neden bu kadar önemli?

Çünkü secde; insanın benliğini ve nefsini yere koyarak, Yaratıcısının huzurunda boyun eğmesi ve O'na (C.C.) yönelmesidir. Bu teslimiyet

---

2. Şuarâ Suresi, 45;46

sayesinde insan, içindeki karmaşa ve huzursuzluktan kurtularak yaratılışında var olan dengeyi yeniden keşfeder ve korur. İç dünyada zaman zaman hissedilen "Hiç huzurum yok." duygusu secdeyle ortadan kalkar. Yani secde; insanın ruhsal ve içsel dengesini bulup huzura kavuşmasına yardımcı olan bir aksiyondur. Bunu kavradığımızda, yaratılışımızda var olan dengeyi ve bu dengeyi nasıl sürdürebileceğimizi daha iyi anlarız.

Şimdi dikkat edin! Melekler, bizim gibi varlıklar değildirler; onlar görünen ve görünmeyen âlemdeki güzellikleri biliyorlar. Biz ise, dünyanın geçici güzelliklerinden birini gördüğümüzde; "Ne kadar da güzel bir manzara. Sübhanallah!" deyip hayran kalabiliyoruz. Oysa melekler, daha ne güzellikler görüyorlar. İşte Adem (A.S.) öyle bir varlık ki yaratılışındaki mükemmelliği, kıymeti gördüklerinde melekler; o sanata hürmetten secdeye kapanıyorlar.

Bunu; o sanatı görünce, "Woooww, ne muhteşem bir sanat!" diyerek gözlerinin kamaşması ve secdeye kapanmaları gibi hayal edebilirsiniz. Yaratılışımızdaki kıymete bakar mısınız? Bütün meleklerin hayranlıkla secdeye kapandığı bir varlık olarak yaratılmışız. İşte insan, bu kadar kıymetlidir!

Musa'nın (A.S.) asası, mucizevi bir şekilde sihirlerini yutunca, büyücülerden bazıları secdeye kapanmıştı. Ya da Kur'an'ın tilavetini duyduklarında bazı müşrikler secdeye kapanmışlardı. Ancak, burada farklı bir durum var. Adem'in (A.S.) yaratılışında, bütün melekler secdeye gidiyor. Bunun ne kadar büyük bir mucize olduğunun ve bize verilen kıymetin farkında mısınız?

Aslında, Adem (A.S.) henüz yaratılmamıştı, sadece yaratılacağı bilgisi verilmişti. Secde etmelerini gerektiren o üç özellik de henüz var olmamıştı. Buna rağmen meleklerin tamamı, o muazzam sanatı gördüklerinde; âdeta gözleri kamaşarak secdeye kapanmışlardı.

Bu bilgilendirmeyi İblis de duymuştu, çünkü o da meleklerin arasında yer alıyordu ve insanın yaratılışındaki üç özelliği biliyordu. Ancak, buna rağmen secde etmeyi reddetmişti. Allah (C.C.) bunu bize şöyle bildiriyor:

Sâd 73- "Fe secedel melâiketu kulluhum ecmaûn."

"Meleklerin hepsi secde ettiler."

Sâd 74- "İllâ iblîs, istekbera ve kâne minel kâfirîn."

"Lakin İblis, secde etmedi. O kibirlendi ve kâfirlerden oldu."

Sâd 75- "Kâle yâ iblîsu mâ meneake en tescude limâ halaktu bi yedeyye, estekberte em kunte minel âlîn."

"Allah buyurdu: 'İblis! Ben'im ellerimle yarattığım mahlukuma neden secde etmedin? Gururlandın mı, yoksa kendini çok yükseklerde mi görüyorsun?'"

Sâd 76- "Kâle ene hayrun minhu, halaktenî min nârin ve halaktehu min tîn."

"İblis: 'Ben, ondan üstünüm; çünkü beni ateşten, onu ise topraktan yarattın.' dedi."

Bu ayette İblis, insana secde etmemesinin gerekçesini "Ene hayrun minhu." ifadesiyle dile getiriyor. Ayetin mealinde bu ifade genellikle, "Ben, ondan üstünüm." şeklinde tercüme edilse de ayette geçen "hayr" kelimesinin anlamı aslında; "Ben daha hayırlıyım, daha iyiyim, benim daha üstün özelliklerim var." şeklindedir.

İblis, kendisinin üstün olduğunu savunurken bunu; "Beni ateşten, onu ise topraktan yarattın."[3] diyerek gerekçelendiriyor. Yani ateşi, bir kıymet ölçüsü olarak görüyor. Ancak, burada dikkat edilmesi gereken

---

3. Â'raf 12- "Allah buyurdu: 'Söyle bakayım, sana emrettiğim halde, secde etmene mani nedir?' İblis: 'Ben ondan daha üstünüm; çünkü Sen beni ateşten, onu ise bir çamur parçasından yarattın.'"

önemli bir nokta var: O, insanın yaratılışına dair üç özellikten sadece birini; yani topraktan yaratılma sürecini ön plana çıkarıyor. Oysa insanın yaratılışında "balanslı yaratılma" ve "Allah'ın ruhundan üflemesi" özellikleri de var. Fakat İblis, bu iki önemli alanı görmezden gelerek yüzeysel bir kıyaslama yapıyor.

İblis'in; insanın balans ve ruh özelliklerini reddederek sadece cismaniyetine, yani fiziksel yönüne odaklanması; onun bize karşı kurduğu oyunlarını anlamak adına önemli bir şifredir. Düşünün şimdi! Sizce İblis, insanın yaratılışını ve bu yaratılışın aşamalarını bilmiyor muydu? Tabii ki biliyordu. Her şeyi işitmiş ve görmüştü.

Öyleyse neden, sadece insanın cismani yönünü öne çıkardı?

Çünkü eğer bu özellikleri kabul etseydi, insanın muhteşem yaratılışını da kabul etmiş olacaktı. Bu nedenle sadece "toprak", yani insanın cismani, fiziksel yönünü dile getirdi. Böylece insanın yaratılışındaki o üç muhteşem özelliği; yani cismaniyet, balanslı yaratılış ve Allah'ın üflediği ruhu görmek istemedi. Onları reddederek; secdeye gitmedi ve Allah'a (C.C.) isyan etti.

İblis, aslında bu gerçeği örtbas ederek, içimizdeki balansı ve Allah'ın üflediği ruhu görmemizi engellemek istedi. Bizi, kendi düşünce tarzına çekebilmek için de âdemoğlunun varlığını; sadece cismaniyete indirgemek istedi. Çünkü insanı, ancak bu şekilde aldatabilirdi. Böyle yaparak âdeta, "İnsanlar da hayvanlar gibi yaşıyor. Onlar gibi yiyip içiyor, belirli vakitlerde uyuyor. Aralarında bir fark yok." demek istedi. Yani insanı küçümsedi ve onun yüce yaratılışını örtbas etmeye çalıştı.

Bugün de bize aynı oyunu oynuyor. "Hemen elde et! Gördüğün bir şeyi anında al, düşünmeden yaşa, sorumsuzca hareket et!" diyerek bizi kandırmaya ve yaratılışımızdaki o muhteşemliği unutturmaya çalışıyor. Dikkatimizi sadece cismani bir hayata yönlendiriyor. Bu, İblis'in insana karşı en sinsi stratejilerinden biridir.

Şeytan tüm bunları neden yapıyor?

Çünkü şeytan, âdemoğlundan nefret ediyor. Biz yaratıldığımız için; kendisinin kaybettiğini, kıymetinin düştüğünü, Allah'tan uzaklaştığını düşünüyor. Şeytan, sadece Adem'den (A.S.) nefret etmiyor. Öyle olsaydı, Adem'in (A.S.) zellesi nedeniyle cennetten çıkarılıp dünyaya gönderilmesi; onu tatmin edip nefretini soğuturdu. Fakat şeytanın nefreti öyle büyük ki o, Adem'in (A.S.) neslinden gelen herkesten; yani bizden de nefret ediyor. O kadar cüretkâr ki, bize açıktan düşmanlık ediyor. Günün sonunda da aslında, Allah'ın (C.C.) Adem'i (A.S.) yaratarak yanlış yaptığının ispatına giriyor. Bu nedenle, insanın hayat yolculuğunda kaybetmesi için her türlü stratejiyi kullanıyor.

Şeytanın kullandığı en önemli stratejilerinden biri, kıymetli bir varlık olduğumuz realitesini bize unutturmaya çalışmasıdır. Tekrar vurgulayalım: Şeytanın en önemli stratejilerinden biri, kıymetli bir varlık olduğumuz realitesini bize unutturmaya çalışmasıdır. Şeytanın bu stratejisini çok iyi anlayıp, bu noktadan yapacağı saldırılara karşı hazırlıklı olmalıyız.

Unutmayın! Eğer şeytan; bizi değersiz ve işe yaramaz olduğumuza ikna edebiliyorsa ve etrafımızdakilerin bizi değersiz hissettirmesine izin veriyorsa, o zaman en büyük başarılarından birini elde etmiş demektir.

Biz Allah'ın en üstün, en kıymetli yarattığı varlıklarız. Allah (C.C.) bizi muhatap almış. Balanslı, muhteşem bir sanat olarak yaratmış. Öyle kıymetliyiz ki melekler; yaratılışımızdaki muhteşemlik karşısında secdeye kapanmışlar. Ancak şeytan, bize bunu unutturmaya çalışıyor. O; bizim sadece yiyip içen, yatıp kalkan birer varlık olduğumuzu düşünmemizi ve kendimize öyle muamele yapmamızı istiyor. Etrafınızdaki "öz güven ve benlik saygısını kaybetmiş" insanlara, onlardan oluşan toplumlara bakın! Sizce bu durum; şeytanın bizi kıymetsizleştirme çalışmaları sonucunda ortaya çıkmıyor mu?

İstatistiklere göre günümüzde; öz güven ve benlik saygısını yitirmiş kişilerin oranının %85'in üzerinde olduğu söyleniyor. Bu oran, ciddi tehlike arz etmektedir. İnsanlar kendilerini kıymetsiz hissettiklerinde, yaşadıkları toplumdaki balans da, o toplumda insanların birbirine olan sevgileri de azalır. Çünkü kıymetsiz hisseden biri; devamlı kendini kıymetli hissedecek doneler bulmaya çalışır, bencilleşir. Bunun sonucunda da bir bakarsınız ki paylaşımlar azalmış, insanlar sadece kendini düşünen bireyler hâline gelmiş; yani cismaniyetten ibaret olmuşlar. Günümüzde depresyonun ana sebeplerinden biri de işte bu "kıymetsizlik hissi"dir. Şeytan sürekli, "Ben bir işe yaramıyorum. Ne yapsam olmuyor." hissiyatını insana fısıldayıp durur.

Bir örnek üzerinden konuyu daha iyi anlamaya çalışalım.

Düşünün şimdi! Senelerce çalışmış, çocuklarını okutmuş, evlendirmiş birinin; emekli olduktan sonra, "Benim artık kimseye hiçbir katkım yok; topluma ve çevreme hiçbir faydam yok!" demesi, sizce doğru mudur? Kıymet; sadece maddiyatla mı kazanılır? Tabii ki hayır. İşte bu gibi hisler, aslında şeytanın bir aldatmasıdır. Bunu da ancak yaratılış prosesimizi, bize verilen özellikleri iyi anlayarak bu tuzağa düşmekten korunabiliriz.

Bizler, kıymeti materyalist ölçülerle sınırlı varlıklar değiliz. İnsanın kıymeti, bu şekilde ölçülemez. Bizim, bir iç balansınız var, Allah'ın iç dünyamıza yerleştirmiş olduğu; Zat'ından üflediği bir nur var. Bunun farkında olmalıyız. Yoksa, tam da şeytanın istediği gibi kendimizi kıymetsizleştiririz. Bizi farklı, kıymetli kılan; içimizdeki ruh ve balanstır. Bu iki özelliği korumamız gerekir.

Peki, bu iki özelliği nasıl koruyacağız?

Bize verilen, bahşedilen bu kıymetli özellikleri koruyabilmek için, ruhumuzun ihtiyaçlarını karşılamamız gerekir.

Gelin, bu ihtiyaçların neler olduğunun üzerinde biraz duralım.

Öncelikle, ruhun ihtiyaçlarının ve iç dünyamızın dengesinin nasıl sağlanabileceğine ve bu denge sağlandıktan sonra, iç dünyamızdaki negatifliklere; "Sıkıldım, iyi hissetmiyorum." hissine nasıl çözüm bulabileceğimize odaklanalım.

İçimdeki Turkuaz

Şu ana kadar; neden kıymetli olduğumuzu, yaratılışımıza ait üç özelliği ve şeytanın bizi nasıl kıymetsizleştirmeye çalıştığını; balanssız, kıymetsiz bir varlık olduğumuzu düşündürmek için hangi stratejileri uyguladığını analiz ettik. Şimdi de bizi kıymetli kılan ruhumuzu nasıl tanıyacağımızın ve bize yaratılışımızdan verilen o balansı nasıl yeniden sağlayacağımızın üzerinde duralım.

İnsan, ihtiyaç sahibi bir varlıktır. Bu yüzden Allah (C.C.), ayette, "İnsan, hilkatçe zayıf yaratılmıştır." buyurmaktadır.[4] Açlık hissettiğimizde yemek yemeye, susadığımızda su içmeye nasıl ihtiyaç duyuyorsak; ruhumuzun da beslenmeye ihtiyacı vardır. Örneğin; insanın ailesi, eşi, arkadaşları ve çocukları tarafından sevilmeye ve onları sevmeye ihtiyacı vardır. Nitekim "insan" kelimesi, "üns" kökünden türemiş olup, "sevip sevilmeye muhtaç olan varlık" anlamına gelir. Kısacası, insanın hem bedeni hem de ruhu, sağlıklı bir şekilde beslenmeye ve dengede olmaya muhtaçtır. Modern psikolojide buna "self care - öz bakım" denir. "Beslenmene dikkat et, mental sağlığını koru, aktiviteler yap, işlerine ara vererek devam et, kendini dinlendir. Mental sorunların varsa destek al, terapiye git; hormonal, fizyolojik ya da kalıtsal problemlerin varsa, profesyonel yardım al ve her alanda dengeni sağlamaya çalış." gibi uyarılar, bu kapsamda değerlendirilebilir. Bunlar hem değerli hem de takip edilmesi gereken yöntemlerdir ve aynı zamanda Kur'an'a da aykırı değildir. Ancak, modern bilimin ve psikolojinin henüz tam anlamıyla incelemediği, yalnızca Allah'ın bildirdiği bir alan daha vardır ki o da "ruh"tur.

Allah (C.C.), yaratılışta her insanın içine bir ruh yerleştirmiştir. Bu; Müslüman olsun olmasın, herkes için geçerlidir. Ruh; bir mekanizma, Allah (C.C.) ile aramızdaki bağ ve bir nurdur.

Allah (C.C.) bunun dışında, insanlığa bir başka nur daha göndermiştir. Bu nur da Kur'an'dır. Tegâbün suresi 8. ayette, "Allah'a, Resulü'ne ve O'na indirdiğimiz nura, Kur'an'a iman edin." buyuruluyor. Yani ruh ve

---

4. Nisâ Suresi, 28

Kur'an; senkronize olması, buluşması gereken iki nurdur. Bu, bizim için önemli bir şifredir.

Şöyle bakın: Nasıl ki bedenimiz acıkıyor, güçten düşüyor ve bunun için de yemek yememiz, su içmemiz gerekiyor; aynen bunun gibi ruhumuz da gıdaya, beslenmeye ihtiyaç duyuyor. İşte bu da ancak, Allah'ın kelamı Kur'an ile mümkündür.

Ruhumuz Allah'tan (C.C.) geldi, öyleyse onun ihtiyaçları da ancak Allah'tan (C.C.) gelen diğer bir nurla; yani Allah'ın kelamı ve o kelamda anlatılan disiplinler ile giderilebilir. "Her şeyi yapıyorum; spor yapıyorum, sağlıklı besleniyorum, terapiye gidiyorum, ilaç kullanıyorum; ama hâlâ iç dünyamda, 'Of içim daralıyor.' hissiyatı var." dememizin sebebi; belki de o ruhun ihtiyaçlarını hakiki manada sağlamıyor, gıdasını doğru şekilde vermiyor oluşumuzdur. Belki de yaratılışta içimize konan o mekanizmanın, Allah (C.C.) ile olan bağın; Allah'tan gelen diğer nurla senkronize edilip oralardan beslenmesi ve Allah'ın kelamıyla buluşması gerekiyordur. Kendimize soralım! Acaba bunları yapıyor muyuz?

Bakın, burada sadece Kur'an okumamız kastedilmiyor. Allah (C.C.) Ra'd suresi 28. ayette; "İyi bilin ki gönüller, ancak Allah'ı anmakla huzur bulur." buyurur. Bu ayette bahsedilen zikir, Kur'an'dır.

Kur'an okumanın faydası şüphesiz ki çok büyüktür; ancak unutmamalıyız ki Kur'an, transformasyon için gönderildi. Ruhumuzun huzur bulması için, Allah'ın kelamıyla transform olması gerekir. Bu da Allah'ın Kur'an'da bildirdiği disiplinleri anlayarak, hayatımızı o disiplinlere göre şekillendirmekle mümkündür. Bu süreç, bir yolculuktur ve insan bu yolculukta, Kur'an ile transform olur, değişip dönüşür.

Kur'an, ruhumuzla buluştuğunda; başarılı-başarısız, doğru-yanlış gibi kavramlar, toplumun bize empoze ettiği şekliyle değil; Kur'an'ın ölçüleriyle anlam kazanır. Böylece iç dünyamızda gerçek bir senkronizasyon ve balans sağlanmış olur.

Peki insan, neden Allah'ın gönderdiği nur olan Kur'an'ın sunduğu çözümlere odaklanmaz? Teoride anladığımız bu meseleyi, pratikte neden yapamıyoruz? Bunu ne engelliyor?

İşte bu soruların cevabını, şeytan ve onun içimizdeki Truva atı olan nefsi tanıdığımızda buluyoruz. Bu iki işbirlikçi bir araya geldiğinde, teoride kabul ettiğimiz hakikatleri, uygulamada sıkıntı yaşıyoruz.

Burada, nefisten de biraz bahsedelim.

Nefis, Allah (C.C.) ile aramızdaki bağı etkileyen bir mekanizmadır. Öyle ki, ruhumuz ile Allah'ın kelamının buluşmasını engelleyen bir set gibidir. Şeytan, bu mekanizmayı kullanarak iç dünyamıza kriptolu mesajlar gönderir ve bizi yanlış aksiyonlara yönlendirir. Bu nedenle, nefsin eğitilmesi gerekir.

Bu sorunun çözümü, analizin başında da bahsettiğimiz; yaratılıştan gelen balansta saklıdır. Allah (C.C.), sadece insanı değil; kâinattaki her şeyi bir balans ve dengeye göre yaratmıştır.

Gelin bu balansa, Şems suresinin ayetleriyle bakalım.

Şems 1- "Veş şemsi ve duhâhâ."

"Güneş ve onun aydınlığı hakkı için!"

Şems 2- "Vel kameri izâ telâhâ."

"Onu izlediği zaman Ay hakkı için!"

Şems 3- "Ven nehâri izâ cellâhâ."

"Dünyayı açığa çıkaran gündüz."

Şems 4- "Vel leyli izâ yagşâhâ."

"Onu bürüyüp saran gece hakkı için!"

Şems 5- "Ves semâi ve mâ benâhâ."

"Gök ve onu bina eden."

Şems 6- "Vel ardı ve mâ tahâhâ."

"Yer ve onu yayıp döşeyen."

Şems 7- "Ve nefsin ve mâ sevvâhâ."

"Her bir nefis ve onu düzenleyen."

Şems 8;9- "Fe elhemehâ fucûrahâ ve takvâhâ. Kad efleha men zekkâhâ."

"Ona hem kötülük, hem de ondan sakınma yolu ilham eden hakkı için ki; nefsini maddi ve manevi kirlerden arındıran felaha erer."

Allah (C.C.) bu surede; önce Güneş'e, sonra Ay'a, ardından gündüze, geceye ve yeryüzüne yemin ederek; kâinattaki muazzam balansa dikkat çekiyor. Daha sonra ise; "Ve nefsin ve mâ sevvâhâ. - Her bir nefis ve onu düzenleyene." buyurarak, insandaki nefis mekanizması üzerine yemin ediyor.

Burada önemli bir ayrıntı daha var. Ayette geçen "sevvâhâ" kelimesi, yazının başında analiz ettiğimiz insanın yaratılışını anlatan Sâd suresinin 72. ayetindeki kelime ile aynıdır. Bu, Allah'ın (C.C.) insan nefsini kusursuz bir balans ve dengeyle yarattığını gösterir.

Bu ayetleri okurken akla, "Güneş'in, Ay'ın, tüm bu kâinatın nefisle ne ilgisi var?" gibi bir soru gelebilir. İşte bu soruya, ayette mealen şöyle cevap veriliyor: "Kâinattaki bu muazzam balans, bu kusursuz düzen; aslında insanın iç dünyasındaki balans ve uyumu görebilmesi için var."

Burada, kâinatın muazzam balans ve düzeniyle; insanın iç dünyası arasında bir bağ kurularak insanın, aslında küçük bir kâinat olduğu ve kâinattaki bu balansın, insanın iç dünyasında da mevcut olduğu anlatılıyor. Ayette geçen yeminlerle, bu gerçeği anlamamız sağlanıyor ve mealen; "Nefsini anlamak, kendini tanımak için kâinata bak. Kâinatın işleyişini kavrayabilmek için ise kendi içindeki dengeye, balansa odaklan! Güneş, Ay, gece ve gündüzün yaratılışındaki muhteşem balans, insanın yaratılışında da var. Dünyada ne kadar kaos olursa olsun, sonunda Güneş doğar ve Ay onu takip eder. Tıpkı bunun gibi sizin hayatınızda kopan tüm fırtınalar da geçip gider ve balans yeniden sağlanır." deniliyor. İşte, bu anlayışı kazandığımızda; dengeli ve huzurlu bir insan hâline geliriz.

Burada bazılarımızın aklına; "İnsanın bir balansta olması gerektiğini anlıyorum. Fakat ben iç dünyama baktığımda, bu dengeyi göremiyorum. İç dünyam; gelecek kaygısı, öfke, hırs, endişe, hüzün gibi birçok karmaşık duyguyla dolu. Bu nedenle de kendimi dengede hissetmiyorum. Ne yapmalıyım? Çözüme nasıl ulaşabilirim?" gibi sorular gelebilir. Allah (C.C.) bu soruların cevaplarını da şöyle açıklıyor:

Şems 8;9- "Fe elhemehâ fucûrahâ ve takvâhâ. Kad efleha men zekkâhâ."

"Ona hem kötülük, hem de ondan sakınma yolu ilham eden hakkı için ki; nefsini maddi ve manevi kirlerden arındıran, felaha erer."

Gelin, biraz detaya inip kelime analizleriyle bu ayeti daha iyi anlamaya çalışalım.

Ayette "fucûrahâ" ve "takvâhâ" kelimeleri kullanılarak bize çok önemli şifreler veriliyor. "Fucûr" kelimesi, "fecr" kelime kökünden türetilmiştir. "Fecr"; "patlamak, fışkırmak, aniden oluşan bir durum, gün doğumu" gibi anlamlara gelir. "Fecr" kelimesinden türeyen "fâcir" de "bir anda, düşünmeden günah işleyen kişiye" denir.

Bu kelime, "patlayıp fışkırma" anlamıyla, Bakara suresi 60. ayette de şöyle geçer:

Bakara 60- "Ve izisteskâ mûsâ li kavmihî fe kulnâdrib bi asâkel hacer fenfeceret minhusnetâ aşrete aynâ, kad alime kullu unâsin meşrebehum kulû veşrebû min rızkıllâhi ve lâ ta'sev fîl ardı mufsidîn."

"Bir zaman da Musa, kavmi için su arayıp Allah'a yalvarmıştı. Biz de: 'Asanı taşa vur!' demiştik. Bunun üzerine o taştan on iki pınar fışkırmış, her bölük kendine mahsus pınarı bilmişti. 'Allah'ın rızkından yiyin için, fakat sakın yeryüzünde fesat çıkararak taşkınlık yapmayın!' demiştik."

Bu ayette, Musa'nın (A.S.) asasını taşa vurduğunda, yerin patlayıp suyun fışkırması "fenfeceret" kelimesi ile tarif ediliyor.

Buradaki "patlama" ne anlama geliyor?

Allah (C.C.), insanoğlunun içine sayısız duygu yerleştirmiştir. Bazen bir tartışma esnasında biri size öyle bir söz söyler ki, ani bir tepkiyle karşılık verip onu susturursunuz. Bu tür reaksiyonel duygular, içimizde doğal olarak mevcuttur. Aynen aslanın avını gördüğü zaman yakalaması gibi, bizim de içimizde benzer dürtüler vardır.

İnsan, yaratılışı gereği aceleci bir varlıktır. Ancak Allah (C.C.), bize bir denge unsuru olarak takva vermiştir. Bunu; içimize yerleştirilmiş bir gaz-fren mekanizması gibi düşünebiliriz. Hayvanlar gibi bizde de dürtüler bulunur, fakat insanı hayvandan ayıran en büyük fark, bu dürtüleri kontrol altına alabilecek bir mekanizmaya; yani takvaya sahip olmasıdır.

Cismani ihtiyaçlarımız için ortaya çıkan duygularımız, bedenimizin doğal birer parçasıdır; ancak bizde, diğer canlılardan farklı olarak; bu duyguları dengede tutacak, takva gibi bir kontrol mekanizması da vardır. İşte bu kontrol mekanizması, bizim ruhumuzla bağlantımızı ve iç dengeyi korumamızı sağlar.

Peki, şeytan, bu dengeyi nasıl bozar?

Şeytan, ruhumuzun dengesini bozmak için sürekli fısıldar. Fısıltılarıyla bizi provoke eder, nefis mekanizmamızı tetikler ve bizi; yanlış aksiyonlar almaya, dürtülerimizle hareket etmeye yönlendirir. Bu durumda ne olur? Eğer o dürtülerimizin kontrolü ele geçirmesine izin verirsek, şeytanın balansımızı bozmasına zemin hazırlamış oluruz.

İçimdeki Turkuaz

Sonuç olarak, dünyevi zevklerin peşinden koşarken birçok önemli değerden vazgeçeriz. Oysa ruhumuz, "Yapma, bu yanlış!" diyerek sürekli bizi uyarır. Ancak, bu uyarıları görmezden gelip dürtülerimizin sesine kulak verirsek; şeytanın oyununa gelmiş oluruz. Bu şekilde davrandığımızda; dengemizi kaybeder ve dünyaya ait geçici hazlar uğruna, ruhumuzun sesini bastırırız. Yani aslında, şeytanın balansımızı bozmasına ve bizi kıymetsizleştirmesine izin vermiş oluruz.

Bu balansı yeniden nasıl sağlayabiliriz?

Allah'ın bize verdiği nur olan ruhumuzu, gönderdiği ikinci nur ile, yani Kur'an ile senkronize edersek, ihtiyacımız olan balansı yeniden elde ederiz ve "Kim nefsinin hırsından ve cimriliğinden kendini kurtarabilirse; asıl felaha erenler işte onlardır."[5] ayetine muhatap oluruz. Bu da, patlamaya hazır duygularını kontrol altında tutan, takva mekanizmasıyla, Kur'an'ın disiplinleriyle hareket eden; felaha erer demektir.

Peki insan; "Ben Allah'ın gönderdiği nuru ve onun disiplinini hayatıma uygulayacağım." dediği zaman ne olur? Sadece, "Evet, balansımı sağlamam lazım. İçimdeki sıkıntıların gitmesi için, ruhumun gıdası olan Kur'an'a göre, onun sunduğu disiplinlere göre yaşamam ve içimdeki nuru Kur'an ile beslemem lazım." demek yeterli midir? Bu, kolayca yapılacak bir şey midir?

Tabii ki hayır! Bu; ciddi disiplin ve motivasyon isteyen bir aksiyondur.

Patlamaya hazır dürtüler, istekler, nefsin hırsları ve bunlarla başa çıkmak, nefsin zaaflarını engellemek; hele de yaşadığımız bu ahir zamanda hiç kolay değildir. Hayatını takvaya göre dizayn etmek, çevremizdeki insanların helal-haram demeden yaşadıkları bir dönemde; "Ben ruhumu koruyacağım." hissiyatıyla aksiyonlar almak kolay değildir.

---

5. Tegâbün Suresi, 16

Transformasyon kolay değildir; ancak imkânsız da değildir. Her değişimde olduğu gibi, insan ızdırap ve atılan adımların ardından en kıvamlı hâline ulaşarak mutmain olmaya doğru ilerler. Böyle bir dönüşüme niyet ettiğinizde hiç şüpheniz olmasın; Allah (C.C.) bu yolculuğu kolaylaştırıp yardımını gönderecektir.

Sonunda da size şu ayetteki hitap gelecektir:

Fecr 27;30- "Yâ eyyetuhân nefsul mutmainnetu. İrciî ilâ rabbiki râdıyeten mardıyyeten. Fedhulî fî ibâdî. Vedhulî cennetî."

"Ey gönlü huzura ermiş nefis! Sen Rab'binden, O senden razı olarak dön Rab'bine! Sen de katıl has kullarımın içine, gir cennetime!"

Unutmayın! İnsan; sakinlik ve iç huzuru Allah'ın nuruyla bulur. Çünkü kalplere sekîneyi veren yalnızca O'dur. O hâlde bu ayet üzerinde tefekkür edin ve "Dön Rab'bine!" ifadesinin ne anlama geldiğini anlamaya çalışın!

Herkesin Rab'bine dönüş yolculuğu farklıdır, çünkü Allah (C.C.) ile kurduğumuz bağ kişiseldir. Bu yolculuğun bize özel olduğunu fark etmeli ve keşfetmeliyiz. Allah (C.C.) ile olan bağımızı güçlendirmek, iç huzurumuzu bulmamıza yardımcı olacaktır. Kalbimizin bu süreçte nasıl bir yol izlediğini anlamak, bizi O'na daha da yakınlaştıracaktır. Unutmayın bu keşif, mutmain olmak için atılacak en önemli adımlardan biridir.

"Bu nasıl mümkün olur? Bunun bir formülü, genel bir disiplini var mı?" sorularının cevabı, ayetteki, "Râdıyeten mardıyyeten." ifadesi ile veriliyor. Bu ayet, hem Allah'tan razı olmayı hem de Allah'ın rızasını kazanmak gerektiğini anlatıyor. İşte iç huzurunun anahtarı buradadır.

Bir insan Allah'a (C.C.) yöneldiğini ve o iki nuru -Allah'ın insanın içine koyduğu nur ile peygamberleri aracılığıyla gönderdiği ilahi nuru- senkronize ettiğini nasıl anlayabilir?

Bu senkronizasyonun gerçekleştiği, ayette geçen iki kavrama bakılarak anlaşılabilir:

1- Râdıyeten: Bu ifade, sözlükte "razı olmak" anlamına gelir. Ayette bu kelimeyle şunlar anlatılıyor: Kul, Allah'tan (C.C.) razıdır; O'nun takdir ettiği kaderden, kendisine yazılan imtihanlardan ve bahşedilen nimetlerden razıdır. Allah'a (C.C.) yöneldiği için değiştirdiği hayat tarzından ve bunun getirdiği sonuçlardan razıdır. Başına ne gelirse gelsin, Allah'a (C.C.) olan güveni tamdır. O'nun (C.C.) verdiği imtihanların, kendisini helak etmek için değil, kıvamlı bir hâle getirmek ve geliştirmek için olduğunu bilir. Dolayısıyla, Allah'ın onu sevdiğine gönülden inanır ve O'ndan razıdır.

2- Mardıyyeten: Kul, içinden hangi duygu geçerse geçsin ya da hangi aksiyonu gerçekleştirecek olursa olsun; kendine hep şu soruyu sorar: "Acaba Allah (C.C.), bu yaptıklarımdan razı olur mu?"

Dikkat edin, bu iki madde birbirinden farklıdır. Birinci maddede kul, Allah'tan (C.C.) memnundur ve O'ndan razıdır. İkinci maddede ise kişi, her adımında Allah'ı (C.C.) razı etme çabası içindedir.

Bu iki madde ile sağlama yaptığınızda, iç balansınızı kurabilir ve koruyabilirsiniz. Böyle davrandığınızda; dışarıda ne fırtınalar koparsa kopsun, iç dünyanızda meltemler eser. Şeytan ve onun provoke ettiği dürtüler susar, nefis susar. Böylece, balansı sağlanmış bir varlık olursunuz. Bu balans sağlanınca da, "Fedhulî fî ibâdî. Vedhulî cennetî. - Sen de katıl has kullarımın içine, gir cennetime!" ayetine muhatap olursunuz.

Ayette, "Fedhulî cennetî. Vedhulî ibâdî. - Cennete gir. Oraya girince has insanlarla buluşursun." denilmiyor. Tam tersine, "Fedhulî fî ibâdî. Vedhulî cennetî. - Sen de katıl has kullarımın içine, gir cennetime!" deniliyor. Yani; "Önce has kullarımın arasına katıl, sonra cennete gir." buyruluyor.

Neden?

Şöyle düşünün: İçine yerleştirilen nur olan ruh, Kur'an ile buluştuğu an kişi; Allah'a (C.C.) gerçek anlamda kulluk etmeye başlar. Böyle bir kişi; şeytanın vesveseleri yerine, Kur'an'ın rehberliği ile bir transformasyon yaşar ve ihtiyacı olan balansı kazanır. Kazandığı balans ve dengeyle Allah'tan razı olur, O'nu (C.C.) razı edecek adımlar atar. Böylelikle de cennetin ne olduğunu daha bu dünyada yaşamaya başlar.

Ruhunu, Kur'an'ın disiplinleriyle birleştiren kişi; Allah'ın ona bahşettiği mutmainlik, huzur ve sekîne ile, karşılaştığı tüm zorluklara karşı durabilir. Bu kişi, yaşadığı her imtihana rağmen; "Ben Rab'bimden razıyım, Rab'bimi razı edecek adımlar atıyorum." der ve âdeta daha dünyadayken cenneti yaşar gibi bir hissiyata kavuşur.

Ayette geçen, "Ben'im cennetim." ifadesine dikkat edin! Bunu, Allah'ın (C.C.) hem bu dünyada hem de ahirette kendisine kulluk etmeyi kabul eden kişinin kalbinde; bir cennet yaratması olarak düşünebilirsiniz. Bakın bu, Allah'ın muhteşem bir hediyesidir. Ahirete uzanan huzurlu bir hayat, aslında bu dünyada Allah'a (C.C.) gerçek kulluğun yansımasıdır.

Toparlayalım.

İnsan, Allah'ın yarattığı en kıymetli sanat eseridir. Allah (C.C.), insanı son derece değerli bir varlık olarak yaratmış ve onun içine çok kıymetli bir nur yerleştirmiştir. Sahip olduğumuz bu değerin, içimizdeki bu nurun farkında mıyız?

Âlemlerin Rab'bi, Kur'an'ı göndererek bizimle iletişim kuruyor. Rab'bimizin bizimle olan bu özel bağının farkında mıyız?

İçimizde, Allah'ın ruhundan üflediği, O'na (C.C.) ait bir mekanizma var. Bu mekanizmanın ilahi bir işleyişi, bizden bekledikleri ve istekleri bulunuyor. Bunun bilincinde miyiz?

O mekanizma; Allah'tan gelen bir diğer nurla senkronize olmak, beslenmek ve mutmain olmak istiyor. Bu ihtiyacın farkında mıyız?

Öte yandan şeytan; bizi yalnızca cismaniyetten, iç dünyamızdaki dürtülerden ibaret, dengesiz ve prensipsiz varlıklar olduğumuz konusunda ikna etmeye çalışıyor. Sürekli bu düşünceleri fısıldıyor. Bu seslere kulak asmamalı, şeytanın fısıltılarına ve nefsimizin bu yönde attığı adımlara uymamalıyız.

Bizler, en üstün ve en kıymetli surette yaratıldık. Bu yaratılışımız bizlere değer kazandırıyor. Ahsen-i takvîme ulaşabilecek potansiyele sahip varlıklarız. Allah'ın nuruyla dengeyi yakaladığımızda, Kur'an'ın disipliniyle kendimizi dönüştürebilir ve hayırlı olanı bulabiliriz. Kur'an'ın rehberliğiyle hayatımıza anlam kazandırıp bu öğretileri uyguladığımızda, iç huzuruna ve mutmainliğe ulaşabiliriz. Bu, aslında dünyadayken cenneti yaşamaktan farksızdır.

Bunun içindir ki Bediüzzaman Said Nursi: "Hayvaniyetten çık, cismaniyeti bırak, kalp ve ruhun derece-i hayatına gir. Tevehhüm ettiğin geniş dünyadan daha geniş bir daire-i hayat, bir âlem-i nur bulursun." diyor.

Bizler, şeytanın dediği gibi yalnızca cismaniyetten ibaret varlıklar değiliz. Cismaniyetten sıyrılmamız, kalp ve ruhumuzun neden bize verildiğini iyi düşünmemiz gerekir. Bu değerleri anlamalı, fark etmeli ve bu perspektifle kendimizi ve hayatımızı dönüştürmeliyiz. Şayet bunu yapmazsak; besinlerini alamayan bir bedenin zayıf ve eksik kalması gibi ruhumuz da gereksinimleri karşılamadığı için eksik kalır.

Rab'bimiz, Kur'an'ın rehberliğiyle ruhumuzu beslememizi ve bu ilahi rehberle dengeyi yakalamamızı emrediyor. Bu denge, hem bu dünya hem de ahiret için son derece hayati önem taşır. İç balansını yakalamış bir kişi, dünyadayken bile; "Gir cennetime!" hitabına mazhar olmuş gibi yaşar. Allah (C.C.), böylesi birinin gönlüne rıza cennetleri bahşeder. Gönlü mutmain olan bir insan, nerede olursa olsun, hangi koşullarda yaşarsa yaşasın; mutlu ve huzurlu olur.

Allah (C.C.), hepimize bu hâli nasip etsin. (Amin)

5- Ahir Zamanda Gençlerin Manevi Yolcuğu: İslami Değerlerle Donanmak

Ahir zamanda; her şeyin çok hızlı dejenere olduğu bir dönemde yaşıyoruz. İnternetin yaygınlaşması ile birlikte; her fikir, her düşünce, her akım; neredeyse her yere kolaylıkla ulaşabiliyor. İnternetin olumsuzluklardan en fazla etkilenenler de ne yazık ki çocuklar ve gençler oluyor.

Günümüzde; "Ben küçük, daha korunaklı bir yerde yaşıyorum. Dolayısıyla böyle bir tehlike altında değilim, yani burada güvendeyim." gibi düşüncelerin, pek de bir karşılığı yok.

Bugün, dünyanın herhangi bir yerinde yaşanan bir olay, o yere en uzaktaki konumlardan dahi, kolaylıkla takip edilebiliyor. İnsanlar; sosyal medya hesaplarıyla, arama motorlarıyla, yayınlanan videolarla dünyada olan çok fazla şeye vâkıf olabiliyorlar. Üstelik, bunun için efor sarf etmelerine de gerek yok. Bütün bunlara, tek bir tuşla ulaşabilmek mümkün. Elbette, bu durumun birçok faydası olduğu kadar, zararları da var.

Nasıl mı?

İnsanların fıtratını, ahlakını bozma potansiyeli olan birçok fikir; onlara sadece bir mesaj, bir video ya da bir tweet kadar uzaklıkta. Bazı fitneler; toplumları o kadar ele geçirmiş, o kadar normalleşmiş ki; artık onları takip edemiyor ve olayların gelişme hızına yetişemeyebiliyoruz. Her ne kadar çocuklarımızı, gençlerimizi en güzel şekilde eğitmeye, onları her türlü kötülükten korumaya ve bunun için çevrelerini bile kontrol etmeye çalışsak da hiç beklemediğimiz bir anda çok farklı fikirlere, fitnelere maruz kalabiliyorlar.

Peki, ne yapmamız lazım?

Bu ahir zaman fitnesinin içindeyken; çocuklarımızı, gençlerimizi nasıl koruyacağız? Onların; fıtratlarına en uygun şekilde ve güzel bir ahlakla yetişmelerini nasıl sağlayacağız?

Bu konuyla alakalı; "Şu yaşta şunlar yapılmalı, böyle bir durumla ilgili şu adımlar takip edilmeli." gibi yapılan pek çok çalışma var. Bunlardan istifade edilebilir. Ancak biz, meseleye bu şekilde adım adım bakmak yerine; en sondan, yani elde etmek istediğimiz sonuçtan başa doğru gelerek; çözümler sunmaya gayret edeceğiz.

Bu bölümde; çocuklarımız için "olmazsa olmaz" diyebileceğimiz dört özelliği sayacak ve bu özellikleri nasıl kazanabilecekleri üzerinde duracağız. Ayrıca, üzerinde duracağımız bu dört özelliği hangi kriterlere göre belirlediğimize de değineceğiz.

Ahir zaman fitneleri, sadece çocukları, gençleri değil; herkesi etkiliyor. Bundan elli sene önce, gerçekleşmesi imkânsız gibi görünen birçok şeyle bugün karşı karşıyayız. Teknoloji, imkânlar, ihtiyaçlar çok hızlı bir şekilde gelişip değişiyor. Bütün bu değişim, beraberinde bir sürü problem de getiriyor.

Peki, biz bu problemleri nasıl çözeceğiz? Ahir zamanda karşılaştığımız tehlikelere karşı, neler yapmamız lazım? İşte bu bölümde, tüm bu soruların cevaplarını arayacağız.

Gelin öncelikle, gençlerimizin ahir zaman fitnelerinden korunabilmeleri için olmazsa olmaz hangi özelliklere sahip olmaları gerektiğine bakalım. Daha sonra da bu maddeleri, ayrıntılı bir şekilde inceleyelim.

Gençlerimizin ahir zaman fitnelerinden korunabilmeleri için olmazsa olmaz bazı özellikleri, şu şekilde sıralayabiliriz:

Gençler Serisi

1- İnandıkları değerler hakkında öz güvenli olmalılar.

Gençlerimiz; inandıkları değerler hakkında emin ve öz güvenli olduklarında, ahir zaman fitnelerinden daha kolay korunabilirler. Ne yazık ki günümüz fitne çağında; bir gencin, inandığı değerler konusunda öz güven sahibi olabilmesi için; Müslüman bir ailede doğması, Müslüman bir anne-babaya sahip olması ve öyle bir ortamda büyümesi, tek başına yeterli değildir. Gençlerimiz ilmî olarak öyle derinleşmeli, dinin temel disiplinlerini öyle öğrenmeli ve bu disiplinlerin zamana uyarlanmış hâllerini öyle iyi bilmeliler ki, inandıkları değerler hakkında öz güven sahibi olabilsinler.

Önceden olduğu gibi gencin aklı ikna edilmeden, "Aman yavrum ayıp! Dikkat et!" gibi ifadeler, artık gençleri fitnelerden korumak için pek de tesirli değildir. Belki daha önceleri; "mahalle baskısı" gibi bazı etkiler, insanları belli oranda bazı şeyleri yapmama konusunda frenleyebiliyordu. Fakat bugün, öyle bir ortam var ki gençlerin yaşantıları, bakış açıları, olayları değerlendirmeleri; eskiye göre çok farklı.

Günümüz jenerasyonları, "Ben bir bireyim ve kendime ait, farklı bir bakış açısı geliştireceğim." fikriyatı ile eğitiliyor. "Benim kendi fikrim ve kendi tarzım var. Anne-babam böyle düşünüyor, anneannem-babaannem öyle istiyor diye; ben de öyle bakmak zorunda değilim. Onlar, bunu zaten anlamazlar." düşüncesi, gençler arasında popüler hâle geldi.

Gençler, "Benim farklı olmam lazım." hissiyatıyla yetişiyorlar. Dinen Müslüman olsalar da iç dünyalarında bambaşka fikirlerin, bambaşka düşüncelerin, bambaşka akımların etkisi altında kalabiliyorlar. "Bu ailemin tarzı; fakat ben öyle değilim. Ben, dini meselelere farklı bakıyorum. Onlar; çoğu şeyi ailelerinden görüp duyarak öğrenmişler. Ben, fikirlerimi analiz edebileceğim birçok şey okuyup izliyorum. Ancak ailem, bu analizleri yapamıyor. Bu nedenle de İslam'ın öğretilerinin, onların bildiği gibi olduğunu düşünmüyorum." hissiyatı, oldukça yaygınlaşmış durumdadır.

İçimdeki Turkuaz

Ne gariptir ki geçmişte bir peygamber mesaj getirdiğinde; insanlar, "Biz atalarımızdan böyle gördük, dolayısıyla da onları takip edeceğiz." diyerek getirilen mesaja itiraz eder ve onu reddederlermiş. Fakat günümüzdeki gençlerde, "Onlar öyle bakıyor, ama ben farklı bakacağım. Benim kendi düşüncelerim var. Atalarımı dinlemek zorunda değilim, kendi yolumda ilerlerim." hissiyatı, hâkim ve popüler olmuş durumda.

Gençler; telefon, internet, sosyal medya üzerinden her türlü fikre ulaşabiliyor ve bu araçları yetişkinlerden daha efektif bir şekilde kullanıyorlar. Dolayısıyla çevreleri ve etkilendikleri alanlar da oldukça geniş. Mesela; bir gencin dersine giren bir profesör, beğendiği bir sanatçı, yakın arkadaşı veya doktora tezi yapan danışmanı gibi çevresindeki kişiler; ateist, deist, agnostik ya da farklı birçok akımın savunucusu olabiliyor. Bu insanlar; genellikle araştıran, kendilerince kuvvetli argümanları olan, çevrelerinde de öne çıkan zeki, başarılı, iyi insanlar olsalar da inanç, yaşayış, kültür olarak farklı tarzlara sahip olabiliyorlar. Ayrıca, böyle kişiler, İslam'da doğru anlaşılmadığı için polemiğe açık konuları; savundukları tezlerine, hayat görüşlerine karşı olan tarafları da iyi biliyorlar. Çünkü böyle konularda araştırmalar yapıyorlar. İyi bir hitabete sahip olduklarından dolayı da yaptıkları bu araştırmalardan, bulgulardan, deneyimlerinden bahsederek; görüşlerini kendilerince delillendirebiliyorlar. Düşünün şimdi! Böyle kişilerin olduğu bir ortamda, "Ben dedemden böyle duydum, o hep böyle yapardı. Annem bana bu şekilde öğretti." gibi söylemlerin bir karşılığı olabilir mi? Elbette hayır.

Gençlerimiz, birçok ortamda bu tarz insanlarla muhatap oluyorlar. Ve hâliyle, bir süre sonra da; "Dersime giren profesörün inanışı bu. Beğendiğim sanatçı, şu düşünceye sahip. İş arkadaşım eşcinsel. Bunda garipsenecek bir durum yok." diyerek bu düşünceleri normalleştirmeye başlıyorlar. Böyle bir durumda da ne yazık ki; "Bunları nasıl söylersin, böyle bir durumu nasıl normalleştirirsin, uzak dur onlardan. Sakın şöyle yapma! Bunlar, bizim ailemize hiç yakışmıyor." argümanları; onlar için hiç de ikna edici olmuyor.

Birçok farklı fikrin bombardımanı ile karşılaşan gençlerin; sorgulamış, araştırmış, ilmini arttırmış ve sorularının cevaplarını bulmuş olması gerekir. Aileler olarak bizler, onlara bu kazanımları sağlamak zorundayız. Birçok kitabı bulunan, dünyanın pek çok yerinde seminerler veren bir profesörün din aleyhinde savunduğu bir görüşe; televizyonda sohbet veren herhangi bir din görevlisinin söyledikleri ile karşılık veremeyiz. Gençler böyle ikna edilemez.

Şunu unutmayın! Ancak ilmi olarak derinleşebilmiş ve öğrendiği ilmi içselleştirebilmiş; sorularına cevaplar bulmuş, aklı ve kalbi tatmin olmuş, öz güvenli bir genç; inandığı değerleri koruyabilir. Ve ancak böyle bir genç, fitneler karşısında sarsılmaz. Çünkü böyle bir gencin kalbi, iç dünyası ikna olmuştur ve bu ikna olmuşluk da ona bir öz güven sağlamıştır.

Peki, bu nasıl sağlanabilir?

Gençler, akılarına takılan her türlü soruyu ebeveynlerine, büyüklerine sorabilmeli. "Evladım sus, hiç böyle soru sorulur mu? Aklına nereden geliyor bunlar?" denilerek sorularının üstünü kapatamayız.

Gençlerimiz; İslam hakkında sordukları sorulara doğru cevapları alamaz ve onları içselleştiremezlerse, inançları kültürel bir hâle gelebilir. Kültürel hâle gelmiş olan İslam da temelleri sağlam olmayan bir bina gibidir ki en ufak bir sarsıntıda yıkılıverir. İşte bu nedenle, günümüzde milyonlarca insan; "Ben bir yaratıcının varlığına inanıyorum, fakat dine inanmıyorum." demeye başladı. Böyle tehlikeli bir ortamda; gençlerin, hem mantıksal hem de manevi olarak tatmin olmuş, öz güven sahibi bireyler olarak yetiştirilmiş olmaları çok önemlidir. Çünkü ancak böyle olduklarında; fitneler, farklı düşünceler karşısında sağlam bir duruş sergileyebilirler.

Anne-babalar evlatlarının; soru sormalarına izin vermeli, onların sorularını, Kur'an'ın insan psikolojisine bakan yönü ile cevaplandırmalı ve verdikleri cevaplarla, onları mantıksal ve manevi olarak tatmin ederek öz güvenlerini inşa etmelidirler.

2- İnandığı din ve değerlerden dolayı utanmamalılar.

İslam dininin sınırları vardır. Helaller, haramlar, farzlar bellidir. Bir Müslümanın, yapabileceği ve yapamayacağı şeyler vardır. Herkesin yaptığı, normalleştirdiği, sıradan karşılanan bazı şeylere; İslam izin vermiyor olabilir. Müslüman bir kişinin, İslam'da izin verilmeyen meselelerden uzak durması, böyle davranışları yapmaması gerekir. Örneğin; Müslüman bir kişinin; kullandığı ürünlerin, yiyeceklerin içeriğini kontrol etmesi; İslami olarak uygun olup olmadığına bakması gerekir. Yine Müslüman birinin konuşurken kullandığı kelimelere dikkat etmesi gerekir.

Bir Müslümanın çevresinde; İslam'a aykırı farklı düşünce tarzları, trendler olabilir. Ancak bir Müslüman; sırf çevresi tarafından yadırganmamak ya da popüler oldukları için, bu trendlere uymaz. Eğer bir genç, inandığı değerler konusunda ikna olmuşsa, hangi ortamda bulunursa bulunsun; öz güven ve integrity ile inancının gereklerini yapacaktır. Namaz kılması gerektiğinde, namazını kılmaktan çekinmeyecek, oruç tutmaya devam edecektir. Yediklerinin içeriğine dikkat edecek, kıyafetinden dolayı utanmayacak, kendisini dışlanmış hissetmeyecektir. Sevgilisi olmadığı için kendisiyle dalga geçilmesine müsaade etmeyecektir. Yani kısacası; karakteri oturmuş, ne istediğini bilen, trendler ve popülaritenin belirlediği standartlara göre değil de disiplinlere göre hareket eden ve prensip sahibi bir insan olacaktır.

Bu konuyu, şu hadis üzerinden anlamaya çalışalım:

Resulallah (S.A.V.) bir hadisinde, "Güçlü olan; rakibini güreşte yenen değil, öfkesini kontrol edendir." buyuruyor.[1]

Bu hadiste tarifi yapılan gücü, şu şekilde de düşünebiliriz: Güçlü, integrity ve duruş sahibi olan bir kişi; hangi ortamda olursa olsun, yeri geldiği zaman; "Ben Müslümanım ve şu an namaz kılmam lazım. Bana biraz müsaade eder misiniz?" diyebilen bir kişidir. Bu kişiyi güçlü

---

1. Buhari, Edeb 76; Müslim, Birr 107, 108

kılan; karatede, tekvandoda iyi tekme atması değil; antrenman yaparken, namaz vakti geldiğinde koçuna, arkadaşlarına; "On dakika müsaade istiyorum, benim namaz kılmam lazım." dedirten öz güvenidir.

Bir insan, değerlerine sahip çıkma ile ilgili böyle bir öz güvene sahip olduğu zaman; hangi sporu yaparsan yapsın, hangi meslekte olursa olsun; insanlar tarafından duruşu olan biri olarak muamele görür. Böyle biri; mahalle baskısından, dışlanmaktan korkmadan; "Benim inancım bu. Ben, Allah'ın beni nasıl gördüğünü her şeyden daha fazla önemserim ve bundan da utanmam." diyebilir. İşte bu da öz güvenin, aksiyona geçirilmiş hâlidir. Bu duruş ve integrity; güçlü bir karakter tavrı ve saygınlık gerektiren, disiplinli bir insanın hareketidir. Belki böyle bir durum, ilk başta insanlar tarafından garip karşılanabilir. Ancak unutulmamalıdır ki integrity ve duruş sahibi olan bir kimseye, düşmanı da dahil olmak üzere herkes saygı duyar. "İnsanlar tarafından dışlanırım." hissiyatıyla, inancından ve değerlerinden taviz verenlere ise hiç kimse saygı duymaz.

İnançları hakkında hem kalben hem de aklen ikna olmuş bir kişi; inancının gereklerini yerine getirmekten korkmaz ve utanmaz. Böyle hareket ettiği için de bir süre sonra; çevresindekiler tarafından hayranlık ve saygı duyulan biri hâline gelir.

3- Sürekli öğrenmeye ve kendilerini geliştirmeye odaklı olmalılar.

Öyle gençler yetiştirmeliyiz ki hiç durmadan öğrenmeye ve kendilerini geliştirmeye çalışmalılar. Öz güveni olan, inandığı değerleri yaşama konusunda integrity ve duruş sahibi bir genç; öğrenmeye ve gelişime açık olmalıdır. Gençlerimiz, bir yandan; "Devamlı okuyup ilmimi arttırmalıyım. Allah'a bir adım daha yaklaşmalıyım. Kendimi biraz daha geliştirmeliyim." düşüncesi ile kendilerini sürekli geliştirmeye çalışmalı, bir yandan da; "Ben yeterince bilmiyorum." tevazu ve anlayışı içinde olmalılar. İç dünyalarında devamlı; "Yaşım kaç olursa olsun, kaç kitap okumuş olursam olayım; yaşadığım her gün, kendimi geliştirmem için bana verilen yeni bir fırsattır. Bugün neler öğrendim, dünden farklı olarak kendime yeni bir şeyler kattım mı?" muhasebesini yapabilmeliler. Çünkü, öğrenmenin sonu yoktur. Gençlerimizin; bir ömür, öğrenci kalmaya niyet etmelerini ve her gün, daha fazla nasıl gelişebilirim hissiyatında olmalarını sağlamaya çalışmalıyız.

Ayrıca onlara, yeri geldiğinde; "Ben bilmem." demeyi bilmeleri gerektiğini ve kendilerine bilmedikleri bir şeyi fark ettiren, gösteren kişilere de; "Aaa! Bunu bilmiyordum. Senin vesilenle, yeni bir şey daha öğrendim. Vay be, daha önce hiç böyle bakmamıştım. Meğer, bu konuyu yanlış biliyormuşum; beni düzelttiğin için çok teşekkür ederim." diyebilecek tevazuya sahip olmayı öğretmemiz gerekir. Bunlar bir insanın; hem gelişimi hem de sosyal hayatı adına çok önemli disiplinlerdir.

Öğrenme isteği olan, tevazu sahibi bir genç; hem İslami, hem de dünyevi hayatında başarılı biri olacaktır.

4- Makam, rütbe ve imaj gibi nefsin zaafı olan alanları önemsememeliler.

Makam sevdası, rütbe, imaj kaygısı; çağımızın en büyük hastalıklarından ve nefsin en önemli zaaflarındandır. Bu konu, günümüzde öyle bir hâl aldı ki insanlar artık kendilerini, "Merhaba, benim ismim X. Doktorum, şu okuldan mezun oldum. Şu alanlarda çalıştım." diyerek önce makamları ve yaptıklarıyla tanıtır hâle geldiler. Öyle ki artık konuşmalar; "Arabanın modeli ne? Telefonun hangi marka? Sosyal medyada kaç takipçin var? Postların ne kadar beğeniliyor?" gibi konuların etrafında dönüyor. Ve ne yazık ki bunların hepsi, nefsin "kendini üstün gösterme" zaafından kaynaklanıyor.

Bakın bu; üzerinde düşünülmesi gereken, önemli bir konudur. İmaj kaygısı zilletinden kurtulmamız lazım. Çünkü insan, imaj kaygısından dolayı tavizler verebilir. Örneğin; özellikle gençlerimiz; "Aaa, bu sıcakta başörtüsü mü takıyorsun? Bu, sence de garip değil mi?" gibi ifadelerle; İslam'ın değerlerine saldıran, alay eden kişilerle karşılaşabilirler. Ve şayet imaj kaygısı taşıyorlarsa, bu gibi söylemler karşısında; "Eğer onlar gibi giyinirsem; beni yadırgayıp dışlayamazlar. O zaman, ben de onlar gibi giyineyim." diyerek, onlar tarafından yadırganmamak için, onlara benzemeye çalışabilirler. Bu tür tavizlere, kesinlikle izin vermemek lazım.

Bir genç; "Ben, inancımın gereğini yerine getiriyorum. Benim kıymetimi belirleyen şey; çevremdekilerin inandığım değerlere yaptığı yorumlar, sosyal medya hesaplarımdaki takipçi sayım ya da kullandığım markalar değil. Ben; Allah'ın muhteşem bir sanatla ve dengeyle yarattığı, ruhundan üflediği ve bundan dolayı da kıymetli kıldığı bir varlığım." düşünce ve hissiyatında olursa, imaj kaygısı zilletinden de kurtulur. Bu, herkes için çok önemli bir farkındalıktır.

Şimdi durup, buraya kadar okuduklarımıza bir bakalım.

Şu ana kadar sayılan dört özellik, bir gencin; hem maddi hem de manevi gelişimi için "olmazsa olmaz" kabul edilebilecek ve kesinlikle kazanılması gereken özelliklerdendir.

Aklınıza; "Bu konuda sayılabilecek pek çok özellik olmasına rağmen, neden özellikle bu dördünden bahsedildi? Burada anlatılan özelliklerin kazanılabilmesi için sunulan çözümlerin kaynağı nedir?" gibi sorular geliyor olabilir. Bunların cevaplarını da şu şekilde verelim:

Yukarıda arz edilen çözümler, İbrahim'in (A.S.) hayatından süzülen, muhteşem şifrelerdir. İbrahim (A.S.); Kur'an'da kendisinden en fazla bahsedilen peygamberlerdendir. O (A.S.); "Halîlullah - Allah'ın dostu" diye anılan, hayatı boyunca durmadan araştırmış; inandığı ve sahip olduğu değerlere, müthiş bir duruşla sahip çıkmış ve bu özelliklerinden dolayı da bize örnek olmuş, çok önemli bir karakterdir.

Hayatını detaylı bir şekilde analiz ettiğimizde; ahir zaman gençleri için faydalı olacak bu dört şifrenin, İbrahim'in (A.S.) hayatından süzüldüğünü görürüz. Bu nedenle biz de özellikle bu dört maddeyi seçip size arz ettik.

Bizler, İbrahim'in (A.S.) evlatlarıyız. Dolayısıyla, gençlerimiz için de babamız İbrahim'in (A.S.) yol göstericiliğinden daha iyi bir rehber yoktur. Bu söylediğimizin daha iyi anlaşılması adına gelin, İbrahim'in (A.S.) nasıl bir karakter olduğundan da kısaca bahsedelim.

İbrahim (A.S.); hiç durmadan araştıran, öğrenen, gelişime açık bir karakterdi. Bazı konuları daha iyi öğrenmek, onların mantığını anlamak ve öğrendiklerini içselleştirmek için sorular sorar, cevaplarını araştırırdı. Mesela İbrahim (A.S.); "öldükten sonra dirilme" konusu ile ilgili Allah'a (C.C.) sorular sormuş ve bunu da kalbinin mutmain olmasını istediği için sorduğunu belirtmiştir. Bu olay, Bakara suresinin 260. ayetinde şöyle anlatılır: "Bir vakit de İbrahim: 'Ya Rab'bi, ölüleri nasıl dirilteceğini bana gösterir misin?' demişti. Allah: 'Ne o, yoksa buna inanmadın mı?' dedi. İbrahim, şöyle cevap verdi: 'Elbette inandım, lakin sırf kalbim tatmin olsun diye bunu istedim.'"

Düşünün! İbrahim (A.S.), mutmain olmak için Allah'a (C.C.) bir soru soruyor. Allah (C.C.) da O'nu (A.S.) eleştirmeden, "Nasıl olur da Bana bu soruyu sorma cesaretinde bulunursun?" demeden; O'nun (A.S.) sorusuna cevap veriyor. Bu, bizim için de çok güzel bir örnektir.

Peki, bu olayın bize bakan yönü nedir?

Diyelim ki anne-babayız. Anne-baba olarak; evlatlarımız bize soru sorduğunda, bir şeyi; anlamak ve öğrenmek için sorguladıklarında, onlara; "Sus, böyle konuşulmaz! Bunu, nasıl sorarsın?" dememeliyiz. Ya da diyelim ki genciz ve zaman zaman nasıl davranacağımızı bilmiyoruz. Unutmayın! Bizler, babamız İbrahim'in evlatlarıyız. O (A.S.) anlamak, aklen ve kalben tatmin olmak için; sorular sormuş, sorgulamış, araştırmış ve tefekkür etmiştir. Biz de O'nu (A.S.) örnek alabilir ve O'nun (A.S.) gibi davranabiliriz.

İbrahim (A.S.) putperest bir toplumda yaşamasına rağmen; kendi kendine sorular sorup gözlemler yaparak; Allah'ın varlığını, birliğini anlamaya çalışmış ve bu arayışları ile yaşadığı toplumu da düşünmeye sevk etmiştir. Bu durum En'âm suresinde şöyle anlatılır:

En'âm 76- "Gece bastırınca İbrahim bir yıldız gördü, '(İddianıza göre) Rab'bim budur!' dedi. Yıldız sönünce de, 'Ben öyle sönüp batanları tanrı diye sevmem!' dedi."

En'âm 77- "Sonra Ayı, dolunay hâlinde doğmuş vaziyette görünce; '(İddianıza göre) Rab'bim budur!' dedi. Sonra o da batınca: 'Rab'bim Bana doğru yolu göstermeseydi, mutlaka sapmışlardan olurdum!' dedi."

En'âm 78;79- "Daha sonra Güneşi doğarken görünce; '(İddianıza göre) Rab'bim, herhâlde budur, bu hepsinden daha büyük!' Batıp kaybolunca da: 'Ey halkım, Ben sizin Allah'a şerik koştuğunuz şeylerden beriyim. Ben batıl dinlerden uzaklaşarak, yüzümü, gökleri ve yeri yaratan Rab'bülâlemin'e yönelttim, Ben asla sizin gibi müşrik değilim!' dedi."

İbrahim (A.S.), inandığı değerler konusunda aklen ve kalben öyle mutmain olmuştu ki inancını; toplumunun en önde gelenlerinin karşısına geçip, cesurca haykırabilmişti. O'nun (A.S.) bu muhteşem duruşu, Kur'an'da şöyle anlatılır: "Halkı, Kendisi ile tartışmaya girişti: O dedi ki: 'Allah, Bana doğru yolu göstermişken, siz hâla Benimle O'nun hakkında tartışıyor musunuz? Sizin O'na ortak saydığınız şeylerden Ben hiçbir zaman korkmam. Rab'bim ne dilerse o olur. Rab'bimin ilmi, her şeyi kapsar. Hâlâ kendinize gelip ders almayacak mısınız?'"[2]

İbrahim (A.S.) hiç korkmadan, yaşadığı toplumun putlarını kastederek onlara; "Nedir bu karşısında durup taptığınız heykeller?" diyebiliyordu.[3] O (A.S.); hakkın karşısında duran babasını dahi, hakka davet etmekten çekinmeyen çok cesur bir karakterdi.

Bakın burası önemli! İbrahim'in (A.S.) babası; mesleği gereği put yapan biriydi ve yaşadığı toplumun en önde gelenlerindendi. Buna rağmen İbrahim (A.S.) ona; "Babacığım, sana ulaşmayan bir ilim, geldi Bana, ne olur Bana tâbi ol da seni dümdüz bir yola çıkarayım."[4] diyebilmişti. Bunun nasıl bir öz güven olduğuna dikkat edin!

Bu, kesinlikle kibir değildir. İbrahim (A.S), babasının bir putperest olduğunu biliyordu. Burada kastedilen; hiç kimseyi takmayan, anne-

---

2. En'âm Suresi, 80
3. Enbiyâ Suresi, 52
4. Meryem Suresi, 43

babasına kafa tutan ve kendisine İslamiyet'i öğretmeye çalışan ailesine; "Ya, siz ne anlarsınız? Benim kadar biliyor musunuz ki? Ben sosyal medyada bir sürü video izliyorum. Siz, İslam'ı benden daha iyi mi bileceksiniz?" mantalitesinde olan gençler yetiştirelim demek değildir. Bu konu, doğru anlaşılmalıdır. Anne-babaya, büyüklere karşı tevazu gösterme, yerini bilme; olmazsa olmaz kaidelerdir. Hedefimiz; hakiki manada neye inandığını, hangi ayetin ne anlama geldiğini bilen; öz güvene sahip gençler yetiştirmek olmalıdır.

İbrahim (A.S.), bu mümin öz güvenine sahip olduğu için; toplumun önüne çıkıp, onların putlarını kastederek mealen; "Ben bunlara inanmam! Sizin popüler kültürünüz, Beni ilgilendirmiyor. Bu, kesinlikle yanlıştır! Hepiniz buna inansanız, bu hayat standardında yaşasanız da Benim tevhit inancıma göre, bu yanlıştır! Benim; inancımın hak ve tek doğru olmasından kaynaklı, bir öz güvenim var. Bu nedenle de hakikati söylemekten çekinmiyorum." diyebilmiştir.

Babamız İbrahim'in (A.S.) sahip olduğu bu muhteşem öz güveni anlamaya ve kazanmaya çalışalım! O (A.S.); inandıklarından dolayı utanmamış, insanların O'nu (A.S.) kınamasından, toplumdan kovmalarından çekinmemiş, ateşe atma teşebbüslerinden dahi korkmamıştır. Saldırıya uğramış, yaşadığı yerden kovulmuş, öldürülmek için ateşe atılmış; fakat İbrahim (A.S.), duruşunu hiç bozmamıştır.

Peki, tüm bunlara nasıl göğüs gerebilmişti?

Bu sorunun cevabı çok net. İbrahim'in (A.S.) kalbi; inandığı değerler konusunda mutmaindi. Bundan dolayı da O (A.S.), sahip olduğu inançla ilgili, güçlü bir öz güvene sahipti ve inandıklarından ötürü asla utanmamış, onları söylemekten de çekinmemişti.

Babamız İbrahim'in (A.S.) bu duruşu; ahir zaman fitnelerine karşı gençlerin korunmasını sağlayacak en önemli şifrelerdendir. Bu şifreler; gençlerimize anlayacakları şekilde izah edilmelidir ki evlatlarımız; günümüz fitneleri ve problemleri karşısında sarsılmadan ayakta durabilsin.

Bakın, günümüzdeki fitnelerin varlığını ya da bu fitneler karşısında duruş sahibi olabilmenin zor olduğunu inkâr etmiyoruz. Bu, bir realitedir ve bizler de bu fitnelerin içinde yaşıyoruz. Bu fitneler karşısında sağlam durabilmek için neler yapmamız gerektiğinin şifrelerini ve bu şifreleri hayatımızda nasıl uygulayabileceğimizi Allah (C.C.), bize Kur'an'da bildiriyor.

Mesela Allah (C.C.), İbrâhîm suresi 24. ayette şöyle buyuruyor:

İbrâhîm 24- "E lem tere keyfe daraballâhu meselen kelimeten tayyibeten ke şeceratin tayyibetin asluhâ sâbitun ve fer'uhâ fis semâ."

"Görmedin mi Allah nasıl bir benzetme yaptı? Güzel söz, kökü yerin derinliklerinde sabit, dalları ise göğe doğru yükselmiş bir ağaç gibidir ki Rab'binin izniyle her zaman meyvesini verir."

Ayetin başında, "E lem tere. - Görmedin mi?" ifadesiyle Resulallah'a (S.A.V.) hitap edildiğini ve daha sonra da bir benzetme ile devam edildiğini görüyoruz. Baştaki ifade ile Resulallah'a (S.A.V.) hitap edilip mealen O'ndan (S.A.V.); bir ağacın nasıl büyüyüp geliştiğini tefekkür etmesi ve bu evreleri gözünde canlandırması isteniyor.

Peki bu benzetme neden önemli?

Bu benzetme ile, aslında Resulallah'a (S.A.V.); öz güven sahibi bir ümmeti nasıl yetiştireceğinin şifreleri veriliyor. Bu benzetmeyle, kendi hayatımıza ve evlatlarımızı yetiştirme sürecimize de bakabiliriz.

Ayette dikkatimizi çeken, bir diğer önemli nokta da; "tayyibeten" kelimesinin kullanımıdır. "Tayyibeten" kelimesi; tercümede "güzel" olarak verilmiş; ancak bu kelime, "saf, temiz, iyi, mükemmel, bozulmamış, mutluluk" gibi birçok farklı anlama da sahiptir. Araplar, bu kelimeyi çok farklı anlamlarda kullanıyorlar. Mesela, "tayyibeten ard" ifadesiyle; "ekime elverişli, verimli, bereketli toprak"ı kastediyorlar. Ya da hastalıklardan kurtulmuş kişiye, "tayyib" yani; "iyileşmiş, artık iyi" diyorlar. Ayette geçen, "kelimeten tayyibeten - temiz, güzel, bozulmamış, mükemmel söz" ifadesi ise; âlimler tarafından, "kelime-i tevhit" olarak açıklanıyor. Dikkat edin! "Tevhit", Allah'a (C.C.) iman demektir ki bu da aslında, bütün öğretilerin özüdür.

Bunu nasıl anlamalıyız?

"Kelimeten tayyibeten"; "temiz, manipüle edilmemiş bir öğreti" demektir. Allah (C.C.); tamamen O'nun (C.C.) için olan ve tamamen tevhidin anlatıldığı bu öğretiyi, bu sözü; ayette bir ağaca benzetiyor ve bu ağacı da "kökler ile dallar" olarak iki bölüme ayırıyor.

Şimdi, biz de bir ağacın gelişimini hayal edelim. Çünkü, ayette verilen bu ağaç örneğinde, yukarıda arz edilen dört maddenin hayatımızda nasıl oturtulabileceğinin de şifreleri var.

Düşünün şimdi! Bir ağacın oluşması için, öncelikle tohumu toprağa atarız. O tohum, toprağın altında belli bir süre kalır. Toprakta, tohumun ihtiyacı olan her şey vardır. Bu süreçte, biz hiçbir şey görmediğimiz hâlde, toprağın altında bazı olaylar olur. Mesela; o tohum çatlar, toprağın altında kökler büyümeye başlar, hatta bu kökler yukarıya doğru değil de yanlara ve aşağıya doğru yönelir. Kökler toprak altında sağlamlaştıktan sonra da o tohum yukarıya doğru bir filiz oluşturur ve oluşan bu filiz, toprağın üstüne çıkar.

Gelin şimdi bu örnek perspektifinden; çocuklarımızın, gençlerimizin gelişimi sırasında dikkat etmemiz gereken aşamalara tekrar bir bakalım.

Bu örnekte olduğu gibi, evlatlarımıza ihtiyaçları olan gelişim ortamını oluşturmalı ve bunun için de onlara gerekli, doğru ve yerinde öğretiler vermeli, sözler söylemeliyiz. Aldıkları öğretiler; zamanla gönül dünyalarında, kalplerinde kök salacak ve hem kalplerinde hem de zihinlerinde, derinlere doğru yayılacaktır. Bu konuda dikkatli olmalıyız. Çünkü evlatlarımızın; tıpkı toprağın altına doğru yayılan kökler gibi gelişen o anlayışları; net, manipüle edilmemiş, Kur'an ve Sünnet'e uygun öğretilerle beslenmelidir.

Kur'an ve Sünnet, bu konuda en güvenilir rehberdir ve ihtiyacımız olan her şeyi birçok örnekle bize sunar. Nitekim Yakup'un (A.S.), oğlu Yusuf'a (A.S.) daha küçücük bir çocukken verdiği eğitim, bu konuda bizim için son derece değerli bir örnektir.

Şimdi, bu örneği kısaca hatırlayarak analizimize devam edelim.

Yusuf (A.S.); henüz sekiz-on yaşlarındayken bir rüya görmüş ve bu rüyadan dolayı çok etkilenmişti. Heyecanla babası Yakup'un (A.S.) yanına geldi ve; "Babacığım! Ben rüyamda on bir yıldızın, güneş ve ayın bana secde ettiklerini gördüm."[5] diyerek büyük bir heyecanla rüyasını anlattı. Yakup (A.S.), rüyayı dikkatle dinledi ve sözlerine; "Yâ buneyye! - Oğulcuğum!" diyerek şefkatle başladı.

Bu nokta çok önemlidir! Zira Yakup (A.S.) bu hitabıyla, öncelikle bir güven ortamı oluşturmuştu. Sonra da evladına şu tavsiyelerde bulunmuştu: "Sakın, bu rüyayı kardeşlerine anlatma. Sonra seni kıskandıklarından, sana tuzak kurarlar. Çünkü şeytan, insanın besbelli düşmanıdır. Rab'bin seni seçecek, sana rüya tabirini öğretecek ve daha önce büyük babaların İbrahim ile İshak'a olan nimetini tamamına erdirdiği gibi, sana ve Yakup ailesine olan nimetini de kemale erdirecektir. Çünkü Rab'bin her şeyi hakkıyla bilir, tam hüküm ve hikmet sahibidir."[6] Bu; âdeta ileride başına gelebilecek olaylar konusunda Yusuf (A.S.) için bir hazırlanma süreciydi.

Dikkat edin! Burada evladına; önce güvenli bir ortam oluşturan, daha sonra da onu olabileceklere karşı uyarıp, motive eden bir baba görüyoruz. Bu, bizim için de çok önemli bir örnektir. Henüz küçücükken gördüğü bir rüya ve babasının verdiği bu nasihatler; Yusuf'un (A.S.) yaşadığı tüm sıkıntılarla baş etmesini sağlayacak, önemli bir bakış açısı kazanmasına vesile olmuştur. O (A.S.), hayatındaki tüm imtihanlar karşısında; bu bakış açısı, pozitiflik ve Allah'a (C.C.) duyduğu hüsnüzan ile hareket etmiştir.

---

5. Yûsuf Suresi, 4
6. Yûsuf Suresi, 5;6

Biz de çocuklarımıza, gençlerimize bu değerleri kazandırmalıyız. Onların kalplerinde de Yusuf'unki (A.S.) gibi, önce "Allah ve tevhit" yer etmeli, kök salmalıdır. İç dünyaları; iman ve tevhit ile öyle ikna olmalı ki, hangi şartla karşılaşırlarsa karşılaşsınlar, hangi ortama girerlerse girsinler, yıkılmadan ayakta kalabilsinler ve Yusuf (A.S.) gibi kendilerini koruyabilsinler. Bunun için; belli bir programa göre ilerlenmeli ve evlatlarımıza; öncelikle temel disiplinler öğretilmeli ve bunları içselleştirip, günümüze uygulamaları konusunda, onlara yardımcı olunmalıdır.

Bu şekilde hareket edip, asıl öğretiyi sağlamlaştırmak yerine; "Namazda, elini şu şekilde tutmalısın. Ayaklarının arasında şu kadar mesafe olmalı; yoksa namazın kabul olmaz." gibi, teknik detayların üzerine konsantre olursak; kültür Müslümanı yetiştiririz. Dikkatli olmalıyız!

Allah'ı (C.C.) tanımadan, Allah (C.C.) ile özel bir bağ kurmadan, Allah'a (C.C.) karşı hüsnüzan oturtulmadan, kısacası; temel disiplinler öğretilmeden teknik detaylara girmek; kişinin, asıl öğretiden uzaklaşmasına sebep olur. Böyle yetişen, yetiştirilen bir genç, ortamı değiştiği an; maruz kaldığı fitnelerden etkilenebilir, başka inanç ve fikirlere yönelebilir. Bu nedenle, temel disiplinler bireye sağlam bir şekilde verilmeli ve sağlam bir kök oluşturulduktan sonra, artık ağacın diğer bölümü olan dalların büyümesine izin verilmelidir. Kök sağlam olduktan sonra; ağacın dalları da meyveleri de büyür.

Toparlayalım.

İbrahim'in (A.S.) duruşuna sahip gençler yetiştirmek için, O'nun (A.S.) hayatından süzülen şifreleri, gençlerimize çok iyi anlatmalıyız. Ayette verilen şifreler ve babamız İbrahim'den (A.S.) aldığımız öğretilerle eğitilen gençler, sağlam bir öz güvene sahip olur; inandığı değerleri yaşamaktan utanmaz; hep öğrenme istek ve arzusunda olur; imaj kaygısı taşımazlar.

Ahir zamanda; fitnelerin, bilgi kirliliğinin kol gezdiği bu dönemde; evlatlarımızı korumak için neler yapabileceğimizi araştırmalı, onlara;

doğru bilgileri, doğru yöntem ve tekniklerle vermeliyiz. Belli bir plan ve programa göre ilerlemeliyiz. Evlatlarımızı eğitirken; onları detaylarla bunaltmamalı, temel prensipleri açık ve net bir şekilde vermeliyiz.

Evlatlarımıza; neye, niçin ve nasıl inanmaları gerektiğini, argümanlarla ve ikna olacakları şekilde anlatmalıyız. Sorularına açık olmalı ve öğrendiklerini, hayatlarına nasıl uygulayabileceklerini onlara göstermeliyiz. Integrity'nin; bir işi düzenli olarak yapmanın, sözünü yerine getirmenin, Allah (C.C.) ile münasebetin ne demek olduğunu evlatlarımıza öğretmeliyiz ki hangi ortamda olurlarsa olsunlar, Yusuf (A.S.) gibi kendilerini koruyabilsinler. Böyle yetişen bir genç; inandığı değerleri cesurca savunan, yeri geldiğinde; "Bir dakika! Benim ölçüm, Kur'an ve Sünnet'tir. Bu, benim inancıma göre doğru bir yaklaşım değil. Sen böyle düşünebilirsin, fakat ben bunun yanlış olduğunu savunuyorum. Ancak, birbirimizin görüşlerine saygı duyarak ilişkimizi sürdürebiliriz." diyebilen öz güven ve integrity sahibi biri olur.

Dikkat edin! Üç ilahi dinin temelinde de İbrahim (A.S.) vardır. O'nun (A.S.) duruşuna, "integrity"sine, değerlerini yaşamadaki kararlılığına sahip bir kişi; her ne yaparsa yapsın, başarılı olur. Fakat duruş ve integrity olmadığında; inançlarından taviz vererek arkadaşlarının arasına, yaşadığı toplumun trendlerine dahil olmaya çalışan, karakteri oturmamış bir gençlik yetişir. Unutmayın! Hiç kimse, bu karakterdeki insanlara kıymet verip saygı duymaz!

İnancınızdan dolayı utanmayın. İslam; en optimum, en yaşanılası, en insani sistemdir. Bu sistemi hakiki manasıyla, Kur'an ve Sünnet rehberliğinde uyguladığınız zaman; hayatınızın nasıl geliştiğini, hem dünya hem de ahirette nasıl başarılı olduğunuzu göreceksiniz. Rab'bimiz bizlere duruş ve integrity sahibi bireyler olmayı ve böyle nesiller yetiştirmeyi nasip etsin. (Amin)

6- İslam'a Göre İyi İnsanların Özellikleri Nelerdir? Ebrar Kavramı

Bu bölümde; üzerinde yeterince düşünmediğimiz, fakat çok önemli olan bir konudan bahsedeceğiz. "İyi insan kimdir? İslam'da, iyi insan kavramının karşılığı nedir ve nasıl iyi insan olunur?" sorularının cevapları üzerinde duracağız. Konuya, İnsan suresinin ayetleri perspektifiyle bakacak ve anlatılan hidayetleri hayatımızda uygulayabilmenin yollarını arayacağız.

Kur'an, her konuda olduğu gibi bu konuda da tüm insanlığa gönderilmiş olan muhteşem bir rehberdir. O; kendisinden önce gönderilmiş bütün hidayetleri içinde barındırır. Kur'an'ın disiplinleri, kıyamete kadar devam edecek ve etkileri hiç bitmeyecektir. İhtiyacımız olan her şeyin cevabı, Kur'an'da mevcuttur. Allah Azze ve Celle, bunu Yûsuf suresinde bize şöyle anlatıyor:

Yûsuf 111- "Peygamberlerin kıssalarında, elbette tam akıl sahipleri için alacak dersler vardır. İyi bilin ki, bu Kur'an uydurulmuş bir söz değildir. Sadece daha önceki kitapları tasdik eden, dine ait her şeyi açıklayan, iman edecek kimseler için hidayet, rehber ve rahmettir."

Kur'an, son hidayet rehberidir. Onun içerdiği hidayetleri en güzel şekilde anlayıp anlatan da Resulallah'tır (S.A.V.). Bundan dolayı Kur'an, Resulallah'a (S.A.V.) gönderildi. O (S.A.V.); Kur'an'ı öyle içselleştirdi, yaşantısına öyle dahil etti ki, âdeta yaşayan bir Kur'an oldu. Hanımlarından Ayşe'ye (radiyallahu anha), Resulallah'ın (S.A.V.) ahlakı sorulduğunda; "Siz, Kur'an okumuyor musunuz? O'nun ahlakı Kur'an'dı."¹ diyerek cevap vermesi, O'nun (S.A.V.) bu yönünü bize çok daha net gösterir.

Bakın, Resulallah (S.A.V.) güzel ahlakı tamamlamak için gönderildi.² O (S.A.V.), tüm güzelliklerin, en optimum oranda kendisinde görüldüğü bir insandı. Resulallah (S.A.V.); Kur'an'a göre nasıl yaşanabileceğinin, nerede, nasıl hareket edileceğinin örneği olarak yaşadı. Hatta, sahabelerini de bu şekilde yetiştirdi.

Resulallah (S.A.V.) tüm insanlığa; her insanın yaşantısı, fıtratı ve yaratılışı için en optimum sistem olan İslam'ı tanıttı. İslam, herkes için yaşanabilir bir dindir. Bu hakikati iç dünyamızda kabul etmek, kulluk yolculuğumuz adına çok önemli bir konudur. Resulallah (S.A.V.) bir hadisinde, bu konu hakkında şöyle buyuruyor:

"Akşam ve sabaha erdiği vakit: 'Radîtu billâhi rabben ve bi'l-İslami dînen ve bi-Muhammedin sallallahu aleyhi veselleme nebiyyen. - Rab olarak Allah'tan, din olarak İslam'dan, peygamber olarak Muhammed'den razıyım.' diyen hiçbir kimse yoktur ki; Kıyamet günü onu razı ve memnun etmek, Allah üzerine bir hak olmasın."³

Allah'tan; İslam'dan ve Resulallah'tan (S.A.V.) razı olmak, onları hayatının merkezine koymak; bir insanın imanının kemale erdiğini gösteren çok önemli delillerdendir.

İslam dininde, her şey en ince detayına kadar anlatılmıştır. Bundan dolayı tahminlerde bulunmamıza gerek yoktur. Önceki risaletlerde bu kadar kapsamlı açıklamalar mevcut değildi; fakat Kur'an'da ve sünnet-i seniyyede; nerede nasıl davranmamız gerektiği, sonuçlarının ne olacağı en ince ayrıntısına kadar anlatılmıştır. Yani yemek yeme adabından tutun da evlenmeye, boşanmaya kadar; her durumla ilgili

---

1. Ebu Davud, Tatavvu 26
2. Resulallah (S.A.V.) şöyle buyuruyor: "Ben güzel ahlakı tamamlamak için gönderildim." (İbni Hanbel, II, 381)
3. Ebu Davud, Edeb 110, (5072)

İçimdeki Turkuaz

ihtiyacımız olan her hidayet İslam'da var. Çünkü İslam; hem fonksiyonel hem de çok kapsamlı bir sistemdir.

Burada, şöyle bir noktaya da değinelim. Böylesine kapsamlı sistemler, aslında komplike olurlar. Bu da insanların; bu kapsamlı sistemler içindeki bazı detaylara konsantre olmalarına ve bir süre sonra da o detayların içinde kaybolmalarına sebep olabilir. İslam'la ilgili bazı detaylarda kaybolan kişilerin iç dünyalarında da genellikle; "Bunu nasıl yaşayabilirim? Bunu hayatıma nasıl uygulayabilirim?" gibi hissiyatlar olabilir.

Gelin bunu, bir örnekle somutlaştıralım:

Önünüzde ansiklopedi gibi geniş içeriğe sahip, çok kalın bir sürü kitap olduğunu düşünün! Yakın bir tarihte, bu kitaplardan sınav olacaksınız ve onların özetine ihtiyacınız var. Böyle bir durumda, iç dünyanızda; "Ya ben bunların hepsini nasıl öğreneceğim, nasıl özetleyeceğim?" hissiyatı oluşabilir. Bu hissiyatın haklı sebepleri de olabilir. Mesela, kitaplar çok kapsamlıdır ve içerikleri size doğru bir şekilde anlatılmamıştır. Ya da o kitaplardaki bilgileri nasıl kullanacağınızı bilmiyor; yani bir yönteme ihtiyaç duyuyor olabilirsiniz.

İşte tıpkı bu örnekteki geniş içerikli kitaplar gibi, İslam da çok kapsamlı ve detaylı bir sistemdir. Ve sünnet-i seniyye, bu kapsamlı sistemi en verimli şekilde nasıl yaşayabileceğimizin şifrelerini sunar. Yani Resulallah'a (S.A.V.) uymak; hem dünya hem de ahiret işlerimizi kolaylaştırır ve İslam'ı en doğru şekilde yaşayabilmemiz için gerekli ipuçlarını bize verir.

Mesela; akıllara, "Biz ahir zaman ümmetiyiz. Bu dönem, bir insanın dinini yaşaması açısından bazen oldukça zorlayıcı olabiliyor. Gerçekten, bu çağda İslam'ı yaşayabilir miyiz? Bunun için ne yapmalıyız? Acaba bizler de tıpkı sahabeler gibi kıvamlı Müslümanlar olabilir miyiz?" gibi sorular geliyor olabilir. Bunlar, akıllarda yer edinmiş ve cevap bekleyen önemli sorulardandır. Özellikle gençlerin bu gibi sorulara yanıt bulmaları; İslam'ı sevmeleri ve onun öğretileri doğrultusunda bir yaşam sürmeleri açısından büyük önem taşıyor.

Peki, gerçekten bu zamanda İslam'ı yaşayabilir miyiz?

Tabii ki yaşayabiliriz. Bizler de kıvamlı birer Müslüman olabiliriz. Yalnız bunun için, dikkat etmemiz gereken bazı konular var.

Gelin, biraz da bunu nasıl yapabileceğimizin üzerinde duralım. Öncelikle, konuyu anlamamıza yardımcı olması açısından şöyle bir detaydan bahsedelim.

Einstein, zekâyı tarif ederken, beş basamaklı bir ölçekten bahsediyor. Bu ölçekteki basamakları kısaca şöyle sıralayabiliriz:

1- Smart: Zeki

2- Intelligent: Akıllı

3- Brilliant: Parlak

4- Genius: Dahi

5- Simple: Basit, sade

Bu ölçek; bir kişinin bir konuyu ne kadar derinlemesine anladığını ve o konuyla ilgili sahip olduğu bilgiyi, başkalarına ne kadar anlaşılır şekilde aktarabildiğini gösterir. Özellikle son basamak olan "simple - basitlik"; karmaşık konuları sade bir dille açıklama yeteneğinin önemini vurgular.

Mesela; biri kuantum fiziğini çok iyi biliyor olabilir. Ancak onun bu bilgisi; bu konuyu, karşısındaki lise öğrencisine ya da okuma-yazma bilmeyen birine, anlaşılır bir şekilde aktarabildiği kadardır. Yani "simple - basitlik" diye tarif edilen şey aslında; karmaşık bir konuyu, o konu hakkında fikir sahibi olmayan birine aktarabilme yeteneğini ifade eder.

Bunu şu şekilde de ifade edebiliriz: Bir kişinin bilgisi deniz kadar engin olabilir; fakat o denizin suyu, ancak kendisine bağlı musluğun kapasitesi kadar akar. Aynı şekilde, İslam'ın da herkesin anlayabileceği şekilde anlatılması gerekir.

Aslında hepimizin, özellikle de gençlerimizin bu şekilde bir kolaylaştırmaya ihtiyacı var. Çünkü bizler pek çok konuyu olduğu gibi İslam'ı da komplike ediyor ve farkında olmadan, yaşanmaz bir hâle getirebiliyoruz. Oysa İslam; komplike olmayan, kolaylaştırılmış, yaşanabilir bir sistemdir.

Gerek ailemizdeki, gerek iç dünyamızdaki, gerekse de toplum içindeki tüm sorunlarımız için; ihtiyacımız olan cevaplar, İslam'da mevcuttur. İnsanlığın bu cevaplara ihtiyacı var. Bundan dolayı, Allah (C.C.) Kur'an'da şöyle buyuruyor:

Nahl 125- "Sen insanları; Allah'ın yoluna hikmetle, güzel ve makul öğütlerle davet et, gerektiği zaman da onlarla en güzel tarzda mücadele et. Rab'bin elbette, yolundan sapanları en iyi bildiği gibi kimlerin doğru yola geleceğini de pek iyi bilir."

Bu ayet, İslam'ın öğretim metodunu çok güzel ifade eder. Ayette; "Allah'ın yoluna hikmetle çağır." buyuruluyor. Buradaki "hikmetle çağırmak" ifadesi ile kastedilen; çok zor bir konuyu, o konuda hiçbir bilgisi olmayan birinin anlayabileceği şekilde anlatabilmektir.

İslam; Allah'ın insanlığa göndermiş olduğu en optimum, en güncel sistemdir. Bu sistem; kendisinden önce gönderilmiş olan bütün hidayetlerin bir araya getirildiği son hâldir. Dolayısıyla Kur'an ve Sünnet; özellikle ahir zamanda yaşayacaklar için önemli şifreler içerir. Bunları insanlara keşfettirmek; anlamalarını kolaylaştırmak lazım.

Resulallah (S.A.V.); bir şeyler anlatırken hep sade, anlaşılır bir üslup kullanıyor ve insanların o konuyu anlamalarını kolaylaştırıyordu. Bunun pek çok örneği bulunmaktadır. Mesela; bir gün yanına Süfyan b. Abdullah (R.A.) gelmiş ve Resulallah'a (S.A.V.) şöyle demişti: "Ey Allah'ın Resul'ü, İslam'a dair bana öyle bir söz söyle ki, bu hususta Sen'den başka kimseye soru sormayayım." Resulallah (S.A.V.) ise ona şöyle cevap verdi: "'Allah'a iman ettim.' de, sonra da dosdoğru ol."⁴

Bu hadisi doğru anlamak; İslam'ı hakiki manada anlayıp yaşamak açısından çok önemlidir. Hadiste kısaca; "'Lâ ilâhe illallâh.' de ve integrity sahibi ol." deniliyor. İslam'ın, aslında Resulallah'ın (S.A.V.) kurduğu tek bir cümle ile özetlendiğini görüyoruz. Yalnız, tek cümle deyip geçmemek lazım. Çünkü insanın; "Lâ ilâhe illallâh"ın ne olduğunu anlayıp, Allah'tan başka kulluk edilecek, ibadet edilecek bir ilah olmadığını idrak etmesi; bir ömür boyu sürebilir. Zira bunu anlamak da, anlatmak da kolay değildir.

Bu cümle aslında; "Hem iç dünyada, hem de dışarısı ile olan ilişkilerinde, topluma karşı; dosdoğru ol, integrity sahibi ol, sözünün eri ol, güvenilir ol ve vazifelerini yerine getir." demektir. Yani bakıldığında; İslam ile ilgili sayılabilecek bir sürü madde, tek bir cümle ile özetlenmiş ve bu hadis ile, bir insana verilebilecek tüm nasihatler verilmiştir.

Resulallah (S.A.V.), bir başka hadisinde de; "Müslüman, dilinden ve elinden diğer Müslümanların zarar görmediği kimsedir."⁵ buyuruyor.

Peki, bu hadisi nasıl anlamalıyız? Hadiste "Müslüman" nasıl tarif ediliyor?

Hadiste özetle; "Diline sahip çık; yalan söyleme, ya hayır konuş ya da sus. Eline sahip çık; çalıp çırpma, güvenilir biri ol." deniliyor. Bunlar, takva sınırları içinde yaşayan birine ait davranışlardır. Yani aslında bu hadisle bize, iyi bir Müslüman olmak için neler yapmamız gerektiği anlatılıyor. Resulallah'ın (S.A.V.) buna benzer pek çok hadisi vardır.

Gelin, bu konuyu Kur'an'ın nasıl ele aldığını biraz inceleyelim.

Allah (C.C.), Hucurât suresinin 14. ayeti ile Müslüman'ın kim olduğunu bize şöyle tarif ediyor:

---

4. Müslim, İman 62
5. Buhari, İman 4-5; Tirmizi, İman 12

Hucurât 14- "Bedeviler, 'İman ettik!' dediler. De ki: 'Siz iman etmediniz. Lakin, 'İslam olduk, size inkıyad ettik!' deyiniz. Zira iman, henüz kalplerinize girmiş değildir. Eğer Allah'a ve Resulü'ne itaat ederseniz, Allah sizin emeklerinizden hiçbir şeyin mükâfatını eksiltmez. Yaptığınızı zayi etmez. Gerçekten Allah Gafûr ve Rahîm'dir. (Mağfireti, merhamet ve ihsanı boldur.)'"

Bu mealen; "Daha iman kalbinize oturmadı, siz henüz mümin değilsiniz. İslam'ı kabul ettiniz, Müslüman oldunuz; fakat müminlik için yapmanız gereken bazı şeyler var." demektir.

Resulallah (S.A.V.), başka bir hadisinde mümini şöyle tarif ediyor: "Mümin halkın canları ve malları konusunda kendisinden emin olduğu kimsedir."[6]

Dikkat edin! Burada, sadece bir Müslümana ait özelliklerden değil; müminlere ait özelliklerden bahsedilerek aslında, tüm insanlara hitap ediliyor. Bu hadisler; kısa olmalarına rağmen, kapsamları bakımından çok derin hadislerdir.

Hayatını ve hadislerini incelediğimizde; Resulallah'ın (S.A.V.) çok karmaşık konuları bile etrafındakilere en açık ve sade şekilde anlattığını görüyoruz. Ayrıca, İslam'ı hayatımıza nasıl uygulayabileceğimizin ve nasıl iyi bir insan olabileceğimizin en güzel örneğini de O'nda (S.A.V.) buluyoruz.

Bütün bunları neden arz ettik?

İyi bir insan olmak dil, din, ırk, cinsiyet fark etmeksizin herkesi ilgilendiren; ancak pek de gündeme getirilmeyen bir konudur. Bu nedenle biz de herkesi yakından ilgilendiren, fakat üzerine fazla düşünülmeyen bu konuyu ele alacak; İslam'a göre iyi bir insanın hangi özelliklere sahip olması gerektiğini ve bu özellikleri nasıl kazanabileceğimizi inceleyeceğiz. Bunu da İnsan suresinin ayetlerini temel alarak yapacağız.

---

6. Tirmizi, İman 12

Ayetlerimizi okuyarak analizimize başlayalım.

İnsan 1- "Hel etâ alâl insâni hînun mined dehri lem yekun şey'en mezkûrâ."

"Dehrin akışı içinde öyle zaman geçti ki o dönemde, insanın adı bile anılmazdı." (Dehr için bkz.)[7]

İnsan 2- "İnnâ halaknâl insâne min nutfetin emşâcin nebtelîhi fe cealnâhu semîan basîrâ."

"Biz insanı katışık bir meniden yarattık. Onu denemek istiyoruz; bu sebeple de kendisini işiten ve gören bir varlık yaptık."

İnsan 3- "İnnâ hedeynâhus sebîle immâ şâkiran ve immâ kefûran."

"Ona yolu da gösterdik: Artık ister şükreder, ister nankör ve kâfir olur."

İnsan 4- "İnnâ a'tednâ lil kâfirîne selâsile ve ağlâlen ve seîrâ."

"Biz kâfirlere zincirler, kelepçeler, alevli ateşler hazırladık."

İnsan 5- "İnnel ebrâra yeşrabûne min ke'sin kâne mizâcuhâ kâfûrâ."

"İyi insanlar ise kâfur suyu ile hazırlanmış içecek kâselerini yudumlarlar."

İnsan 6- "Aynen yeşrabu bihâ ibâdullâhi yufeccirûnehâ tefcîrâ."

"Bu, Allah'ın has kullarının içip istedikleri yere akıttıkları bir kaynaktır."

İnsan 7- "Yûfûne bin nezri ve yehâfûne yevmen kâne şerruhu mustetîrâ."

---

7. Dehr: "Kâinatın başlangıcından son bulmasına kadar geçen süre, yani zamanın tamamı" demektir.

"Bu kullar; dünya hayatında iken sözlerinde durur, adadıkları şeyi yerine getirir ve felaketi bütün ufukları tutan kıyamet gününden endişe ederlerdi."

İnsan 8- "Ve yut'imûnet taâme alâ hubbihî miskînen ve yetîmen ve esîrâ."

"Kendileri de ihtiyaç duydukları hâlde; yiyeceklerini sırf Allah'ın rızasına ermek için fakire, yetime ve esire ikram ederler."

İnsan 9- "İnnemâ nut'imukum li vechillâhi lâ nurîdu minkum cezâen ve lâ şukûrâ."

"Ve derler ki: 'Biz size sırf Allah rızası için ikram ediyoruz, yoksa sizden karşılık istemediğimiz gibi bir teşekkür bile beklemiyoruz.'"

İnsan 10- "İnnâ nehâfu min rabbinâ yevmen abûsen kamtarîrâ."

"Biz, yüzleri ekşiten asık suratlı o günde Rab'bimizin gazabından korkarız."

Surenin bu ilk on ayetini inceleyerek; Kur'an'da iyi insan olmanın nasıl tarif edildiğini anlamaya çalışalım.

Allah (C.C.); Kur'an'daki birçok ayette, cennet ve cehennemden bahsediyor. Bu ayetlerde; cennetliklerin ve cehennemliklerin özellikleri, aldıkları aksiyonlar sayılıyor.

Mesela; cehennemliklerin tarif edildiği ayetlerde; "keferu, kuffar" gibi kelimeler sıkça kullanılıyor. "Kefere" kelime kökünden türeyen bu kelimelerin dini açıdan üç ana anlamı vardır. Bunlar: Hakikati inkâr etmek, nankör olmak ve hakkı gizlemektir. Aynı kelime kökünden türeyen "kâfir" kelimesi de Araplar arasında, tohumu toprağa gömen çiftçi için kullanılır. Yani cehennemlik kişi; hakkı kabul etmeyip reddeden, "Allah'ın ayetleri yalandır." diyerek o ayetlerle anlatılan disiplinleri inkâr eden; yani hakkı gömmeye çalışan nankör kişidir. Kur'an'ın farklı ayetlerinde, cehennem ehlini tarif eden bunun gibi daha pek çok özellik ve aksiyon anlatılır.

Allah (C.C.); Kur'an'da cennetliklerden bahsederken de birçok özellik sayıyor. Mesela; "İnnellezîne âmenû. - İman ederler." ve "Amilûs sâlihâti. - Salih ameller işlerler." gibi birçok detaylandırma yapıyor. Ancak İnsan suresinde; cennetlikler, bize farklı bir perspektiften tanıtılıyor. Surenin 5. ayetinde cennetlikler, "iman edenler" ifadesiyle değil; "ebrar" kelimesiyle tarif edilerek onların, iyi insan olma özellikleri vurgulanıyor.

Dikkat edin! İnsan suresi, Mekkî bir suredir. Yani Mekke döneminde nüzul olmuştur. O dönemde bu sureyi dinleyenlerin %90-95'i Müslüman değildi. Bu da aslında bize, bu ayetlerin tüm insanlara hitap ettiğini açıkça gösterir.

Ayetlerin nüzul olduğu o toplumda, müşrikler de vardı. Bu ayetler, orada bulunan tüm insanlara hitap ediyordu. Cennetlikler ve cehennemlikler anlatılırken de mealen; "Sadece iman etmeniz yetmez; bununla birlikte iyi insan olmanız lazım." uyarısı yapılıyordu. Yani insanlara âdeta; "Ebrarlardan olman lazım." şeklinde bir hedef gösteriliyor ve mealen, "Cennet, iyi insanlar içindir." deniliyordu.

Bu ayetleri okuduğumuzda, ilk bakışta; "Müslüman, iyi insandır. Bu iki kavram, aslında aynı şeyi ifade etmiyor mu? Zaten inanan bir kişi, otomatik olarak iyi insan olur." diye düşünebiliriz.

Peki, gerçekten öyle midir?

Bu sorunun cevabını bulmak için, kafamızı kaldırıp çevremizdeki insanlara bakalım.

Acaba, "Lâ ilâhe illallâh Muhammedu'r-Resûlullah." diyen herkes iyi insan mı? Bu sözü söyleyen, "Ben Müslümanım." diyenler; her zaman iyi insan davranışları mı sergiliyorlar? Biz nasıl davranıyoruz? Kendimizi, davranışlarımızı, iç dünyamızı kontrol edelim! İyi insanlara ait özelliklere sahip miyiz, onlar gibi mi davranıyoruz? Bu sorular; üzerinde ciddi manada tefekkür etmemiz gereken önemli sorulardır.

Surede geçen "ebrar" kelimesini inceleyerek konumuza devam edelim.

"Ebrar" kelimesi, "birr" kelime kökünden türer ve "hayırlı, iyi işlerde genişlik" anlamlarına gelir.

Kelimenin diğer anlamı ise, "bahr - deniz" kelimesinin zıttı olan "kara parçası" demektir.

Şöyle düşünün! Denizde olmakla, karada olmak arasında çok fark vardır. Denizde olan bir kişi, gemisi ne kadar sağlam olursa olsun; "Her an bir dalga gelebilir, alabora olabiliriz, batabiliriz ya da boğulabiliriz." gibi düşünce veya hislerle karşı karşıya kalır. Çünkü deniz, stabil olmamayı temsil eder ve bu durum da insanları etkiler. Fakat kara için durum farklıdır. Çünkü karada olmak, güvende ve stabil olmak anlamına gelir. Bundan dolayı, denizden karaya çıkıldığı zaman; stabil bir ortamla karşılaşıldığından, insanın iç dünyasında, otomatik olarak; "Ohh! Artık ayaklarım yere basıyor, dalgalanmalar yok, güvenli bir ortamdayım." hissiyatı oluşur.

Bütün bunları neden anlattık?

Arapçada; etik değerlerin stabil olması ve dalgalanmaması, bu örnek üzerinden açıklanır. Yani iyi bir insanın karakteri; dalgalanmaların olmadığı, stabil, sağlam bir etik temele ve değerlere dayanır. Böyle insanlar; ayakları yere sağlam basan, doğru ile yanlışı net bir şekilde ayırt edebilen, karakterli, balanslı insanlardır. Kısacası; iyi insanlar, hayatlarında belirli bir duruşa sahiptirler ve o duruşlarını, dönemsel değişimlere ya da popüler trendlere göre asla değiştirmezler.

Peki, bugün de durum böyle mi?

Bunu, bir örnek üzerinden izah edelim.

Gençler Serisi

Yirmi yıl önce, toplumlar tarafından yanlış kabul edilen bazı konular; bugün "insan hakları" adı altında doğru kabul edilebiliyor. Örneğin, geçmişte kadınlara değer verilmiyor; hatta bazı toplumlarda kadın, bir meta olarak görülüyordu. Kadınlar; kendi kararlarını verme, eğitim, çalışma, siyasi temsil gibi temel haklardan yoksun bırakılmıştı. Günümüzde ise, kadınların hakları, uluslararası insan hakları sözleşmeleriyle güvence altına alınmış durumda. Yani doğru ve yanlış algıları, zamanla değişebiliyor.

Yine elli yıl önce normal kabul edilen bazı davranışlar, bugün ölümcül hatalar olarak değerlendirilebiliyor. Örneğin sosyal medyada; yeni ameliyat olmuş birine, hemşirelerin sigara sattığını gösteren eski bir fotoğraf var. Bu; belki o zamanlar için normal bir durumdu. Ancak şu an, böyle bir şeyin olması; hatta kabul görmesi mümkün değildir. Yani algılar, etik değerler, doğru ve yanlışlar; zaman içerisinde değişebiliyor. Buna, etik değerlerin çalkalanması da diyebiliriz.

Ancak Kur'an, bu konuda farklı bir yaklaşıma sahiptir. Kur'an; hayatımıza bir standart getirir. Onun disiplinleri değişken değil, sabittir. Kur'an; etik değerler ve doğru ile yanlış arasında bir standart sağlar. Ve bu standart da asla değişmez.

İşte, surede geçen "ebrar" kelimesi ile tarif edilenlerin de etik değerleri, iyi ve kötü tanımlamaları net ve stabildir. Yani onlar; denizde dalgalanan bir gemi gibi değil de kara üzerinde, stabil duran ve ayakları yere sağlam basan kişilerdir. Allah (C.C.) bu özellikleri, insanın ruhuna kodlamış. Bunun içindir ki iç dünyamızda; "bu iyi" veya "bu kötü" diye kodlamalar yapmamızı sağlayan bir vicdan mekanizması var. Onu kullanarak, ihtiyacımız olan ayrıştırmaları yapabiliyoruz.

Allah (C.C.), bunu Kur'an'da şöyle anlatıyor:

Şems 8;9- "Ona hem kötülük, hem de ondan sakınma yolu ilham eden hakkı için ki; nefsini maddi ve manevi kirlerden arındıran felaha erer."

Ayette mealen insana; iyinin, hayrın ve şerrin ilham edildiği anlatılıyor. Bakın, bu ilham herkese geliyor. Mümin, kâfir fark etmeksizin

113

herkesin içinde, bu ilhamları alan bir vicdan mekanizması var. İnsan, sahip olduğu bu mekanizma sayesinde; öldürmek, yalan söylemek, hırsızlık yapmak gibi davranışların kötü olduğunu biliyor. Çünkü iç dünyasına yerleştirilen ve doğru ile yanlışı ayırt etmesini sağlayan bazı kodlar taşıyor. Son hidayet rehberi olan Kur'an da; iç dünyamıza yerleştirilmiş o kodların sistemleştirildiği bir kitap olarak bize yol gösteriyor.

İnsanlık tarihini inceleyin! Öldürmenin, yalan söylemenin, çalmanın ve nankörlüğün doğru kabul edildiği bir kültür, bir din veya bir sistem bulamazsınız. Hangi toplumda olursanız olun, evrensel değerler aynıdır. Amazon'daki bir kabilede de, Çin'deki kırsal bir toplulukta da çocuk cinayetinin hoş görüldüğü bir örnek bulmak mümkün değildir. Aynı şekilde; çalmanın, yalan söylemenin veya nankörlüğün doğru kabul edildiği bir toplum bulmak da imkânsızdır.

Peki, bu değerler nereden geliyor?

Bu değerler, Allah (C.C.) tarafından ruhlarımıza yerleştirilmiştir. O, bizi topraktan yaratmış, değerli kılmış ve Ruhundan üfleyerek dengeli, sağlam karakterli bireyler hâline getirmiştir. İçimizdeki iyilik ve sahip olduğumuz değerler, Allah'ın (C.C.) bizi insan olarak yaratmasından, içimize kodladıklarından kaynaklanır.

Düşünün şimdi! Sokakta ağlayan bir çocuk gördüğümüzde, ona yardım etmek isteriz. Burada, çocuğun dininin ne olduğunun bir önemi yoktur. Ya da yaşlı birinin düştüğünü gördüğümüzde, onu tutup kaldırmak hepimizin yaptığı, insani bir davranıştır. Bu da bizim, insan oluşumuzdan kaynaklı bir şeydir. Kısacası, içimize kodlanan bu değerler; aslında evrenseldir ve herkeste vardır.

Bakın, iyi bir insana ait özelliklerin anlatıldığı surenin adı "İnsan"dır. Allah (C.C.) bu surenin ayetleriyle bize; kulluğun nasıl bir yolculuk olduğunu ve bu yolculuk sırasında neye tutunmamız gerektiğini anlatarak; bizi "ebrar" olmaya davet ediyor. Ancak nankör mü, yoksa şükreden biri mi olacağımız cüzi irademize; yani bize bırakılıyor Dikkatli olmalı, doğru tercihlerde bulunmalıyız.

Gelin, biraz daha detaya inerek; iyi bir insana ait özellikleri, hayatımıza nasıl uygulayabileceğimizin üzerinde duralım.

Her insanın bazı sorumlulukları vardır. Aslında, genel manada baktığımızda, Allah'ı razı etmek için yapmamız gereken bu sorumlulukları iki ana bölümde inceleyebiliriz:

1- Kendimize bakan yönüyle, Allah (C.C.) ile münasebetimizdeki vazifelerimiz

2- Bizim haricimizdekilere; insanlara, topluma, tabiata karşı olan vazifelerimiz

Birinci madde oldukça nettir: Farzları yerine getirmek, haramlardan kaçınmak, ibadetleri yapmak, İslam'ın şartlarını yerine getirmek, kendimize bakan yönüyle Allah'a (C.C.) karşı olan sorumluluklarımız kapsamındadır.

İslam'ın şartlarını yerine getirmek, imanın gerekliliklerini kabul etmek, Allah (C.C.) ile olan ilişkimizi düzenler. Bunlar, bireysel yolculuğumuzun da önemli birer parçasıdır.

Kendimiz haricinde olanlara karşı sorumluluklarımız ise biraz karmaşıktır. Burada, kendilerine karşı sorumlu olduklarımız; ailemiz, yaşadığımız toplum, tanıdığımız ya da tanımadığımız insanlar olabilir. Hatta; hayvanlara, bitkilere ya da tabiata karşı olan sorumluluklarımız da bu kapsamda sayılabilir.

Maalesef bazıları, bireysel sorumluluklarını yerine getirdiği zaman, işin bittiğini sanıyor. Fakat bu, doğru değildir. Bizim, kendimiz haricindeki yaratılmışlara karşı da sorumluluklarımız vardır.

İyi bir insan olabilmek için, her iki alandaki sorumluluklarımızı da yerine getirmeliyiz. İnsan; gece-gündüz ibadet ediyor, binlerce rekât namaz kılıyor ya da senenin her günü oruç tutuyor olabilir. Bu, o kişinin birinci bölümdeki vazifeleri ile ilgilidir. Ancak bir kişinin ibadetlerini yerine getiriyor oluşu ona; başkalarına zulmetme, eşine, çocuklarına şiddet uygulama, komşularına kötü davranma, trafik kurallarını ihlal etme ya da hayvanlara kötü davranma hakkını vermez. Namaz kılıyor olması, kişinin ticarette hırsızlık yapabileceği anlamına gelmez. Bu durum, zaten inanan kişinin Allah'a (C.C.) verdiği söze de terstir. "Ebrar" olabilmek için, her iki alandaki sorumluluklarımızı da yerine getirmemiz gerekiyor. Bu, çok önemli; fakat ne yazık ki çoğumuzun atladığı bir alandır.

Allah (C.C.), "ebrar" olarak tanımladığı iyi insanların özelliklerini belirtirken, surenin 7. ayetinde şöyle buyuruyor: "Yûfûne bin nezri ve yehâfûne yevmen kâne şerruhu mustetîrâ. - Bu kullar, dünya hayatında iken sözlerinde durur, adadıkları şeyi yerine getirir ve felaketi bütün ufukları tutan kıyamet gününden endişe ederlerdi."

Ayette, "yûfûne bin nezri" ifadesi kullanılıyor. Buradaki "nezr" kelimesi; "adak, gönüllü olarak söz vermek, uyarmak, nasihat etmek" anlamlarına gelir. Bu kelimenin kullanımıyla ayette mealen; "Onlar adaklarını yerine getirir, sözlerini tutar, nasihat ederler." deniliyor.

Bizim Allah'a (C.C.) verdiğimiz sözler var. Ta "bezm-i elest"te bize; "Ben sizin Rab'biniz değil miyim?" diye sorduğunda; "Bela. - Evet Sen, bizim Rab'bimizsin, biz de Sen'in kulunuz. Sana karşı sorumluluklarımız var. Emrettiklerini yerine getirip, yasakladıklarından uzak duracağız." diyerek Allah'a (C.C.) bir söz verdik. (Bezm-i Elest için bkz.)[8] Bu sözleri tutmak zorundayız.

Bizim, hem Allah (C.C.) ile olan ilişkimizle ilgili, hem de diğer yaratılmışlarla ilgili sorumluklarımız var. Ve bunların hepsi "nezr" kapsamındadır.

Bunu, daha net anlaşılması adına şöyle bir örnekle somutlaştırabiliriz:

---

8. Bezm-i Elest: Allah (C.C.) ile yaratılışları sırasında insanlar arasında yapıldığı kabul edilen ilk sözleşme için kullanılan bir terimdir. Kelime; Allah'ın (C.C.) ruhları yarattığı ve onlara "Ben, sizin Rab'biniz değil miyim?" (A'râf 172) diye sorduğu, ruhların da "Evet, Rab'bimizsin!" diye cevap verdiği ortamı tarif eder.

Bir öğretmen düşünün! Bu öğretmenin sınıfa gelip öğrencilere; "Bu hafta için size üç tane ödev veriyorum." dediğini hayal edin. Buna göre; sorumluluklarını yerine getirmiş olması için, bir öğrencinin, öğretmenin verdiği bu üç ödevi yapması gerekiyor. Ancak tam o sırada bir öğrenci ayağa kalkıyor ve öğretmene; "Ben, sizin verdiğiniz ödeve üç tane daha ilave edip, bu hafta altı tane ödev hazırlayacağıma dair söz veriyorum, bu ahdim olsun." diyor.

Aslında, öğretmenin verdiği üç ödevi yaptığında görevini yapmış olacaktı, fakat bu öğrenci; kendi eklediği üç tane daha ödevle birlikte, bahsettiği altı ödevi de yapınca, bu durum artık "nezr" oluyor. Dikkat edin! Buradaki "nezr" öğretmenden değil, öğrenciden geldi. Öğrenci; "Sana şu sözü veriyorum ve verdiğim bu sözü tutacağım, şunları yapacağım." dedi. İşte bu örnekteki gibi, bizim de Allah'a (C.C.), O'na kul olacağımıza dair verdiğimiz bir sözümüz var.

Allah (C.C.), Âl-i İmrân suresinin 110. ayetinde, "Siz insanların iyiliği için meydana çıkarılmış en hayırlı ümmetsiniz: İyiliği yayar, kötülüğü önlersiniz; çünkü Allah'a inanırsınız." buyuruyor. Bu ayet, Müslümanların sorumluluklarını ve toplumda nasıl bir rol üstlenmeleri gerektiğini vurguluyor. İyiliği yaymak ve kötülüğü engellemek, müminlerin temel görevlerindendir. Ayette mealen; inanan kişinin, insanlığa örnek olması gerektiği ve Allah'a inanmanın da bu sorumlulukların yerine getirilmesi için temel bir unsur olduğu ifade ediliyor. Ayette, aslında toplumun iyiliği için iyi bir insan olacağımızı taahhüt ettiğimiz ve Allah'a (C.C.) bu konuda da söz verdiğimiz manası var.

Unutmayın! Biz; sadece bireysel ilişkimizi değil, bulunduğumuz toplumu güzelleştirmek için de Allah'a (C.C.) söz verdik. İnsanlık için faydalı olacağımıza, çevremizi güzelleştireceğimize dair taahhütlerimiz ve bu konuda da sorumluluklarımız var. Bu sorumlulukları yerine getirirken de; yalan söylememek, iftira atmamak, insanlara zulmetmemek, sahtekârlık yapmamak, komşulara eziyet etmemek gibi birçok değeri göz önünde bulundurmalıyız.

Düşünün şimdi! Ehliyet aldığımızda bile, aslında devletle bir anlaşma imzalamış ve trafikte belirlenen kurallara uyacağımıza dair söz vermiş oluyoruz. Dolayısıyla, hız sınırına dikkat etmemek ya da kırmızı ışıkta durmamak da; verdiğimiz sözü tutmadığımız anlamına geliyor. Hayatın her alanına bu perspektifle bakılabilir.

Mesela; bir iş adamı düşünün! O; toplumun, çalıştırdığı personelin, belki de müşterilerinin ihtiyaçlarını gözetmekle yükümlüdür. Ya da bir yazılımcının insanlara, özellikle de gençlere, uzmanı olduğu alanla ilgili yardım etmesi, faydalı olması gerekir. Matematiğe yatkın, bu konuda iyi olan birinin; başkalarına bu alanla ilgili bilgi vermesi, insanlığa faydalı olması, onlara yardım etmesi gerekir. Kısacası tüm bunlar, bahsedilen o kişilerin, topluma karşı olan sorumlulukları kapsamındadır. Dikkat edin, bu aksiyonlar aynı zamanda "ebrar" olmanın da gereğidir.

İçinize dönüp kendinize sorun! Siz hangi alanda yeteneklisiniz? Kimlere, nasıl ve hangi alanlarda yardım edebilirsiniz? Sahip olduklarınızı, yeteneklerinizi keşfetmeli ve onları kullanarak topluma nasıl faydalı olabileceğinizin yollarını bulmalısınız. Bu konudaki bakış açınızı geliştirmelisiniz. Topluma, insanlara faydalı olmak için illa zengin olmanıza, devlet başkanı ya da bir sanatçı, bir profesör olmanıza gerek yok. Çünkü herkesin insanlığa verebileceği bir şey vardır.

Yaşadığımız sokağı temiz tutmak; nerede olursak olalım, bulunduğumuz yeri güzelleştirmeye çalışmak, sınıfta işlenen dersi sabote etmemek, sıra beklerken başkalarının önüne geçmemek, ağaçlara zarar vermemek, yere çöp atmamak, kötü bir şeyi engellemek, bir insanı ya da canlıyı korumak gibi aklınıza gelebilecek, küçük sanılan davranışlar bile aslında, insanın başkalarına karşı olan sorumlulukları kapsamına girer.

Bir diğer önemli nokta da şudur: Herkesin, verdiği söz; kendi kapasitesine göredir.

Sakın, "Ben daha on beş- on altı yaşındayım. İnsanlığa nasıl faydalı olabilirim?" gibi düşüncelere kapılmayın! Allah (C.C.), her insanı en mükemmel şekilde yarattı. Kendi Ruhundan üfledi. Her insana onu, meleklerden daha üstün makama çıkarabilecek bir kapasite verdi. Bu nedenle, yapabileceklerinize sınır koymayın! "Benim elimden ne gelir ki?" demeyin. Çünkü insan; marketteki yaşlı bir teyzenin torbalarını taşıyarak veya bir sokak hayvanının su ihtiyacını gidererek; topluma faydalı olabilir. Ya da sınıftaki bir arkadaşına, zorlandığı bir konuda yardım ederek bunu yapabilir.

Kısacası; "iyi insan" olmak için, illa büyük işler yapmaya gerek yoktur. İnsan, içindeki iyilik potansiyelini keşfettiğinde; yaşı, makamı ne olursa olsun; insanlığa verecek muhakkak bir şeyi olduğunu görecektir. Her insan; iyi insan olmanın gereğini yerine getirebilecek, topluma katkıda bulunabilecek bir potansiyelde yaratılmıştır. Yeter ki bunu idrak edelim ve harekete geçelim.

Allah (C.C.), 7. ayetin ikinci bölümde "ebrar"a ait başka bir özellikten daha bahsediyor. Ayette; "Kâne şerruhu mustetîrâ. - Felaketi bütün ufukları tutan kıyamet gününden endişe ederlerdi." buyuruluyor. Burada geçen "mustetîrâ" kelimesi; "salgın gibi yayılmak, uçmak, uçuşmak" anlamlarına gelir. Kelimenin türevlerinden olan "istitara" kelimesini de Araplar, "istitara seyf" olarak; yani "kılıcın kınından çıkartılması" aksiyonunu ifade etmek için kullanıyorlar.

Bunu nasıl anlamalıyız?

Bizim, sorumluluklarımızı yerine getireceğimize dair Allah'a (C.C.) bir sözümüz var. Ayette, kıyamet gününün zorluğu ve şerri, her gün kınından çıkan bir kılıca benzetiliyor. Ve o gün geldiğinde sözümüzü yerine getirip getirmediğimiz konusunda endişe içinde olacağımız anlatılıyor.

Yani iyi bir insan, iyi bir Müslüman; tembel olamaz. O; verdiği sözün sorumluluğunu yerine getirmek için devamlı, "Acaba ne yaparsam topluma daha faydalı olabilirim?" diye düşünür. Eğer bununla ilgili bir proje üretemiyorsa, güvendiği insanlarla istişare edip, onların fikirlerini alır. Sürekli kendini geliştirmeye gayret eder. Çünkü verdiği sözün, sorumluluğunun farkındadır ve bu farkındalığının gereğini yerine getirmek için de sürekli aksiyon hâlindedir.

Allah (C.C.) sonraki ayette, "ebrar"ın özellikleriyle ilgili şöyle buyuruyor:

İnsan 8- "Kendileri de ihtiyaç duydukları hâlde yiyeceklerini; sırf Allah'ın rızasına ermek için fakire, yetime ve esire ikram ederler."

Yani "ebrar" olanlar; verdikleri sözü, başkalarına yardım ederek tutarlar.

Bu ayette iki anlam bulunuyor. Bunları şöyle açıklayabiliriz:

1- Onlar, Allah'ı (C.C.) razı etmek için yedirirler.

2- Onlar, sevdiği bir yiyecek olduğunda; başkalarına da ikram ederler.

İnsanların, sadece Allah'ı (C.C.) memnun etmek için aksiyon almaları, gayet anlaşılır bir durumdur. Birinci mana, aslında tam da bunu anlatır. İkinci mana ise biraz daha farklıdır. İkinci manada; iyilerin, sadece tüketici olmadığı anlatılır. Bu maddeye göre; "ebrar" olanlar, güzel bir yemek yediklerinde; "Bunu çok sevdim. Hemen şuna da ikram edeyim ki o da bu güzel nimetten yesin." hissiyatıyla, başkalarına da ikram ederler. Ya da sevdikleri bir şeyi aldıklarında; hemen başkalarıyla paylaşmak isterler. Yani onlar; almaktan değil, vermekten memnun olurlar. Çünkü yaptıkları ikram karşısında, muhataplarının tebessüm etmesi; onlara, yediklerinden daha fazla lezzet verir. Evlatlarımızı böyle yetiştirdiğimizde, toplumun nasıl güzelleşeceğinin farkında mıyız? Paylaşmak, bencil olmamak Kur'an'da; iyi insanların en önemli özelliklerinden biri olarak tarif ediliyor.

Burada, önemli bir detaydan daha bahsedelim. Ayette, sadece birine yemek yedirmekten bahsedilmiyor. Burada; yemek yedirmenin yanında, o kişiye yemek yapmayı öğretmek gerektiği de anlatılıyor. Yani "ebrar" olanların; topluma sadece vermekle kalmadıkları, onların; başkalarına nasıl verileceğini de öğrettikleri ifade ediliyor. Bu kişiler; prodaktif, üretken bireylerdir. Onlar; fakir birine sadece maddi anlamda destek olmazlar, ona kendi parasını nasıl kazanacağını da öğretirler. Bunun nasıl büyük bir yardım ve iyilik olduğunun farkında mıyız?

İşte bu yapılanların hepsi, bizim Allah'a (C.C.) verdiğimiz sözlerin kapsamı içindedir. Çünkü biz dünyanın güzelleşmesi için elimizden ne geliyorsa yapmaya, bunu yaparken de beklentisiz olacağımıza söz verdik.

Allah (C.C.), bu beklentisizlik hâlini de şöyle anlatıyor:

İnsan 9- "Ve derler ki: 'Biz size sırf Allah rızası için ikram ediyoruz, yoksa sizden karşılık istemediğimiz gibi bir teşekkür bile beklemiyoruz.'"

Resulallah'ın (S.A.V.) torunlarından Hüseyin'in (R.A.) oğlu olan Zeynel Abidin (R.A.), bu konuda verilebilecek en güzel örneklerden biridir. O (R.A.), Medine'de fakir ve kimsesizlere yardım etme konusunda büyük gayret gösterirdi. Çok sayıda fakire yardım ettiği hâlde, bunu hiç kimseye fark ettirmezdi. Gece karanlığında, sırtında un taşıyarak insanların ihtiyaçlarını giderirdi. Sürekli bu işi yapmasına rağmen, hiç kimse onun bu işi yaptığını bilmiyordu. İnsanlar, ancak vefatından sonra; cenazesi yıkanırken sırtındaki nasırlaşmış yerlerle karşılaştıklarında durumun farkına varabildiler.

Zeynel Abidin (R.A.), yaptıklarını sadece Allah'ı (C.C.) razı etmek için yapıyordu. Dolayısıyla, kimsenin yaptıklarını görmesine ihtiyaç duymuyordu. O, bu yardımları; Allah'a (C.C.) verdiği sözün bir gereği olarak görüyor ve zaten yapılması gereken bir vazifeyi yerine getirdiğini düşünüyordu. Yani Zeynel Abidin (R.A.); bu iyiliği "ebrar" olduğu için, Allah'ı (C.C.) razı etmek ve O'nun (C.C.) azabından korunmak için yapıyordu.

Bu karakterdekiler; yaptıkları iyilikleri insanlara jest yapmak ya da onlardan takdir görmek için değil, Allah'a (C.C.) verdikleri sözü yerine getirmek için yaparlar. Böyle davrananların nasıl mükâfatlandırılacağı da İnsan suresinin 11-22. ayetlerinde şöyle anlatılır:

İnsan 11- "Allah da onları o günün felaketinden korur, onların yüzlerine nur, gönüllerine sürur verir."

İnsan 12- "Sabretmelerine karşılık; onlara cennetler, ipekler ihsan eder."

İnsan 13- "Koltuklarında diledikleri gibi dinlenir, orada ne güneş sıcağı görürler, ne de dondurucu soğuklara uğrarlar."

İnsan 14- "Cennet ağaçlarının gölgeleri üzerlerine sarkar, meyveleri devşirmeleri pek kolay olur."

İnsan 15;16 "Etraflarında hizmet edenler gümüş kaplar, billur kâseler, gümüşî parlaklıkta billur kupalarla dolaşır, onlara ikram ederler. Cennetlikler içeceklerini kendi iştahları ölçüsünce tayin ederler."

İnsan 17- "Onlara karışımında zencefil bulunan kadehler ikram edilir."

İnsan 18- "Bu içecekler, adı Selsebil olan pınardandır."

İnsan 19- "Etraflarında ebedî cennet çocukları dolaşır durur ki, onları gördüğünde parlaklıklarından ötürü etrafa saçılan inciler sanırsın."

İnsan 20- "Hangi tarafa baksan; hep nimet, servet, ihtişam, büyük bir saltanat görürsün."

İnsan 21;22 "Elbiseleri ince veya kalın yeşil renkli ipeklerden, atlaslardandır. Gümüş bilezikler takınırlar. Onların Rab'bi, kendilerine tertemiz bir içki ikram edip şöyle demiştir: 'İşte bütün bunlar sizin mükâfatınızdır! Gayretleriniz makbul oldu.'"

Allah (C.C.), 21 ve 22. ayette mealen; onların yaptıklarını, gayretlerini gördüğünü ve karşılık olarak da onlara bizzat Kendi'sinin ikramda bulunacağını bildiriyor.

Durun ve o sahneyi hayal etmeye çalışın!

İpekten giysiler giymişsiniz. Mücevherlerinizi takmış, süslenmişsiniz. O anda size seslenilip, mealen; "Sen her zaman sabırlı oldun ve iyilik yapmaya çalıştın. Bütün bunları, hiçbir şey beklemeden yaptın. Bazen zorlandın, hatta hakarete uğradın; ama umursamadın ve iyilik yapmaya devam ettin. Allah (C.C.), her şeyi biliyor ve şimdi seni bizzat mükâfatlandıracak." deniliyor.

Bunun, nasıl bir nimet olduğunun farkında mısınız? Bu hitabı duymak için biraz zorluk çekmeye değmez mi?

Toparlayalım.

İyi insan olmanın kıymetinin bilinmediği, verilen sözlerin tutulmadığı, insanların kolayca sözlerinden cayabildikleri bir dönemde yaşıyoruz. Maalesef, çoğu zaman detaylara konsantre oluyor ve işin temeli olan bazı noktaları atlıyoruz. İslam, temeli "Lâ ilâhe illallâh" üzere kurulu olan muhteşem bir sistemdir. Bu sistemin temellerini de iyi insan olma ve salih amel işleme oluşturur.

Hepimizin topluma karşı sorumlulukları var. İbadet ediyoruz diye, bu sorumlulukları atlayamayız. Bir kişinin, dinin emirlerini yerine getiriyor olması; onun ahlakının da güzel olduğu anlamına gelmez. Ömer'in (R.A.), şu sözü: "Kişinin namazı ve orucu sizi aldatmasın. Siz; onun dinarına ve dirhemine bakın." bu konuda bizim için önemli bir ölçüdür.[9]

Bir insanın güzel ahlaklı olup olmadığını mı anlamak istiyorsunuz? Onun insanlarla ilişkilerine, ticaretine, verdiği sözleri yerine getirip getirmediğine bakın!

Kişinin Allah (C.C.) ile olan ilişkisi, bu ilişkideki sorumlulukları kendine özeldir. Ancak başkaları ile olan ilişkileri ve başkalarına karşı olan sorumlulukları tüm insanlığı, hatta her varlığı etkiler.

Nerede olursak olalım, hangi toplumda yaşarsak yaşayalım; başkalarına faydalı bir birey olmalıyız. İnsanlar bize bakıp, "İyi ki varsın!" demeli.

---

9. Kenzul-Umman, h. no: 8436

İçimdeki Turkuaz

Burada durup bir düşünelim. İnsanlar bizim için böyle diyorlar mı? Aile fertlerimiz, akrabalarımız, komşularımız, iş arkadaşlarımız, sınıfımızdakiler bizim için, "İyi ki varsın." diyor mu? "Sen varsın ya, ondan hayatım güzel." diyorlar mı? "Sen varsın diye kendimi iyi hissediyorum. Senin varlığın, bana kendimi iyi hissettiriyor." diyorlar mı? Şayet insanlar, hakkımızda bunların tam tersini söylüyorlarsa; bu, durumun biraz sıkıntılı olduğunu gösterir.

İnsanlar bize baktıklarında, Allah'ı (C.C.) hatırlamalı; iyiliği, güzelliği hatırlamalılar.

Kendimize soralım! İnsanlar bir problemleri olduğunda, çözüm için bize gelebiliyor mu? Güvenilir miyiz, sözümüzün eri miyiz?

İslam, bizi güzelleştirmeli; hâlimizi, tavrımızı, konuşmalarımızı, niyetimizi, kısacası tüm aksiyonlarımızı iyileştirmeli. Yaşı, cinsiyeti, ırkı, mesleği ne olursa olsun; herkes "ebrar" olabilir. Yeter ki isteyelim! Allah (C.C.), iç dünyamıza bunun kodlarını yerleştirmiş. Kadın-erkek, genç-yaşlı, çoluk çocuk fark etmez; hepimizde o potansiyel var.

Sakın, "Yaşım küçük, ben insanlığa ne verebilirim ki?" demeyin! Sınıf arkadaşınızın yere düşen kalemini kaldırıp tebessümle ona vermek de insanlara yardımcı olmaktır ve "ebrar"ların davranışlarından sayılır. Bunu yaptığınızda, siz de "ebrar" olursunuz; Allah (C.C.) sizden razı olur ve herkes tarafından sevilirsiniz.

Allah (C.C.) bizi; sevdiği o iyi insanlardan, ebrarlardan eylesin. (Amin)

7- Zihinsel ve Manevi Kölelikten Kurtulmanın Formülü: Kur'anî Disiplinler

Bu bölümde; insan hayatını derinden etkileyen, ancak birçoğumuzun farkında bile olmadığı bir konuyu ele alacağız. Konumuz: Manevi ve zihinsel kölelik. Kulağa biraz sarsıcı geliyor, değil mi? Demokrasi, özgürlük, teknoloji gibi kavramların çok önemli olduğu çağımızda, bir insanın köle oluşu, anlaşılması zor görünen bir meseledir. Ancak, bu bölümü okuduğunuzda göreceksiniz ki belki de insanlık tarihinde, köleliğin en çok yaşandığı dönemlerden birindeyiz.

Peki, burada nasıl bir kölelikten bahsediyoruz?

Üzerinde durduğumuz konu: Zihinsel ve manevi kölelik.

Gelin bu kavramların daha iyi anlaşılması adına, konuyu biraz açalım. Öncelikle, bazı soruların cevapları üzerinde duralım.

Kölelik ne demek? Bir insan nasıl köleleştirilir? Kölelikten kurtulmak için ne yapmak gerekir?

Bu sorulara; Firavun ve İsrailoğulları kıssası üzerinden cevaplar bulacağız.

Musa (A.S.) döneminde Mısır, Firavun tarafından yönetiliyordu. Firavun, toplumu parçalara bölmüş ve herkesi İsrailoğullarına düşman etmişti. İsrailoğulları, o dönemin müminleriydiler. Ancak Firavun; onların çoğalmalarını ve toplumda etkin olmalarını istemiyordu. Bunun için de İsrailoğullarını, herkesin ortak düşmanı ilan etmişti. Bu durum, yüzyıllarca devam etmişti.

Firavun, İsrailoğullarını gettolara hapsetmiş, ötekileştirmiş ve en temel insani ihtiyaçlarından bile mahrum bırakmıştı. Bu şekilde davranarak, aslında bir kast sistemi kurmuştu. Allah (C.C.), bu konudan Kur'an'da çok bahseder. Örneğin Kasas suresinin 4. ayetinde bu durum şöyle anlatılır:

"Doğrusu Firavun (Mısır) ülkesinde ululuk taslayıp, ülke halkını grup grup ediyor, içlerinden bilhassa bir topluluğu aşağılayıp eziyor, erkek çocuklarını boğazlayıp, kadınlarını ise (kullanmak ve yerli halkla evlenmeye zorlayarak söz konusu topluluğun nüfusunu kurutmak için) hayatta bırakıyordu. O, gerçekten tam bir bozguncu idi."

Bu ayeti nasıl anlamalıyız?

Ayette anlatılanları daha iyi anlayabilmek için, konunun arka planından da biraz bahsedelim.

Musa (A.S.) öncesinde, o bölgede Yusuf (A.S.) yaşamıştı. Yusuf'un (A.S.) devlet yönetimindeki stratejileri sayesinde devlet giderek güçlenmişti. Özellikle yaşanan kıtlık döneminde, bölgede bulunan yaklaşık yirmi krallık zayıflamış ve sonunda Mısır'ın hakimiyeti altına girmek zorunda kalmıştı. Bu süreç, yüzyıllar boyunca hüküm sürecek ve dönemin süper gücü hâline gelecek bir imparatorluğun temelini oluşturdu. Mısır, yalnızca askerî gücüyle değil, kültürel etkisiyle de dünyaya yön veren bir medeniyet hâline geldi. Hatta bu gücün bir sembolü olarak, günümüzde hâlâ Amerikan dolarının üzerinde bir piramit resmi bulunmaktadır.

İşte Firavun, elindeki bu etkili güçle, toplumu fırkalara bölmüştü. Toplum; değişik ırk ve dinlerden olan pek çok fırkadan oluşuyordu. Her fırka, birbirleri ile mücadele hâlindeydi. Firavun; "Parçala, böl, yönet." stratejisini kullanmış ve toplumdaki hakimiyetini kuvvetlendirmek istemişti. Firavun'un yaptıkları bununla sınırlı da değildi. O, kendi gücünü devam ettirmek için; herkesin düşman olduğu bir topluluk oluşturdu. Bu düşman da İsrailoğullarıydı.

Peki Firavun, böyle yaparak neyi amaçlıyordu?

Firavun; İsrailoğullarının çoğalmasını, toplumda etkin olmasını engellemek istiyordu. Bunun için de onları, herkesin ortak düşmanı ilan etmişti.

Firavun'un bunu sağlamak için yaptığı propagandanın nasıl işlediğini de şöyle açıklayalım: Bu toplulukta; A, B ve C gibi, birbirlerinden farklı fırkalar vardı. A ve B fırkaları, kavga hâlindelerdi ve sürekli birbiriyle çarpışıyorlardı. Fakat konu; C fırkası olan İsrailoğulları olduğu zaman, "Düşmanımın düşmanı, benim dostumdur." düşüncesiyle, aynı tarafta olup İsrailoğullarına karşı birlikte saldırıyorlardı.

Firavun, gücünü korumak ve hakimiyetini sürdürmek için her yolu mübah görüyordu. Öylesine zalimdi ki İsrailoğullarının yeni doğan erkek çocuklarını katlederken, kız çocuklarını ise kendi çıkarları doğrultusunda kullanmak üzere hayatta bırakıyordu. Zulmünün boyutunu anlamak için dönemin anlatılarına bakmak yeterlidir; o dönemde Nil Nehri'nin bebek cesetleriyle dolduğu söylenir.

Yaşanan bu dehşeti hayal etmeye çalışın! Bebeğiniz doğmuş, fakat onu henüz bağrınıza bile basamamışsınız. Askerler evinizin etrafını sarıyor ve bebeğinizi sizden alıyorlar. Bebeğinizi, gözlerinizin önünde öldürüyorlar ve siz bu duruma itiraz dahi edemiyorsunuz. Üstelik bu kölelik, bu baskı ve zülüm yüzyıllarca sürüyor.

Düşünün! Kölesiniz; gece-gündüz durmadan, karın tokluğuna çalıştırılıyorsunuz. Öyle ki hayatınız; "Kalk, karnını doyur, çalış ve yat." gibi bir döngüde geçiyor. Bütün insani haklarınızdan mahrumsunuz. İnancınızı yaşamanıza, mal-mülk edinmenize izin verilmiyor. Hatta gelecekte devlete zarar verme ihtimali endişesiyle, erkek çocuklarınız öldürülüyor. Kız çocuklarınız, hanımınız ise kötü yolda kullanılmak için alıkoyuluyor ve siz hiçbir şekilde buna itiraz edemiyorsunuz.

Duygularınızın, düşüncelerinizin hiçbir önemi yok. Size, sanki bir makineymişsiniz gibi muamele ediliyor. Mesela, piramitlerin inşaatında büyük zorluklarla çalıştırılıyor, sizinle beraber çalışan insanların;

taşların ağırlığı altında ezilip, vefat ettiğine şahit oluyorsunuz. Bununla ilgili hiçbir önlem alınmadığı gibi, ölen işçilerin yerine; sanki hiçbir şey olmamışçasına hemen yeni işçiler getirilerek inşaata devam ediliyor.

Bakın, bu soykırım ve zulümler, periyodik olarak yıllarca devam ediyor. Fakat siz, bütün bunlar karşısında, hiçbir şey yapamıyor, hiçbir hak iddia edemiyorsunuz. Çünkü ne zaman biri hakkını almak istese, onun öldürüldüğüne şahit olmuşsunuz. Bu nedenle de çaresizce, bu zorbalığa, yapılan zulme katlanıyorsunuz.

Firavun öyle zalim, öyle zorba biriymiş ki; adam öldürmek için bir sebebe ihtiyacı yokmuş. Örneğin, "Bana neden öyle baktın?" diyerek bile birini öldürebiliyormuş. Böyle yaparak, hakkını savunmak isteyenlerin de cesaretini kırarmış.

Böyle bir psikolojiyi yaşadığınızı düşünün! Kölesiniz, üzerinizde inanılmaz bir baskı var ve bu durum, yüzyıllarca devam ediyor.

İşte Allah (C.C.), böyle bir ortamda; Musa'yı (A.S.) peygamberlikle vazifelendiriyor. Daha sonra da Musa (A.S.) ile inananları, denizi yararak, mucizevi bir şekilde özgürlüklerine kavuşturuyor. Tevrat'ta, 600.000'den fazla insanın, denizi geçerek zulümden kurtarıldığı anlatılır.[1]

Düşünsenize, asırlarca baskı altında yaşayan binlerce insanı; Allah (C.C.) köle gibi yaşamaktan, köle psikolojisinden kurtarıyor.

Peki, bu insanlar gerçekten özgürleşiyorlar mı?

İşte, bu bölümde asıl üzerinde duracağımız konu da zaten bu. Analiz edildiğinde görülüyor ki, baskıcı toplum ile o toplum tarafından baskılanan sınıf arasında, mantıken anlaşılması zor bir bağ oluşuyor. Dünya üzerinde, bunun birçok örneğini görmek mümkündür. Mesela;

---

1. Çıkış, Shemot 12:37

Japonlar, Çinlilere bunu yapmışlar. Yine İngilizler, dünyanın birçok ülkesini sömürmüşler. Bakın Pakistan, Hindistan, Bangladeş gibi birçok ülke; bir dönem sömürge olduklarından, resmî dil olarak hâlâ İngilizce konuşuyorlar ve kaynaklarını sömüren İngilizlere karşı bir hayranlıkları var. Bunun daha birçok örneğini bulabiliriz.

Şöyle düşünün: Bir imparatorluk, bir ülkeyi fethettiğinde, o ülkenin genel işleyişine müdahale etmez. Örneğin, çiftçi olan birisi mesleğine devam eder ve bu durum ekonomiye katkı sağlar. Ancak fethi gerçekleştirenler; fethedilen toplumun kültürünü kendi kültürleriyle değiştirmek ve onları zihinsel olarak kontrol altına almak isterler. Bu nedenle de bazı girişimlerde bulunurlar. Bu; silah zoruyla üzerlerinde egemenlik kuramayacakları geniş kitleleri, kültürel olarak etkilemelerini ve yönetmelerini sağlar.

Daha iyi anlaşılması için, bu konuyla ilgili şöyle bir örnek verelim.

Amerikalılar, Vietnam Savaşı'nda yenilmişlerdi. Kitleleri hakimiyetleri altına alamadıklarını fark ettiklerinde de; "Wining Hearts and Minds Campain - Kalpleri ve Zihinleri Kazanma Kampanyası" adını verdikleri, yeni bir stratejiyi uygulamaya başladılar. Yenilgi sonrası uygulanan bu kampanyanın, kitleler üzerinde inanılmaz bir etkisi oldu. Yani Amerikalılar, silah zoruyla sağlayamadıkları hakimiyeti; kültür, spor, müzik, moda gibi enstrümanlarla elde ettiler. Bu sayede de insanlara kendi kültürlerini empoze edip, zihinleri köleleştirme fırsatı buldular.

Hollywood'un bu konuda inanılmaz bir etkisi vardır. O dönemde çekilen; "Rambo, Rocky" gibi propaganda filmleri, büyük yankı uyandırmıştı. Yine "Mc Donald's, Coca Cola" gibi markalar, bu dönemde dünyanın her yerine yayılmıştır. "Amerikan rüyası, Amerikan gençlik filmleri"ni o kadar etkili kullanıyorlar ki binlerce insan, Amerika'ya hayran hâle geliyor. Ve böylece silahla fethedemedikleri yerleri, kültürlerini empoze ederek fethediyorlar.

Tarihteki birçok imparatorluk, bu stratejiyi uygulamıştır. Mesela; Roma dönemindeki kolezyumlar; gladyatörlerin savaşması, eğlenceler düzenlenmesi; hep bu strateji için yapılan aktivitelerdir. Bu hamlelerle; öyle bir üst kültür oluşturuluyor ve insanlar buna hayran bırakılıyor ki; toplumda alt sınıfta olan biri bile karnını doyuracak parası olmadığı hâlde; bu kültürü uygulamaya çalışıyor. Bu zihin yapısını, iyi anlamaya çalışın!

İnsanlar, yaptıkları bu propagandalarla; o ülkeye özgürlük, adalet getirmiş gibi görünüyorlar. Fakat yaptıkları her şey, aslında kendi kültürlerini empoze etmek için kullandıkları bir argümandır. Kendi kültürel kodlarını, insanların zihinlerine işlemek için, milyarlarca dolar para harcarlar. Bu stratejiyi uygulayanlar; onları, ailenizden biriymiş gibi görmenizi isterler. Fakat onlar; hiçbir zaman sizi, kendilerinden biri gibi görmezler. Siz o kültüre o kadar maruz kalırsınız ki; bir süre sonra artık onların dilini konuşmaya, onlar gibi giyinmeye başlarsınız. Yaşadığınız toplumda öyle bir algı oluşturulur ki; X marka ayakkabı giymezseniz, X model telefon kullanmazsanız; kendinizi eksik hissedersiniz. Ya da X giyim tarzını benimsemez, saçlarınızı X model kestirmezseniz; güzel olmadığınızı düşünürsünüz. İşte bu şekilde kültürel bir propaganda uygulanarak, insanların zihinleri köleleştiriliyor.

Dikkat edin! Firavun da bu stratejiyi uyguladı. Piramitler gibi devasa yapıları inşa etti. Bu piramitlerin ihtişamı, nasıl yapıldığı; hâlâ merak konusudur. Firavun bu yapıları, özellikle nehir kenarına yaptırırdı. Bu sayede oradan geçenler onları görüp; "Yahu, şu yapının büyüklüğüne bak! Bunlar, dünyanın süper gücü olmalı, bunlarla uğraşılmaz. Baksana, bu yapıyı herkes yapamaz." der ve onun çok güçlü olduğuna ikna olurlardı.

Firavun; hak ve hakikati anlatmak için peygamber olarak gönderilen Musa'yı (A.S.) da benzer bir propaganda ile karalamaya çalışıyordu: "Bu; sizin hayat standardınızı bozmaya çalışıyor. Hani dünya üzerinde herkesin parmakla gösterdiği kültürünüz var ya; işte Musa, bunları yok etmek istiyor." diyor ve Musa (A.S.) ile bu argümanlarla mücadele etmeye çalışıyordu.

Firavun'un bu propaganda ile ne yapmaya çalıştığını iyi anlayın! O; devasa yapılar inşa ederek hem kendi toplumuna hem de çevre ülkelere hakimiyetinin büyüklüğünü göstermek istiyor ve âdeta onlara göz dağı veriyordu. "Bu yapılar, ancak güçlü bir devlet tarafından yapılabilir." algısı oluşturmaya çalışıyordu. Günümüzde de bazı devletlerin, bu stratejiyi izlediğini görüyoruz. Yani aynı propaganda devam ettiriliyor.

Ad kavmi, Semud kavmi de aynı şekilde davranmışlar. Yine Mekkeliler de benzer bir anlayışla; gücün sembolü hâline gelmişler. O dönemde, bölgedeki tüm kabilelerin putları Kâbe'de olduğundan, insanlar; "Bunlara karşı bir şey yapamayız. Zira, putumuz onlarda rehin." diyerek onlara karşı koyamamışlar.

Kısacası bazı fikirlerle, insanlar köleleştirilmiş. Günümüzde de aslında değişen bir şey yok. İnsanların düşünce tarzı, hayata bakışı, hayalleri kontrol edilmeye çalışılıyor. İsrailoğulları köleydi; baskı altındalardı; hiçbir hakları yoktu. Ne yiyeceklerine bile kendileri karar veremiyor; belki de oradaki efendilerinin artıklarını yiyorlardı. Onlara verilenler, çizilen sınırlar belliydi. Örneğin, "Şu saatte, şunları yiyeceksin. Bunlar haricinde bir şey yiyemezsin. Şu saatte uyuyabilirsin. Şu saatte yatacaksın; sonra kalkıp hemen çalışmaya başlayacaksın." gibi sınırlar ile yaşıyorlardı.

İsrailoğullarının hayatları buydu ve Allah (C.C.) onları, böyle bir durumdayken kurtarmıştı. Nehri geçmişlerdi ve artık özgürlerdi. Firavun, artık onların çocuklarını öldüremeyecekti. Askerler gelip; kızlarına, eşlerine el koyup kötülük yapamayacaklardı.

Görünüşte Firavun'un kölesi olmaktan kurtulmuşlardı, ama Allah (C.C.) İsrailoğulları kıssasının ilerleyen bölümlerinde bize; onların çok daha farklı bazı köleliklerinin kaldığını ve bu köleliklerin de en az Firavun hakimiyetindeki kölelik kadar kötü olduğunu bildiriyor.

Peki, bu nasıl bir kölelikti?

Zihinsel, duygusal ve manevi kölelik.

Bu kölelik tarzı, insanın ruhuna öyle işler ki; bundan kurtulmak için çok ciddi çaba sarf etmek gerekir. Bundan dolayı da İsrailoğulları kıssasının çok büyük bir bölümü, onların denizi geçtikten sonraki hayatlarını işlemektedir.

Gelin şimdi, bunun nasıl bir kölelik olduğunu ve bize bakan yönünü anlamaya çalışalım.

Şöyle düşünün: Yirmi sene, ağır şartlarda hapishanede kalsanız; özgürlüğünüze kavuştuktan sonra ne yaparsınız? "Hapishanede giydiğim kıyafetleri alayım; onları giymeyi özledim, tekrar giyeyim." der misiniz? Hapishanede verilen yemekleri özlediğinizden bahsedip; "Şu an önümde çeşit çeşit yiyecek var, ancak ben o hapishane yemeğini özledim." der misiniz? Eğer zihinsel köleliğiniz devam ediyorsa; zihni ve ruhi anlamda köleleştirilmişseniz, dersiniz.

Allah (C.C.), İsrailoğullarına nasıl kurtarıldıklarını mucizevi bir biçimde gösteriyordu. Onlar çöldeydi; çöl sıcak olduğundan, güneşin etkisinden korunmaları için Allah (C.C.) üzerlerine bir bulut verip onları gölgelendirirdi. Susadıklarında, on iki pınardan su fışkırtmış ve bu ihtiyaçlarını gidermişti. Protein ihtiyaçları giderilsin diye de gökten bıldırcın eti gönderiyordu. Yani avlanma, avlandıkları eti pişirilecek hâle getirme gibi işlerle bile uğraşmıyorlardı. İhtiyaçlarını gidermek için; ekin ekmek, o ekini biçmek zorunda değillerdi. Kısacası ihtiyaçları olan her şeyi; kölelik dönemlerindekine göre çok daha kolay ve fazla şekilde elde edebiliyorlardı.

Bahsettiğimiz bu insanlar, artık özgürlerdi; ancak Firavun onların zihinlerini öyle köleleştirmiş, kendi propagandasıyla öyle doldurmuştu ki ondan kurtulamadılar. Tıpkı, yukarıda arz edilen hapishane örneğinde olduğu gibi ellerinde daha iyisi olmasına rağmen; onlar eski kölelik dönemlerindeki hayatlarını istiyorlardı. Musa'ya (A.S.) gelip hâllerinden şikâyet etmeye başladılar. Allah (C.C.), onların bu durumlarını Kur'an'da şöyle anlatıyor:

Bakara 61- "Ve iz kultum yâ mûsâ len nasbira alâ taâmin vâhidin fed'u lenâ rabbeke yuhric lenâ mimmâ tunbitulardu min baklihâ ve kıssâiha ve fûmihâ ve adesihâ ve basalihâ, kâle e testebdilûnellezî huve ednâ billezî huve hayr, ihbitû mısran fe inne lekum mâ seeltum ve duribet aleyhimuz zilletu vel meskenetu ve bâu bi gadabin minallâh, zâlike bi ennehum kânû yekfurûne bi âyâtillâhi ve yaktulûnen nebiyyîne bi gayril hak, zâlike bi mâ asav ve kânû ya'tedûn."

"Bir vakit şöyle dediniz: 'Musa! Biz bir çeşit yemeğe imkânı yok katlanamayız. O hâlde bizim için Rab'bine yalvar da yerin bitirdiği sebzesinden, kabağından, sarımsağından, mercimeğinden, soğanından çıkarsın.' Musa da: 'Ne o! dedi. Siz, daha üstün olanı vererek daha düşük olanı mı almak istiyorsunuz? Pekâla şehre inin, işte istediklerinizi orada bulursunuz.' Üzerlerine aşağılık ve yoksulluk damgası basıldı ve neticede Allah'tan bir gazaba uğradılar. Evet öyle oldu! Çünkü onlar Allah'ın ayetlerini inkâr ediyor ve haksız yere peygamberleri öldürüyorlardı. Öyle oldu; çünkü onlar isyan ediyor ve haddi aşıyorlardı."

Dikkat edin şimdi!

İsrailoğullarının istedikleri; Mısır'da olan ve köleyken yedikleri yiyeceklerdi. Belki de o zamanlar; askerlerden geri kalanları, onların artıklarını yiyorlardı. Şu an, ellerinde daha iyileri vardı; ancak onlar eski kölelik hayatlarını istemeye başlamışlardı. Bunun sebebi: Kurtulamadıkları o zihin köleliğiydi.

Bakın bu psikoloji, sadece istedikleri yemeklerle ilgili değildi. Kendilerine göre; eskiden yaşadıkları o zor şartlarda bir düzenleri vardı. Ancak şimdi, bazı sorumluluk alanları olmaya başlamıştı. Belki de; "Önceden kafam rahattı, yemek için az bir erzak veriyorlardı; ama hiçbir şey düşünmek zorunda değildim. Şimdi çoluğa çocuğa bakmam lazım, çalışmam lazım, işe gitmem lazım." diyorlardı. Yani artık bazı sorumlulukları olduğundan, eski günlerini özleyen bir psikoloji içine girmişlerdi. Sahip oldukları mantık şuydu: "Biz köleydik, ama en azından dünyanın en güçlü devletinde yaşıyorduk; piramitlerimiz bile vardı. Öyle ya da böyle o ülkenin vatandaşıydık, dışarıdaki insanlar bize saygı gösteriyordu. Sen özgür olacağımızı söylemiştin, ama şu an çöldeyiz; hep aynı şeyleri yiyoruz, kimse bizi tanımıyor ya da umursamıyor. Üstelik üzerimize düşen sorumluluklar da artmıştı ve artık bir imparatorluğun vatandaşı bile sayılmıyorduk."

Psikolojilerini anlamaya çalışın! Köleydiler. Normal bir vatandaş olarak bile kabul edilmiyorlardı. Âdeta üzerlerine basılıyordu. Ötekileştirilmişlerdi; toplumdaki diğer grupların zevk ve isteklerini karşılamak için, sadece karın tokluğuna çalıştırılıyorlardı. Kölesi oldukları grup lüks içinde yaşarken, onlar ezilmişlik psikoloji içinde bir hayat yaşıyorlardı.

Peki Musa (A.S.) yanına gelip, hâllerinden şikâyet eden bu gruba nasıl cevap verdi?

Ayette onlara verilen cevapta "ihbitûn mısran" ifadesinin geçtiğini görüyoruz. Arapçada "mısran" kelimesi, "belde, şehir" demektir. Ayette, aynı anlamlara gelen "belden" veya "vadiyen" kelimeleri de kullanılabilirdi. Fakat Allah (C.C.) bu kelimeleri değil, "mısran - belde" kelimesini kullanıyor ve mealen; "O beldeye, mısrana gidin." buyuruyor.

Bakın! İsrailoğullarının Firavun'un zulmünden kaçtıkları beldenin ismi de "Mısır"dır. Aslında kulağa aynı gibi gelse de bahsettiğimiz iki kelimenin anlamı birbirinden farklı. Fakat Allah (C.C.); farklı kelimeleri, kulağa aynı gelen bir tonla kullanıyor ve âdeta Musa'nın (A.S.) diliyle İsrailoğullarına; "Siz zulüm yaşadığınız o beldeden, Mısır'dan kurtuldunuz; ama şimdi kendinize başka bir Mısır arıyorsunuz. Çünkü sizin zihinleriniz hâlâ köle." buyuruyor.

Bakın burası önemli! Mental, yani zihinsel kölelik; âdeta ruhun köleleştirilmesidir ve bu, fiziksel kölelikten daha tehlikelidir. İsrailoğulları, bunun somut bir örneğidir.

İsrailoğullarının bedenleri kölelikten kurtulmuştu, fakat onlar; kendilerini geliştirip değişim sağlamadıkları için, mental olarak köleleşmişlerdi.

Bunu, şöyle bir örnekle daha net bir şekilde anlayabiliriz:

Fiziksel şartlar perspektifi ile bakıldığında, İngiltere aslında küçük bir ada ülkesidir. Fakat bu küçük ada ülkesi, dünyanın birçok yerini yönetmiştir. Düşünün! Nasıl oldu da küçük bir ada ülkesi milyarları kendine hayran bıraktı? Bugün hâlâ, geçmişte İngiltere sömürgesi olan bazı ülkelerdeki insanlar; İngilizce konuşabilmeyi, senede birkaç defa Londra'ya gidebilmeyi ve İngilizler gibi giyinebilmeyi, üst sınıf bir insana ait özelliklermiş gibi algılıyorlar.

Peki, bu algı nasıl oluştu?

Pakistan, Hindistan gibi bazı ülkeler özgürlüklerini kazandılar ve İngiltere'nin sömürgesi olmaktan kurtuldular. Fakat o toplumlardaki bazı insanlar, bu durumun mental köleliğinden kurtulamadılar. İngilizleri bir üst kimlik olarak gördüklerinden, kendi özgürlüklerini yakalayamadılar. Yani kölelikleri, sadece form değiştirdi. Zihinlerindeki firavun yaşamaya devam etti. Köleliğe öyle alıştırılmış, öyle ezilmiş, öyle baskılanmış, manipüle edilmiş ve o kadar çok gaslightinge maruz kalmışlardı ki; başkalarının onlara bir şey yapmasına gerek yoktu, çünkü zihinlerine yerleşmiş firavun onlara yetiyordu.

Peki bu, günümüzde de devam ediyor mu? Tabi ki ediyor. Sadece "efendi" kavramı form değiştirdi. Artık milyarlarca insan, toplumlar şöyle köleleştiriliyor: "Şu ayakkabıyı giyersen, şu marka telefonun olursa, şu takımı tutarsan, şu arabaya binersen, şuraya tatile gidersen, şöyle konuşursan, şu şekilde davranırsan, bu şekilde analiz edersen, dünya görüşün şöyle olursa; modernsin. Eğer başörtüsü takarsan, kendi kültürünün geleneksel kıyafetini giyersen gericisin; eğer dindarsan, yobazsın; alkol içersen modernsin." Bu gibi algılar, insanların zihinlerine yerleştirilen, yıllarca devam eden ve kişilerin, zihinsel anlamda köleleşmelerine sebep olan düşüncelerdir. Dikkatli olmalıyız.

Aslında Musa (A.S.) da İsrailoğullarını bu konuda uyarmış ve onlara: "Eski kölelik günlerinize mi dönmek istiyorsunuz? Yani siz başka bir Mısır, başka bir Firavun istiyorsunuz, öyle mi? O hâlde buyrun, şehre gidin." demişti.

Burada Kur'anî bir kuraldan bahsedelim.

Bu; tıpkı yer çekimi, değişmez fizik kuralları gibi; "Böyle yaparsan, sonucunda bu olur." şeklinde Kur'anî bir disiplindir. Bunu; mental

İçimdeki Turkuaz

kölelikten kurtulmak için bir formül ya da kişinin; mental köle olursa, nelerle karşılaşacağını anlamasını sağlayacak bir yol haritası gibi düşünebilirsiniz. Allah (C.C.) bunu bize bildiriyor. Şayet bildirmeseydi, bundan haberimiz bile olmazdı.

Şöyle açıklayalım: Allah (C.C.) ayette, mental kölelikten kurtulmayanların hâlini tarif ederken; "Duribet aleyhimuz zilletu - Üzerlerine aşağılık ve yoksulluk damgası basıldı." buyuruyor. Burada "zille" kelimesinin kullanıldığını görüyoruz. Allah (C.C.) ayette, onlara "zille" çarptırıldığından bahsediyor.

Peki, nedir bu "zille"?

"Zille" kelimesi; "bastırılma sonucu oluşan horlanma, aşağılanma, alçalma, değersizleşme" anlamlarına gelir. Arapçada bu kelime ile ilgili birçok kullanım bulunmaktadır. Mesela; bu kelimenin çekimli hâlinin kullanıldığı, "taikun muzellen" ifadesi ile; bir tarladaki ekinlerin üzerine basa basa oluşturulan patika yol kastedilir. Yine aynı kelimenin başka bir kullanımı ile oluşan "beytul zelil" ifadesi de bir köyün en alçak yerinde bulunan, sel sularının kolaylıkla içine girebileceği bir evi tarif etmek için kullanılır. Yine "zille" kelimesinin çekimli bir hâli olan "zelil" kelimesi de statü sahibi birinin, statüsünü kaybettiğinden dolayı alt statüye düşmesini; bundan dolayı da önemsenmemesini, hatta insanlar tarafından hor görülmesini tarif etmek için kullanılır. Yani bu açıklamalardan da anlaşıldığı üzere "zille"; "aşağılanmış, horlanmış, ezilmiş, aşağı" demektir.

Allah (C.C.); İsrailoğullarını mucizevi bir biçimde özgürleştirip, nimetlendirmişti. Onları, çok etkili bir manipülasyoncudan; ruhlarını ezen, onları köleleştiren, gashlighting uygulayan, kendi inisiyatiflerini ellerinden alan, değerlerini değiştiren; gerçeklik algılarını bozan bir zihniyetten; Firavun'dan kurtarmıştı. Ancak, ruhlarını özgürleştirmeyi seçmeyip, başka bir firavuna doğru koştuklarından dolayı; İsrailoğullarına zillet damgası vurulmuştu. Onlar, bir vakitler yaşadıkları o korkunç zulümden kurtarılmışlardı, fakat iç dünyalarındaki zilletten kurtulamadılar. Hatta öyle ki bir süre sonra, geldikleri toplumda gördüklerinden yola çıkarak, altından bir buzağı yapıp ona tapmaya bile başladılar.

Bu durum, günümüzde farklı mı?

Günümüzde önce yapılıp sonra da tapılan şeyler biraz daha farklı. İnsanlar artık altından bir buzağıyı değil de Ferrari'nin atını, Apple'ın elmasını, Chanel çantanın logosunu veya "hayatımızda olmazsa, olmaz" hâline getirdiğimiz markaları put hâline getiriyorlar. "Hayatımda bunlar olmazsa, olmaz. Jordan ayakkabım olmazsa, olmaz. Şunu giymezsem; çevrem tarafından beğenilmem. Şöyle davranmazsam, arkadaşlarım beni garip karşılar." Bu söylemler ne yazık ki arttırılabilir. Yani günümüzde, zihinsel kölelik farklılaştırıldı ve hâlâ devam ettiriliyor. Hatta baskın kültürler tarafından, daha tehlikeli ve sinsice yapılıyor.

İnsanlar; çantalara, ayakkabılara, telefonlara binlerce pound verip kendilerini özel ve iyi hissetmeye çalışıyorlar. Neden? Çünkü toplumda; "Bu çantayı, sadece elitler takar. Bu markayı, sadece şu kişiler kullanır." gibi algılar hakim. Oysa bakıldığında, belki de bu ürünlerin maliyetleri, piyasadaki diğer alternatiflerden çok da farklı değil. Kısacası insanlar; içlerindeki kompleksleri, köleleştirilmişlik hissiyatını tatmin etmek için, bu şekilde davranıyorlar. Bakın, bu günümüz insanı için de çok tehlikeli bir durumdur.

Kendinize sorun! Özgür müsünüz? Kendi değerlerinizden utanıyor musunuz? Gerçekten bulunduğunuz ülkede, diğer insanlarla eşit haklara sahip misiniz? İfade özgürlüğünüz var mı, yoksa sadece sistemin dilediği kadar mı kendinizi ifade edebiliyorsunuz?

Baskın sistem ve kültürlerin uyguladıkları manipülasyon ve gaslighting öyle etkilidir ki, bu etki ile zihinsel kölelikler devam ettirilir. İnsanlar, bu etki ile; kamplara, hapishanelere, gettolara ihtiyaç duymadan, zihinlerindeki dikta rejimini yaşatıp dururlar. Onların istediği gibi düşünür, öyle bakar, öyle konuşurlar. Hatta kendi değerlerine, değişmez hakikatlere çok ters bile olsa, bazı şeyleri savunmak zorunda bırakılırlar.

Kendilerine dikta edilenleri yapmayı reddedip, "Bunlar doğru değil, ben bunları savunmak, yapmak zorunda değilim." dedikleri zaman da; "Böyle yapmazsan, bizim dediklerimizi savunmazsan şunlar olur." gibi tehditlere, toplum tarafından takılan etiketlere maruz kalırlar. Kısacası, mental ve ruhi olarak köleleştirilen ve öyle yönetilen toplumlarda; insanlar ne kendilerini ifade edebilir, ne de doğru ya da yanlış ayrımını yapıp, onları savunabilir.

Toparlayalım.

Mental ve manevi kölelikten; hayatımızdaki putlardan kurtulmanın yolu; Allah'a (C.C.) kul olmaktır. "Lâ ilâhe illallâh" diyen, Allah'a (C.C.) kul olan bir kişi; geri kalan bütün putlardan kurtulur.

Kur'an'ın disiplinlerine uyan ve hayatına uygulayan, bütün kültürel manipülasyon ve baskı ve köleleştirmelerden kurtulur.

Kültürler ve trendler değişir. Fakat, Allah'ın "adalet, şefkat, dürüstlük" gibi disiplinleri değişmez. Kur'an'ın disiplinleri, modern trendlerin önündedir. İnsan, ancak Kur'an'ın temel disiplinlerini hayatına uyguladığında mental ve manevi kölelikten kurtulabilir. Yoksa İsrailoğulları gibi, mucizeler de görse, bir kölelikten başka bir köleliğe gider durur.

Kur'an; büyük bir selin ortasında dimdik duran, kökleri sağlam bir ağaç gibidir. Kültürel baskılar, diktalar tıpkı bir sel gibi her yeri sarmış olabilir. Ancak Kur'an'ın disiplinleri hiçbir şeyden etkilenmez. Hakikatler değişmez.

Nefis, aynı nefistir. Şeytan, aynı şeytandır. Onun stratejileri hep aynıdır. Dürtüler, hisler aynıdır. Bunlar Firavun döneminde de aynıydı. O dönemde de Allah'a (C.C.) kul olanlar, yapılan propagandalardan etkilenmiyor, başka şeylere kulluk etmiyorlardı.

Mental kölelikten kurtulmanın formülü; Allah'a kulluk etmek ve Kur'an'ın disiplinlerini hayatımıza uygulamaktır.

Peki, bunu nasıl yapacağız?

Öncelikle içimize dönüp, kendimizle yüzleşeceğiz. Artı ve eksilerimizi, geliştirmemiz gereken alanları belirleyip; olayları Kur'an'ın anlamlarına göre yorumlamaya çalışacağız.

Yaşananlara, Kur'an'ın gerçeklik algısına göre bakıp; Kur'an bir şeye "iyi" diyorsa "iyi", bir şeye "kötü" diyorsa "kötü" diyeceğiz. Kur'an'ın disiplinlerine göre yaşayacağız. Farzlardan taviz vermeyecek harama, "Bu haramdır." diyeceğiz.

Milyarlarca insanın uyguluyor olması, haram olan bir şeyi helal kılmaz. Milyarlarca insan alkışlasa da Kur'an'ın yanlış dediği şey; bizim için yanlıştır. Biz; popüler kültüre, trendlere göre değil; Kur'an'ın disiplinlerine göre hareket etmek zorundayız.

Yirmi sene önceki trendlerle şimdiki trendler aynı mı? Hayır. Yirmi sene önceki modayla, konuşma tarzıyla, bakış açılarıyla günümüzdekiler çok farklı. Şimdi, trendler sürekli değişiyor diye biz de onlara göre duruşumuzu mu değiştireceğiz?

Bir insan, Kur'an'ın disiplinlerine göre bakıp, hayatını ona göre dizayn ettiğinde, duruş ve "integrity" sahibi biri olur.

Kur'an bize hakkın yanında durmayı tavsiye ediyor. Bu; günümüzde de en popüler, en methedilen davranışlardan biridir. "Ne olursa olsun, ben hakkın yanında duracağım." anlayışı, bize Kur'an'ın verdiği bir disiplindir.

Kur'an bize, insan haklarından bahsediyor. Her insanın; Adem'den (A.S.) geldiğini, ortak bir atamızın olduğunu, insan ilişkilerinin önemini vurguluyor. Nasıl bir hayat yaşayacağımız, nasıl ticaret yapacağımız, nasıl yatıp kalkacağımız; kısacası bu hayatı nasıl yaşayacağımız zaten Kur'an'da detaylıca tarif ediliyor. Fakat ne yazık ki biz bunları uygulamıyoruz. Uygulamadığımızdan dolayı da; hangi ortama girersek girelim, savruluyoruz, sıkıntı yaşıyoruz.

Mesela; beş vakit namaz kılmak, farzdır. Bu nettir. İnsanlar ister gülsünler, isterlerse de dalga geçsinler; Allah'ın farz kıldıkları değişmez, farzdır. "Kim ne derse desin, ben bundan vazgeçmiyorum." dediğinizde; bir duruş sergilemiş olursunuz. Ve inanın insanlar, duruşu olan insanlarla arkadaşlık etmek isterler. Duruşu olmayan, girdiği her ortamda tıpkı bir bukalemun gibi ortama ayak uydurmaya çalışan kişiye, kimse saygı duymaz.

Kültür baskısı, trendler; duruşu olmayan kişileri ezer, köleleştirir. Allah'a (C.C.) kul olan, başka hiçbir trende, hiçbir kültüre, üzerine empoze edilmeye çalışılan hiçbir popülariteye aldanmaz.

Kendi iç dünyamızda, öz benliğimizde Kur'anî duruşu, disiplinleri oturtmak zorundayız. Bunlar oturduktan sonra, kendi değerlerimizden taviz vermeden başka kültürlerle etkileşim içinde de olabiliriz.

Bu dünya bir pazar yeri gibi; hem almaya, hem vermeye geldik. İyi şeylerle karşılaştığımızda, tabii ki onları alacağız, onlardan istifade edeceğiz. Yeter ki Kur'anî disiplinlere ters hareket etmeyelim.

Öz güvenli olmanın yolu; Allah'a kulluktan ve hayatını Kur'an'ın disiplinlerine göre yaşamaktan geçer. Mental kölelikten kurtulmanın yolu da zaten budur. Bunu yapan kişi; aynı zamanda ahir zaman fitnelerinden korunmak için de gayret gösteriyordur.

Popüler kültürlerin insanlara empoze ettiği kodlara göre yaşamaya, o kodlara göre "cool" ya da "iyi" olmaya çalışmayın! Çünkü gerçek iyilik; giyilen kıyafetlerden, kullanılan markalardan, trendlerden, toplumsal kodlardan gelmez. İyilik, insanın iç dünyasından gelir. İç dünyasında sahip olduğu güzelliklerden, insanları, diğer canlıları sevmesinden; onlara verdiği kıymetten gelir. Gerçek iyilik; "integrity" sahibi olmaktan; sabırlı, yardımsever, dürüst biri olmaktan gelir.

Sorun kendinize: Mental olarak kölesi olduklarınız neler? "Bu, benim olmazsa olmazım." dediğiniz neler var? Bunları keşfetmeye çalışın! Göreceksiniz ki, aslında kendi zihnimizde, hayatımızda oluşturduğumuz ve kalbimizi kölesi yaptığımız bir sürü efendi var. Ve bunlardan kurtulmanın yolu da yalnızca Allah'a kul olmak.

Gençler Serisi

Rab'bimiz bizi; Kur'an'ın disiplinlerine göre yaşayan, duruş sahibi, iyi insanlar yapsın; zihinsel ve ruhsal kölelikten kurtarsın. (Amin)

8- Nefsin Hapishanesinden Hakiki Özgürlüğe: Kur'an'ın Işığında, Zihinsel ve Ruhsal Esaretten Kurtulmanın Yol Haritası

Bu bölümde, hayatımızın en önemli konularından birine, Kur'an'ın muhteşem perspektifiyle bakacak; yaşamımızı ve yaptıklarımızı yeniden değerlendirip, farkındalıklarımızı arttırmaya çalışacağız. Kur'an'ın rehberliğinde ve onun hidayeti ile; özgürlüğümüzün ne kadar gerçek olduğunu sorgulayacak ve bizi köleleştiren, sınırlandıran, esir eden unsurları keşfedeceğiz. Ardından da bu köleliklerden kurtulmak için nasıl bir yol izlememiz gerektiği üzerinde duracağız.

Kulağa ilginç geliyor, değil mi?

Belki de bu satırları okurken, "Biz zaten özgür değil miyiz? Burada bahsedilen kölelik de ne?" diye düşünüyorsunuz. O hâlde gelin, bu konuyu biraz açalım. Ancak öncesinde, Kur'an'ın insanları nasıl transform ettiğine kısaca değinelim. Çünkü bu transformasyonu anladığımızda, bizler de Kur'an'ın rehberliğiyle köleliklerimizden kurtulabilir ve hakiki özgürlüğe ulaşabiliriz.

Bir metaforla başlayalım:

Sağlam bir bina düşünün. Bu binayı ayakta tutan en önemli unsurlar; temeli ve bu temeli destekleyen kolonlarıdır. Bu yapılar olmadan, ne kadar güzel tasarlanmış olursa olsun, bina ayakta kalamaz. Eğer bir kişi, bu ana yapı taşlarını ihmal edip binanın sadece iç dekorasyonuna odaklanırsa; ne sağlam bir yapı inşa edebilir ne de o binayı yaşanabilir bir yer hâline getirebilir.

İşte, İslam'ı da böyle bir yapıya benzetebiliriz. İslam binası da inşa edilirken; öncelikle temel disiplinler ve ana konular doğru bir şekilde öğrenilip özümsenmelidir ki, dinin ayrıntılarına dair meseleler doğru ve sağlıklı bir şekilde anlaşılabilsin.

İslam'ın en temel öğretisi, hatta özü; "Lâ ilâhe illallâh"tır. Yani, Allah'ın (C.C.) bir olduğuna, Allah'tan (C.C.) başka hiçbir ilahın olmadığına ve O'nun (C.C.) hiçbir ortağının bulunmadığına iman etmektir. Bu temel olmadan, geri kalan bütün öğretiler anlamsız kalır. Bir insan, önce Allah'ın varlığına ve birliğine inanmalı; O'nun (C.C.) tek ilah olduğuna, O'ndan (C.C.) başka hiçbir ilah olmadığına iman etmelidir. Geri kalan her şey, bu inanç ve bu temelden sonra anlam kazanır.

Allah (C.C.), bizim Rab'bimizdir ve biz de O'nun kullarıyız. İslam binasının temeli budur. Bu inanç; sağlam bir şekilde oturtulmadan, İslam binası ayakta duramaz. İnsan; buna inandıktan ve bu inancı sağlamlaştırdıktan sonra, kazandığı bu temelin üzerine diğer dini esasları ve anlayışları inşa etmeye başlayabilir. Peygamberlerin öğretileri, nübüvvet, ahiret, haşr, hesap günü, cennet-cehennem, bu dünyada yapılması gereken ibadetler, helal-haram sınırları, adaletin tesisi ve insanlarla olan ilişkiler gibi tüm konular, "Lâ ilâhe illallâh" temeli üzerine inşa edilir.

Şöyle düşünün: Kur'an, kızlarını diri diri toprağa gömen insanların olduğu bir Cahiliye toplumuna gelmiş; kısa bir süre içerisinde de, onlarda büyük bir değişim, dönüşüm sağlamıştı. Kur'an, onları sadece bireysel olarak değil; toplumsal ve ahlaki anlamda da değiştirmişti.

Bakın, Kur'an'ın ana gayelerinden, hedeflerinden biri; transformasyon ve anlayış değişimidir. O, kısa bir sürede, gönderildiği toplumda köklü değişimler gerçekleştirdi. Kızını diri diri toprağa gömen Cahiliye insanını, insan-ı kâmil mertebesine yükseltti. Çünkü Kur'an, derin bir anlayış değişimi sağlar. Onun perspektifi ile bakınca; zenginlik-fakirlik, başarı-başarısızlık, zafer-yenilgi, mutluluk-mutsuzluk gibi birçok kavram anlam değiştirir. Mesela; Kur'an bize, bu hayatın bir imtihan yeri olduğunu gösterir. Mümin ya da kâfir fark etmeksizin, herkesin imtihan olacağını, bu imtihanların formatlarını, nasıl olacaklarını ve imtihanlar esnasında nasıl davranmamız gerektiğini öğretir.

Kur'an insanlığa, asıl hedefin mutluluk değil; mutmainlik olduğunu anlatır. Mutluluğun geçici ve dış faktörlerle ilgili olduğunu, buna karşın mutmain olmanın içsel bir tatmin olduğunu belirtir. Ayrıca mutmainliğin, ancak; Allah (C.C.) ile olan bağ sayesinde, Allah'ı (C.C.) zikrederek ve O'nun verdiği sekîne ile gerçekleşebileceğini izah eder.

Kur'an bize; olumsuz görünen olayların aslında bizim için birer nimet, nimet ya da kolaylık gibi görünenlerin ise büyük belalar barındırabileceğini öğretir. Bize; zafer gibi görünen bazı durumların aslında en büyük yenilgi, yenilgi gibi görünenlerin ise, en büyük zafer olabileceğini hatırlatır. Kur'an bize, bu derin hakikati kavramayı ve olaylara bu perspektiften bakabilmeyi nasıl başaracağımızı da gösterir. Bunu da bazen uyarılarla, bazen metaforlar kullanarak, örnekler vererek yapar.

Mesela Asr suresinde, "Vel asri. İnnel insâne le fî husr. - Yemin ederim zamana: İnsanlar hüsranda." denilerek insanlığın hüsranda; yani büyük bir kayıp içinde olduğu vurgulanır. Yine aynı surede, bu kayıptan kurtulanların dört şartın hepsinin yerine getirilmesi gerektiği belirtilir ve bize bir yol haritası sunulur. Kayıptan kurtulanların yerine getirdiği dört şart: İman etmek, makbul ve güzel işler yapmak, birbirlerine hakkı ve sabrı tavsiye etmektir.

Tıpkı bunun gibi daha birçok hidayetten, anlayış değişiminden bahsedebiliriz. Kur'an, bu ve benzeri temel anlayış değişimleriyle bize; olaylara ve hayata nasıl bakacağımızı, olayları nasıl yorumlayacağımızı ve onları doğru bir perspektifle nasıl değerlendireceğimizi öğretir.

Kur'an ile kazanılan anlayış değişimleri, öyle kritiktir ki içselleştirildiklerinde; insanın hayatını, bakış açısını ve olayları yorumlamasını temelden değiştirir. Kişi, Kur'an perspektifinden bakmadığında; bu dünyada huzur bulamaz ve bu durum, onun ahiret hayatını da tehlikeye atar. Bu nedenle, hayata Kur'an'ın öğretisiyle bakmalıyız ki yaşananları doğru okuyalım ve problemlerimize etkili çözümler bulabilelim.

Gençler Serisi

Bu bölümde, Kur'an'ın bize sunduğu çok temel bir anlayış değişimi üzerinde duracağız. Müddessir suresinin 37. ve 38. ayetlerini inceleyecek ve her insanın aslında bir hapishanede olduğunu ve bu hapishaneden nasıl kurtulabileceğini analiz edeceğiz.

Gelin, Müddessir suresinin ayetlerini okuyarak analizimize başlayalım.

Müddessir 37- "Li men şâe minkum en yetekaddeme ev yeteahhar."

"İleri veya geri gitmek durumunda olanlar için en büyük uyarıdır."

Müddessir 38;39- "Kullu nefsin bimâ kesebet rehînetun. İllâ ashâbel yemîn."

"Ashab-ı Yemin'den, hesap defterini sağ tarafından alan cennetlikler dışında herkes, yaptığı işlerin rehini ve esiri olacaktır."

Ayetlerde mealen, Ashab-ı Yemin hariç her nefsin yaptığı işlerin rehini ve esiri olacağı buyuruluyor.[1]

Bunun ne demek olduğunu biraz açalım.

Öyle bir dönemde yaşıyoruz ki, kendi ellerimizle hapishaneler inşa ettik ve kendimizi bu hapishanelerde yaşamaya mahkûm ettik. Kendimiz için; "olmazsa olmaz"lar belirledik, aslında ihtiyacımız olmayan standartlar oluşturduk. Sonra da bu standartların kölesi ve esiri hâline geldik. İşte Kur'an da, bu hapishaneleri yıkmak ve bizi özgürleştirmek için geldi.

---

1. Ashab-ı Yemin: "Yümn" kökünden türetilmiş olup "hayır, uğur, bereket" ve "sağ yön" anlamlarına gelen "yemin" ile ashab (topluluk, grup) kelimelerinin bir araya gelmesinden oluşan bu ifade; yaratılışın başlangıcında, Allah'a vermiş oldukları sözü bu dünyada bozmayan ve böylece hem kendilerine hem de diğer insanlara karşı olan görevlerini yerine getiren kişilerdir. Ashab-ı yemin Kur'an'da; amel defterlerini sağ taraflarından alacak, önleri ve sağ yönleri Allah'ın nuruyla aydınlanıp bu hal üzere cennete girecek olan mutlu insanlar zümresini ifade eder. (Razi, XXIX, 142)

Peki bu nasıl olacak?

Bu, "Kullu nefsin bimâ kesebet rehînetun. - Herkes, yaptığı işlerin rehini ve esiri olacaktır." ayetini anlayarak olacaktır.

Bu ayet, öyle derin ve önemli bir öğreti içerir ki, onu evimizin duvarına assak ve her gün gözümüzün önünde tutup defalarca kendimize hatırlatsak bile, yine de yeterli gelmez.

Bu ayet bize şunu öğretir: "Her insan, yaptığı amellerin esiridir. Yani herkes; kendi işledikleri, yapıp ettiklerinin tutsağıdır."

Ayetin detaylı analizine girmeden önce, "rehînetun" kelimesinin üzerinde biraz duralım. Daha sonra diğer önemli noktalardan da bahsedeceğiz.

"Rehînetun" kelimesi; "rahine" kökünden türetilmiştir ve "rehin vermek, taahhüt etmek, sorumlu olmak, bir şeyin başka bir şeye bağlı ya da yapışık olması" gibi anlamlara gelir.

Kelimenin anlamını daha iyi kavramak için şöyle bir örnek verebiliriz:

Bir araç kiraladığınızı düşünün! Size kiraladığınız aracın anahtarı veriliyor, ancak sizden mesela; 500 pound depozito bırakmanız isteniyor. Aracı sağlam bir şekilde iade ettiğinizde de, bu para size geri veriliyor. Yani o para, siz aracı teslim edene kadar rehin tutuluyor.

Ayette mealen bize: "Her insan, yaptığı amellerin rehini durumundadır." buyuruluyor. Buna, yukarıdaki örnek perspektifi ile bakabiliriz. Biz de tıpkı araç kiralama örneğinde rehin tutulan para gibi, kendi eylemlerimizin, yaptıklarımızın rehini oluyoruz.

Önemli bir diğer nokta da ayette geçen "kullu nefsin - herkes" ifadesidir. Bu ifade, tüm insanlığı içine alır. Yani inanan-inanmayan, mümin-kâfir, Budist-putperest fark etmeksizin herkesi kapsar.

Hepimiz, yaptığımız amellerin ve aldığımız kararların oluşturduğu bir hapishanenin içindeyiz ve onların esiri durumundayız. Bu gerçek, ilk bakışta ürkütücü gelse de doğru anlaşıldığında özgürleşmenin anahtarını sunar. Bu nedenle bu ayet, insanın nasıl özgürleşeceğine dair çok önemli bir yol haritasıdır.

İlginç olan, bu ayetin Allah'ın (C.C.) hür iradeden bahsettiği ayetten hemen sonra gelmesidir. Kur'an'da özgür irade ve seçme hakkının verildiğini vurgulayan ayetlerden biri, Müddessir suresinin 37. ayetidir. Bu ayette; "İleri veya geri gitmek durumunda olanlar için en büyük bir uyarıdır." buyurulur. Bu da, seçimin tamamen insana ait olduğunu ifade eder. Hemen ardından gelen ayette ise şöyle buyurulur: "Herkes, yaptığı işlerin rehini ve esiri olacaktır." Bu sıralama, insanın özgür iradesiyle yaptığı her seçimin, onu kendi işlediklerine bağlı bir duruma getirdiğini açıkça ortaya koyar. Yani aslında, Müddessir suresi 37. ayette seçme özgürlüğümüz, 38. ayette de kurtulma özgürlüğümüz vardır.

Peki, bunu nasıl anlamalıyız?

İslam'da, insana verilen özgür bir irade vardır. Allah (C.C.), seçme hakkını insanlara bırakmıştır. Ancak bu özgürlük, yalnızca seçim yapabilme ile sınırlıdır. Yani, insanın yaptığı seçimlerin sonuçları, onun özgür iradesine bağlı değildir. Bu dünyada yaptığımız her eylem, bizi; içinde bulunduğumuz mevcut sonuçlar hapishanesinden özgürleştirip serbest bırakacak ya da oraya tutsak edecek bir yolculuktur.

Özgür irademizle seçimler yapabiliriz. Ancak bu seçimlerin sonuçları, bizim özgür irademize bağlı değildir. Seçimlerimizin sonuçları; ya içinde bulunduğumuz durumun hapishanesinden kurtulmamıza ya da oraya iyice hapsolmamıza sebep olur. Mesela; kişinin iyi amelleri, onun için pozitif bir borç ödeme gibi kabul edilirken, kötü amelleri ise, daha fazla borçlanmasına neden olur.

Bu işin özeti nedir? Buraya kadar anlatılanlardan ne anlamalıyız? Bu dünya; sıkıntılı bir yer ve âdeta bir hapishanedir. Buradan kurtulmanın yolu ise, salih ameller işlemektir. İşin özeti de aslında budur.

İçimdeki Turkuaz

Hepimiz, fırtınalı bir denizde yolculuk ediyoruz. Asr suresinde anlatıldığı gibi; hepimiz hüsrandayız ve her gün kaybediyoruz. Bu kayıptan kurtulmanın dört ana şifresini de Allah (C.C.), Asr suresinde bize şöyle anlatıyor:

Asr 3- "İllâllezîne âmenû ve amilûs sâlihâti ve tevâsav bil hakkı ve tevâsav bis sabr."

"Ancak şunlar müstesna: İman edip makbul ve güzel işler yapanlar, bir de birbirlerine hakkı ve sabrı tavsiye edenler."

Asr suresinde verilen bu dört şifreyi aynı anda uygulamamız gerekiyor. Çünkü bunlardan sadece birkaçını yapmak, yeterli değildir. İman edeceksin, salih amel işleyeceksin, hakkı ve sabrı tavsiye edeceksin; yoksa hüsrandasın ve kaybediyorsun. Bu durum, hepimiz için geçerlidir.

Fırtınalı denizden ya da rehin tutulduğumuz karanlık zindandan kurtulmanın yolu; Kur'an'ın öğretilerini içselleştirmek, Ashab-ı Yemin'in amellerini işlemek ve anlayışımızı Kur'an'ın rehberliği ile değiştirmektir.

Kur'an'ın öğreti ve anlayışını içselleştiren biri, günümüzde "Özgürüm, ne istersem yaparım." diyerek aklına gelen her şeyi yapmayı özgürlük sanan başka birine; Kur'an'ın bakış açısıyla baktığında şu şekilde düşünebilir: "Aman Allah'ım, bu kişi özgür olduğunu sanıyor ve nefsinin her istediğini yerine getiriyor. 'İstersem alkol içerim, istersem uyuşturucu kullanırım, istersem hayatımı İslamî kurallara aykırı yaşarım.' diyor. Ancak farkında olmadan yaptığı kötü tercihlerle kendi hapishanesinin duvarlarını daha da kalınlaştırıyor. Her yanlış seçim, bu hapishaneden çıkmak için ödenmesi gereken kefaletin bedelini daha da artırıyor."

Bu bakış açısına sahip olan insan, özgürlüğün; nefsin arzularına boyun eğmek olmadığını, aksine böyle bir yaşam tarzının gerçek anlamda kölelik olduğunu anlar ve kendisini böyle bir durumdan korur.

Gençler Serisi

Popüler kültürün insanlara dayattığı özgürlük tanımı ile, Kur'an'ın öğrettiği gerçek özgürlük anlayışı tamamen farklıdır. Şeytan ve nefsin zevk ve özgürlük olarak gösterdiği, günümüz popüler kültürünün de bize; "Bu iyidir. Bunu yapmam lazım. Bu olmadan olmaz." diye sunduğu, empoze ettiği ve aslında İslam'a aykırı olan bazı davranışlar; içine hapsolduğumuz hapishanede kalınacak süreyi ve ondan kurtuluş için ödenecek kefalet miktarını artırmaktan başka bir şey yapmaz.

Şöyle bir örnekle konumuza devam edelim.

10.000 pound borcunuz olduğunu ve bunu tamamen ödediğinizi varsayalım. Borcunuzu sıfırlayıp, bu yükten kurtuldunuz. Ancak her gün yeniden borç almaya devam ederseniz; yani bu davranışı sürdürürseniz, borcunuz giderek artar. Bu durum, aslında sizi daha derin bir borç bataklığına sürüklemekten başka bir şey değildir. Ve kurtuluş için de, yeniden ödeme yapmanız gerekir.

Şimdi bu örnek perspektifiyle, işlediğimiz amellere bakalım. Ödemeler, salih amellerle yapılır. Kötü ameller ise; borcumuzu ve kefalet için ödemeniz gereken miktarı artırır.

Peki, borçların ve kefaletin arttığı böyle bir durumda ne yapmalıyız?

Çözüm, "Eyvah, çok hata yaptım, artık bu hapishaneden nasıl kurtulurum?" diyerek umutsuzluğa kapılmak mıdır? Hayır, değildir. Yapılması gereken şey, samimi bir şekilde tövbe etmektir. Allah (C.C.) ile olan ilişkimizin en güzel yanlarından biri de budur. Kul, samimi bir şekilde Rab'bine yönelir, tövbe ederse; Allah (C.C.), onun günahlarını bağışlayacağını ve hatta o günahları sevaba çevireceğini vadediyor. Bakın bu, O'nun (C.C.) sonsuz rahmetinin bir tecellisidir.

Allah (C.C.) şöyle buyuruyor:

Zümer 53- "Kul yâ ıbâdiyellezîne esrefû alâ enfusihim lâ taknetû min rahmetillâhi, innallâhe yagfiruz zunûbe cemîâ, innehu huvel gafûrur rahîm."

"De ki: 'Ey çok günah işleyerek kendi öz canlarına kötülük etmede ileri giden kullarım! Allah'ın rahmetinden ümidinizi kesmeyiniz. Allah, bütün günahları affeder. Çünkü O, Gafûr ve Rahîm'dir. (Çok affedicidir, merhamet ve ihsanı fazladır.)'"

Furkân 70- "İllâ men tâbe ve âmene ve amile amelen sâlihan fe ulâike yubeddilullâhu seyyiâtihim hasenât, ve kânallâhu gafûran rahîmâ."

"Ancak şu var ki dönüş yapıp iman edenler güzel ve makbul işler işleyenler, bundan müstesnadır. Allah onların kötülüklerini iyiliklere, günahlarını sevaplara çevirir. Çünkü Allah Gafûr'dur, Rahîm'dir. (Çok affedicidir, merhamet ve ihsanı boldur.)"

Dikkat edin! Allah (C.C.), iki ayette de "Gafûr" ve "Rahîm" esmalarını kullanıyor. Bu, çok önemli bir ayrıntıdır ve bize şunu gösterir: Özgürlüğümüz, kurtuluşumuz, zindandan çıkışımız; ancak Allah'a (C.C.) yönelmekle mümkün olur. Gerçek özgürlüğe ancak; Allah (C.C.) ile münasebetimizi güçlendirerek, hayatımızı; O'nun (C.C.) bize gönderdiği Kur'an'a ve Resulallah'ın (S.A.V.) öğrettiği disiplinlere göre yaşamayı kabul edersek erişebiliriz.

Buradaki önemli bir başka ayrıntı da şudur:

Ayette, sadece ahiret hayatında elde edilecek bir özgürlükten bahsedilmiyor. Anlatılanların, bir de dünyaya bakan yönü var. Peki nasıl?

Gelin, bu ayetin dünyaya bakan yönünü; modern psikoloji ve nefisle mücadele perspektifiyle de analiz edelim.

Hepimiz; hayatımızdaki alışkanlıkların, zaafların, toplumun, ailenin, arkadaş çevremizin veya kafamızda belirlediğimiz ya da toplumun bizim için belirlediği standartların kölesi olma tehlikesiyle karşı karşıyayız. Makam, eş, çocuk, para, rahatlık, lüks, övülmek, en çalışkan, en zeki ya da en başarılı olmak, methiyeler duymak, alkışlanmak, korkular, kıyafetler, yiyecekler, hatta bir iPhone ya da PS5 gibi; "Bu olmadan yaşayamam." dediğimiz, olmazsa olmaz hâline getirdiğimiz her şeyin kölesi olabiliyoruz.

Gençler Serisi

Bir düşünün! Farkında olmadan içine sıkıştığınız bağımlılıklar, kölelikler neler?

Bazen; hislerimizi, zaaflarımızı, alışkanlarımızı ve arzularımızı o kadar vazgeçilmez hâle getiririz ki; onları kaybedersek mutsuz olacağımıza inanırız. Dolayısıyla da, kendimizi bu duygu ve arzuların oluşturduğu bir hapishanenin içine hapsederiz.

Mesela; bazılarımız, korkunun kölesi oluruz. Nefis, içimizdeki bu duyguyu öyle ustaca kullanır ki öz güvenimizi zedeler. Yeni bir şey denemek istediğimizde, korkuya yenik düşeriz. "Bunu yapabilir miyim? Hayır yapamam." diyerek kendimize yüzlerce bahane üretiriz. Sonuçta da, korkumuzun oluşturduğu hapishaneye hapsolur ve oradan çıkamaz hâle geliriz.

Bazılarımız paranoyalarımızın kölesi hâline geliriz. Yusuf'un (A.S.) kardeşlerini düşünün! Onlar, "Babamız Yusuf'u daha çok seviyor. Eğer Yusuf olmazsa babamız bizi daha çok sever." gibi bir paranoya içinde boğuldular. Oysa Yakup'un (A.S.) kalbini yarıp baktılar mı ki, kimin daha çok sevildiğini biliyorlardı? Bu paranoya, onları Yusuf'a (A.S.) karşı büyük bir kötülüğe sürükledi.

Bazılarımız geçmişin kölesi oluruz. 15-20 yıl önce yaşanmış bir olayı unutamaz, "Bunu hâlâ atlatamıyorum." diyerek sürekli geçmişte yaşarız. Bugünkü ilişkilerimizi bile, geçmişin olaylarına göre şekillendiririz.

Bakın, şeytan ve nefis, bu geçmiş algısıyla öyle bir yakalar ki insan; her şeyi o gözlükle görmeye başlar. "Geçmişte şu yaşandı." diyerek, kendini geçmişin hapishanesine kilitler. Sonunda da; ne geçmişi çözebilir, ne bugünün tadını çıkarabilir, ne de geleceğe yatırım yapabilir. Oysa geçmiş bitmiştir ve onu bugüne taşımak, insanın kendisini bile isteye o hapishanede tutmasından başka bir şey değildir.

Bazılarımız pişmanlıkların kölesi oluruz. Hata yaparız, ama Allah (C.C.) ile bağımızı güçlendirip; "Tövbe ettim, Rab'bim beni affetti. Kur'an bunu açıkça anlatıyor." diyerek rahatlamak yerine, sürekli pişmanlıklarımızla yaşarız. "Keşke, keşke, keşke!" der dururuz. Oysa Resulallah (S.A.V.), "Keşke demek, şeytanın vesvesesine kapı açar." buyuruyor.[2]

Bazılarımız hiddetin, bazılarımız gadabın kölesi, kimimiz de kıskançlığın kölesi oluruz. Eşimizi, arkadaşlarımızı veya bizden daha başarılı insanları kıskanır ve bu duyguyla hayatımızı zindana çeviririz.

Bazılarımız hasedin, bazılarımız da kıyasın kölesi oluruz. "Abime şunu aldılar, ama bana almadılar. Arkadaşım şu çantayı almış, bende neden yok? O, benden daha iyi konuşuyor. Onun notları daha yüksek. Sosyal medyada daha fazla takipçisi var." gibi düşüncelerle kendimizi kıyas hapishanesine kapatırız. Bu duygular bizi esir alır ve hayatımızı kendimize zindan ederiz.

Ayette bize mealen, "Sen kendi hapishaneni kendin inşa ediyorsun. Ve orada kendi seçimlerinle kalıyorsun. Ya kurtulacaksın, ya da orada kalmaya devam edeceksin." deniliyor. Unutmayın! Şeytan ve nefis, bize hapishaneler inşa ettiriyor. Zaaflarımız bizim hapishanelerimizdir. Mesela; bazılarımızın uyku zaafı var ve bunu çözemeyeceğimizi düşünüyoruz. Belki en hayırlı amelleri işleme fırsatımız varken, uykuyu tercih edebilecek bir hâle geliyoruz. Bazılarımız da tembelliği, uyuşukluğu, karamsarlığı tercih ediyor ve kendilerini bu hapishanelerin içinde tutsak ediyor.

Kur'an öğretisi bize şunu söylüyor: Sadece Allah'a (C.C.) kul ol. Allah'a (C.C.) kul olan, bütün köleliklerden kurtulur. Nefsinin seni hapsettiği o hapishanelerden, iyi ameller işleyerek kurtul. Allah'a (C.C.) kulluk, en büyük özgürlüktür. Allah'a (C.C.) kul olursan, bütün kulluklardan, bütün köleliklerden, bütün rehin olmalardan kurtulursun!

Aslında hepimiz bir köle, bir esir durumundayız. Kimin esiri, kimin kulu olduğumuza da kendimiz karar veriyoruz.

---

2. Müslim, Kader, 34

Allah'a (C.C.) kul olmazsak, binlerce şeyin kulu hâline geliriz. Allah'a (C.C.) kulluk disiplinleriyle yaşamazsak, nefsimizin kulu oluruz. İnsan; şeytanın, imajın, paranın, çocuklarımızın; yani her şeyin kulu hâline gelebilir. Kur'an'da mealen bize; "Lâ ilâhe illallâh" deyip, Allah'tan (C.C.) başka bütün putları yıkmamız, bütün hapishanelerin duvarlarını kaldırmamız söyleniyor. Bunu yapıp, Allah'a (C.C.) kul olduğumuzda da özgürleşeceğimizden bahsediliyor.

İnsan; Allah'a (C.C.) kul olduğunda, O'nu (C.C.) tercih ettiğinde kendine; "Doğru olanı mı yapıyorum; yoksa popüler olana, meşhur olana, toplumun beklentisine göre mi hareket ediyorum? Kur'an'ın standartlarına göre doğruyu yapıyor muyum?" sorusunu sorar. Eğer buna cevabı, "Evet." ise; "Ben Allah'ın kuluyum ve bu bana yeter." diyebilir. İsterse bütün dünya onu kınasın, isterse herkes aleyhine olsun; "Doğruyu yapıyor muyum?" sorusuna, Kur'an'dan vize aldığında; Sünnet-i Resulallah'a göre doğruyu yaptığında, diğer bütün şeyler önemini yitirir.

Böyle biri; nefis ve şeytanın kendisini esiri yapmak istediği şeylerden ve kölelikten kurtulur. Çünkü o, yalnızca Allah'a (C.C.) kuldur. Ancak, "Popüler olanı yapayım, kınanmayayım, kimse bana gülmesin. Arkadaşımın oldu, benim de olsun." gibi kaygılara teslim olursa, kendi elleriyle kendine, görünmez hapishaneler inşa eder. Ve zamanla, bu görünmez hapishaneler, artar durur.

Müddessir suresi 38. ayete göre herkes esir, herkes kuldur. Ancak neye kul olacağına kendisi karar verir. Hevâ-hevesin kulu mu, şeytanın kulu mu yoksa Allah'ın kulu mu olacaksın? Buna yalnızca sen karar verebilirsin; başkası değil.

Allah'ı (C.C.) seçersen, özgürleşirsin ve kimin ne söylediği umurunda olmaz. Sen doğruyu yapıp, yapmadığına bakarsın. Yaptıklarını, Kur'an disiplinlerine göre kontrol edersin. Çünkü sen, Allah'ın kulusun. Kendine; "Allah benden razı mı, ben de Allah'ı razı edecek ameller işliyor muyum?" diye sorarsın. Ve bu soruya "Evet!" diye cevap verebiliyorsan, "Ey mutmain olmuş nefis!" hitabına mazhar olursun.

Ya iyi amellerle üzerindeki prangaları tek tek çözeceksin, ya da kötü amellerle kendine yeni esaret zincirleri takacaksın. Bu kararı başkası değil, sadece sen verebilirsin. Kendi kurduğun hapishanelerden çıkmayı mı seçeceksin, yoksa içlerine yenilerini, yeni hücreleri mi ekleyeceksin? Bu, tamamen sana bağlı. Bu gerçeği fark ettiğinde; bakış açın değişir, olaylara ve kavramlara yüklediğin anlamlar değişir. Allah'a (C.C.) kul olduğunda, özgürlüğün; aslında O'nun (C.C.) rızasında saklı olduğunu anlarsın.

Burada, insanın yaşam koşulları karşısında gösterebileceği farklı tutum ve yaklaşımları anlamamıza yardımcı olması açısından şöyle bir örnek verelim.

Farklı hayat koşullarında bulunan iki arkadaş düşünün: Bunlardan biri haksız yere hapishaneye düşmüş, diğeri ise yurtdışında yeni bir hayata başlamış olsun.

Hapishanede olan kişinin iki seçeneği vardır:

Birinci seçeneği, yaşadığı durumu kabullenememek ve bunun neden başına geldiğini sorgulamaktır. Bu durumda kişi, "Neden ben? Ne yaptım da bunu hak ettim? Allah'a kulluk eden biriydim; bu imtihan neden benim başıma geldi?" gibi düşüncelerle bir öfke ve isyan hâline kapılır. Ancak böyle bir yaklaşım, kişinin zihinsel ve duygusal olarak daha da yıpranmasına ve hayatını zorlaştırmasına neden olur.

Bu kişinin ikinci seçeneği ise, teslimiyet ve sabırla hareket etmektir. Böyle bir yaklaşımda olduğunda, "Bu durum benim kontrolüm dışında gelişti. Allah'ın bir planı olduğuna inanıyorum. Bu süreci, kendimi geliştirmek ve O'na yakınlaşmak için bir fırsat olarak göreceğim. Kitap okuyacak, ders çalışacak, kendime faydalı alışkanlıklar edineceğim. Bu yeri, bir okul ve eğitim alanı olarak değerlendireceğim." diyerek olumlu bir tutum sergileyebilir. Böyle bir yaklaşım da, kişinin yaşadığı durumu anlamlandırmasını ve olumsuz koşullara rağmen iç huzurunu korumasına yardımcı olur.

Bu noktada şu soruyu sorabiliriz: Kişi böyle olumlu bir yaklaşımı benimsediğinde; gerçekten hapishanede midir, yoksa yaşadığı tüm zorluklara rağmen; iç dünyasında yaşadığı bir huzur ve özgürlük mü vardır? Eğer insan, Allah (C.C.) ile olan bağını güçlendirir ve bu süreçte pozitif bir tavır sergilerse, fiziksel olarak hapiste bile olsa, ruhen özgürdür.

Yurtdışında yeni bir hayata başlamaya çalışan kişide ise şu durumlar gözlemlenebilir:

Bu kişi, şayet hayatın akışına ve yeni sorumluluklarına kendini kaptırırsa; yaşam öncelikleri değişebilir. Böyle olunca da, daha önce sahip olduğu manevi hedeflerden ve Allah'a (C.C.) yakınlaşma çabasından uzaklaşabilir. Yani maddi anlamda hür olsa da, kendi arzularının ve dünyevi hedeflerinin esiri hâline gelebilir.

Şimdi düşünün! Ayete göre bu iki arkadaştan hangisi gerçekten özgürdür?

Kimin esir, kimin özgür olduğu ayetlerde tarif edilmiş. Kur'an bize, insanın tercihleri ile kendini nasıl köleleştirdiğini anlatıyor. Ayrıca, asıl özgür olanın; durumu ne olursa olsun salih ameller işleyip sabreden, başına gelene rıza gösteren ve Allah (C.C.) ile bağını kuvvetli tutan kişi olduğunu da bildiriyor.

Yaşadıklarımıza bu anlamı yüklediğimizde, zindanda bile özgür oluruz. Diğer taraftan, dünyanın en lüks hayatını yaşayan biri ise; Allah'ın standartlarına göre yaşamadığı için; köle, esir olur. Dikkat edin! Bu, çok önemli bir anlayış değişimidir.

Başka bir örnek daha verelim.

Allah'ın sınırlarını korumaya çalışan bir genç düşünün! Bu genç namazını kılıyor, günahlardan, haram ilişki ve alışkanlıklardan uzak duruyor olsun. Arkadaşları, "Sen bu kıyafetinle özgür değilsin, baskılanmışsın. Kendi özgür iradenle yaşaman lazım." gibi söylemlerle onunla dalga geçiyor; kendileri ise helal-haram demeden, Allah'ın sınırlarını korumadan yaşıyor ve kötü alışkanlıklar, kötü arkadaşlıklar gibi Kur'an ve Sünnet'e aykırı pek çok şeyi tercih ediyorlar.

Bu ayete göre bakıldığında, özgür olan kimdir? Peki, hapishanede olan kimdir? Hapishanede kalma kefaletini arttıran kimdir? Sınırları koruyan o genç mi, yoksa öbürleri mi? İyi düşünün! Kim daha çok prensip sahibidir? Kim daha iyi karakterlidir? Doğru olanı yapmak için zorluklara katlanan kimdir?

Bu soruların cevapları, ayette çok net bir şekilde veriliyor.

Unutmayın, her insan kendi hapishanesini kendisi inşa eder.

Bunu da şöyle yapar:

Kendi hayatına standartlar ve "olmazsa olmaz"lar belirler. Ardından bir imtihan gelir ve o standartlar elinden gider. Bu durumda da, olayları Kur'an'ın rehberliğine göre değerlendirmek yerine; "Neden eski standartlarım yok?" diye isyan etmeye başlar. Sürekli geçmişe takılıp, eski hayatını özler. Sahip olduğu nimetleri fark etmez, hatta; "Eskisi daha iyiydi." diyerek şükür kapılarını kapatır. Böylece, hem geçmişin pişmanlıklarıyla bugününü zehir eder hem de geleceğine yatırım yapamaz bir hâle gelir. Böyle olunca da, kendi kendine bir hapishane inşa etmiş olur.

Kendi kafasında belirlediği standartlara takılı kalan bir kişi, Allah'ın (C.C.) onun için takdir ettiği kadere razı olmaz. O, kendi hevâ ve heveslerinden oluşan bir hapishanede yaşamayı seçer. Oysa kadere rıza gösteren bir insan; nefsin ve toplumun standartlarının oluşturduğu hapishanede kalmaz. Çünkü o; başına gelen her olay için, "Bu benim için bir hayırdır. Mevcut durumumda en iyi şekilde hareket ederek Allah'ı razı etmeliyim. Salih ameller işlemeliyim." diyebilir. Böyle bir yaklaşımı benimseyen insan da, hem dünyadaki sıkıntıların oluşturduğu hapishaneden kurtulur hem de mevcut durumundan lezzet almayı öğrenir. En önemlisi, ahiretteki esas hapishaneden özgürlüğe kavuşur.

Eğer Vâkıa suresinde anlatılan, amel defterleri sağ tarafından verilen, Allah'a (C.C.) verdiği sözü tutan, izzetle yaşayan, integrity sahibi, Ashab-ı Yemin gibi olursak; Allah (C.C.) ile özgürleşenlerden olur ve hapishanelerimizden kurtuluruz.

Kendimize soralım. Kim özgür? Eğer esirsek, bu esaretten kurtulmak için ne yapıyoruz? İşte, üzerinde düşünmemiz gereken asıl mesele budur.

Resulallah (S.A.V.) bir hadisinde şöyle buyuruyor: "Hiç kimse ameliyle cennete giremez." Sahabeler, "Sen de mi, ya Resulallah?" diye sorunca da: "Evet, ben de. Eğer Rab'bim beni rahmetiyle sarmazsa." diye cevap veriyor.[3]

Bu hadisten anlıyoruz ki, işlediğimiz ameller, bizi doğrudan cennete sokamaz. Ancak bir başka açıdan bakıldığında, "Sen amellerinle o hapishaneden, o esaretten kurtulacaksın." deniliyor. Peki, bu iki durumu nasıl anlamalıyız?

Şöyle düşünelim: New York, Londra, Dubai veya Singapur'da lüks bir malikâne almak kolay mıdır? Asgari ücretle çalışan biri bunu başarabilir mi? Bu, kolay bir iş midir?

Allah (C.C.), cenneti de bize öyle bir şekilde tarif ediyor ki orası, dünyadaki çabalarımızla kolayca elde edilebilecek bir yer değildir. Dünyalık işlerimizin arasına sıkıştırarak kıldığımız namazlarla, anlamını bilmeden okuduğumuz Kur'an'la ya da ihlas gözetmeden işlediğimiz amellerle cenneti kazanamayız.

O hâlde, cenneti sadece kendi amellerimizle kazanabileceğimizi nasıl düşünebiliriz? Amellerimiz, niyetlerimiz ve gayretlerimiz sadece doğru yolda olduğumuzu gösterir. Biz, amelimizi Allah'a (C.C.) sunarız; dilerse O, Rahmân ve Rahîm sıfatıyla bu amellerimizi kabul eder ve cenneti lütfeder. Yani, kendi amellerimizle cennete giremeyiz,

---

3. Buhari, Rikak, 18; Müslim, Münafikîn, 71;73

ancak amelsiz de o hapishaneden kurtulamayız. İşte bu, havf ve reca dengesidir.

Bu denge kaybolduğunda iki uç davranış ortaya çıkar. Biri der ki: "Allah Rahmân'dır, nasıl olsa affeder. Gönlümce yaşayayım, salih amel işlememe gerek yok." Diğeri ise, "Her şeyi amelimle kazanacağım." düşüncesine kapılır. Her iki yaklaşım da uçtadır; ifrat ve tefrite düşmektir.

Bize düşen, şu anlayışla hareket etmektir:

"Ey Rab'bim! Cennetler ve bütün nimetler Sen'in lütfun ve rahmetindendir. Bunlar Sen'in merhametin olmadan elde edilemez. Ben; bir kul olarak kulluk vazifemi yerine getirip emrettiğin ibadetleri yaparak, hayatımı Kur'an'a göre şekillendireceğim."

İşte kulluktaki denge budur. Bizim de bu dengeyle hareket etmemiz gerekir.

Toparlayalım.

Her insan; bir hapishanededir ve o hapisten ancak salih amelleri ile kurtulabilir. O hapishaneden kurtulmak; bunun için salih ameller işlemek, tamamen kişinin seçimleri ve yapmayı tercih ettiği amellerle doğru orantılıdır.

Mümin-kâfir herkes; amellerinin, işlediklerinin esiri durumundadır. Bu esaretten kurtulmanın yolu da Kur'an'ın öğretisiyle özgürleşmektir, Allah'a (C.C.) kul olarak özgürleşmektir. Kur'an'ın öğretisine göre anlamlar yüklemektir. Yaşananlara, Kur'an'ın öğretisine göre bakmaktır. Allah'ı (C.C.) razı etmeye çalışmaktır. Allah'ın bizim hakkımızdaki seçimlerine rıza gösterip, amellerimizi; "Acaba bu amelim, Allah'ı razı edecek bir amel mi?" diye devamlı yoklayarak dikkatlice yaşamaktır. Yoksa bu dünyada da, ahirette de zindanda oluruz.

Hevâ-heves zindanı, nefsin-şeytanın zindanı, kötü arkadaşların, popüler kültürün bize sunmuş olduğu standartlar gibi; bir sürü şeyin zindanı içinde kalmış, bunların kulu hâline gelmiş olabiliriz. Bundan kurtulmanın yolu da, "Lâ ilâhe illallâh." demektir. Allah'a (C.C.) kul olduğumuzda, işlediğimiz her ameli, "Bu Allah'ı razı eder mi, etmez mi?" diye kontrol ettiğimizde, Allah'ın belirlemiş olduğu standartlara göre yaşadığımızda özgürleşiriz. Ne dünyanın lüksünün, ne hevâ-hevesin üzerimizde uyguladığı baskının, ne de dünyalık standartların; özgürlükle bir ilgisi vardır.

Bizler müminiz. Resulallah (S.A.V.) şöyle buyuruyor: "Müminin hâli ne hoştur! Her hâli kendisi için hayırlıdır ve bu durum, yalnız mümine mahsustur. Başına güzel bir iş geldiğinde şükreder; bu, onun için hayır olur. Başına bir sıkıntı geldiğinde ise sabreder; bu da onun için hayır olur."[4] Neden? Çünkü mümin, özgürdür. O; Rab'binden razıdır ve Rab'bini razı edecek ameller işlemeye çalışıyordur. Dünya üzerinde de bundan daha büyük bir nimet yoktur.

Mevlana Hazretleri, bu nimetin ne kadar kıymetli olduğunu şöyle ifade eder: "Kul oldum, kul oldum, kul oldum! Ben Sana kullukta iki büklüm oldum. Kullar azat olunca şad olur; Ben Sana kul olduğumdan dolayı şad oldum."

Rab'bimiz bizi Zat'ına kul ederek özgürleştirsin. Kendimizi hapsettiğimiz hapishanelerden bizi kurtarsın ve gerçek özgürlüğü yaşatsın. (Amin)

---

4. Müslim, Zühd 64

9- Öz Güven mi, Kibir mi?

Kur'anî Kıssalar Işığında Bir Değerlendirme- 1

Bu bölümde, Kur'anî bakış açısıyla; kişisel gelişimle ilgili çok önemli bir konuyu analiz etmeye başlayacak ve çoğu zaman dengesini sağlamakta zorlandığımız, birbirine zıt olan bazı kavramlardan, duygu ve aksiyonlardan bahsedeceğiz.

Denge, insan hayatı için çok önemli bir kavramdır. İnsan, her anlamda dengeli bir varlık olarak yaratılmıştır. Hayatı; denge ve hikmet üzerine kurulmuş bir yolculuk gibi düşünebiliriz.

Allah (C.C.); "Kime hikmet nasip edilmişse, doğrusu ona pek çok hayır verilmiştir." buyuruyor.[1]

Hikmet, genel anlamda bakıldığında; bütün ihtimalleri göz önünde bulundurarak, işleri en doğru ve en uygun şekilde yapmak, isabetli söz söylemek, isabetli davranışlarda bulunmak, ilim-amel uygunluğunu sağlamak ve olayların arka planını idrak edebilmek şeklinde tanımlanabilir. Bu, çok geniş ve kapsamlı bir kavramdır.

---

1. Bakara 269- "O, hikmeti dilediğine verir. Kime hikmet nasip edilmişse, doğrusu ona pek çok hayır verilmiştir. Ancak tam akıllı olanlar gerçekleri anlar ve düşünürler."

Hikmetin önemli bölümlerinden biri; doğru zamanda ve doğru olaylar karşısında, bilgiyi amele dönüştürebilmek; yani nerede, nasıl davranılacağını bilmektir.

Bir kişi çok şey bilebilir, çok kitap okuyabilir; ancak bilgilerini doğru zamanda ve doğru yerde aksiyona geçiremeyebilir. İşte bunu başarabilen, duyguları ile aksiyonlarını senkronize edebilen kişiler; hikmetli insanlardır.

Duygularını kontrol etme, nerede nasıl davranacağını bilme, olayları analiz etme, alacağı aksiyonların sebep ve sonuçlarını görebilme gibi pek çok mekanizmayı çalıştırarak aksiyon alma; hikmetli insanların özelliklerindendir.

Sonuç olarak hikmet; dengeli bir yaşamın, isabetli kararların ve uyumlu bir duygu-akıl birlikteliğinin anahtarıdır. Bu yolda ilerlemek, hem bireysel gelişimimize hem de manevi yolculuğumuza önemli katkılar sağlar.

Peki, hangi duygunun ne olduğunu ve o duygu karşısında ne yapmamız gerektiğini nasıl bileceğiz?

Örneğin; öz güven ile kibir ya da tevazu ile zillet gibi duygular oldukça benzerdir. Birbirine bu kadar yakın olan bu duyguları ve onların aksiyona dönüşen hâllerini nasıl ayırt edeceğiz? Hangi durumda hangi duyguyla hareket edersek bu, öz güven ya da kibir olur? Müdahale edilmesi gereken nokta düşünce aşamasında mı, yoksa düşüncenin eyleme dönüştüğü aşamada mı? Nerede ve nasıl müdahale edilmesi gerekir? Bu disiplin ve prensipler, tüm zıt ve benzer duygular için geçerlidir.

Mesela; şükür ve nankörlük... Aksiyonlarımızdan hangisi şükürdür, hangisi nankörlük? Ya da cömertlik ve savurganlık... Hangi harcamalarımız ya da verdiğimiz şeyler cömertlik olarak değerlendirilir, hangileri savurganlık olur?

Şöyle açıklayalım: Cömertlik, İslam'ın methettiği özelliklerdendir. Resulallah (S.A.V.) bir hadisinde, "Cömertlik imandandır, cimrilik ise nankörlüktendir." buyurur.[2] Başka bir hadisinde de; "Allah katında cimriden daha sevimsiz kimse yoktur." der.[3] Bu da aslında, inanan bir insanın cimri olmaması gerektiği anlamına gelir.

Öte yandan, Allah (C.C.) Kur'an'da, savurganlık için de, "Savurganlar, şeytanların kardeşleri olmuşlardır." buyurur.[4] Yani aslında İslam'da cömertlik de, tutumlu olmak da çok methedilen özelliklerdendir.

Peki, biz bunları nasıl ayrıştıracak ve buradaki dengeyi nasıl kuracağız?

Bu soruların yanıtları; Kur'an ve Sünnet'in rehberliği ile bulunabilir.

Kur'an bize; doğru ile yanlışı ayırt etme yeteneği kazandıran, muhteşem bir kılavuzdur. Resulallah'ın (S.A.V.) örnek hayatı da, çeşitli durumlar karşısında nasıl davranmamız gerektiğini anlamamıza yardımcı olur.

Kur'an'daki kıssalarla, hayat yolculuğumuz sırasında aklımıza takılan soruların cevaplarını bulur ve kişisel gelişimimize önemli bir yön vermiş oluruz.

Allah (C.C.), Kur'an'da pek çok karakterin duygu, davranış ve süreçlerini bize aktarır; bunların sonuçlarını bildirir. Örneğin; münafıkların nasıl davrandığı, neler hissettikleri, kendi aralarında neler konuştukları ve sonuçta nasıl bir akıbetle karşılaştıkları Kur'an'da açıkça bildirilir. Allah (C.C.) Uhud, Ahzab, Bedir gibi olaylarla ve peygamber kıssalarıyla bize yol gösterir. Biz de bu örnekleri analiz ederek, hikmetli insan olma yolunda ilerleyebiliriz.

Kur'an'da anlatılan bazı karakterler, insanlık için âdeta birer prototip niteliğindedir. Kur'an, bu karakterleri ayrıntılı bir şekilde ele alarak

---

2. Tirmizi, Birr ve Sıla, 40
3. İbni Hibban, Sahih 3/338
4. İsrâ suresi, 27

bize, nasıl davranmamız gerektiğini öğretir. Bu karakterler incelendiğinde, onların olumlu yönlerini örnek alarak ya da olumsuz özelliklerinden sakınarak; kendimize bir yol haritası çizebiliriz.

Bu bölümde, Kur'an'da geçen bazı karakterlerin hayatlarından örnekler vererek "öz güven" konusunu ele alacağız. Bu konuyu işlerken de Yusuf (A.S.), Davud (A.S.), Süleyman (A.S.) ve Zülkarneyn'in hayatlarından örnekler vereceğiz. Bir sonraki bölümde ise, kibir kavramını inceleyecek; İblis'in şeytanlaşma sürecinden, Firavun'dan, Kârun'dan ve bazı peygamberlerin kavimlerinin tutumlarından bahsedeceğiz.

Gelin, analizimize öz güven konusu ile başlayalım.

Şöyle bir düşünün: Sizce, öz güven konusunu ele alırken hayatlarını inceleyeceğimiz Süleyman (A.S.), Davut (A.S.), Yusuf (A.S.) ve Zülkarneyn'in ortak özellikleri nelerdi?

Bu isimlerin en önemli ortak noktası, dünya üzerinde geniş bir hâkimiyete sahip olmalarıdır.

Süleyman (A.S.) ve Davut (A.S.) birer hükümdardı. Süleyman (A.S.), Davut'un (A.S.) oğluydu. Allah (C.C.) onlara büyük yetkiler bahşetmişti. Özellikle Süleyman'ın (A.S.) emrine rüzgârlar verilmiş ve O'na, hayvanlarla konuşabilme yeteneği lütfedilmişti. Ayrıca cinler de Süleyman'ın (A.S.) hizmetindeydi. Kısacası, olağanüstü bir hâkimiyet alanına sahipti.

Yusuf (A.S.); Mısır'ın yöneticisiydi ve Musa'ya (A.S.) kadar sürecek Mısır medeniyetinin temellerini atan kişiydi.

Zülkarneyn ise, Kehf suresinin 83-98. ayetlerinde anlatıldığı üzere; doğu ve batıya seferler düzenleyerek oralarda hâkimiyet kurmuş, adaletli ve hikmet sahibi çok büyük bir imparatordu.

Bu karakterlerin ortak özelliği; yönetici konumunda olmaları ve önemli bir güç ile otoriteye sahip bulunmalarıdır. Ancak sahip oldukları bu güç, kibirle değil, sağlam bir öz güvenle birleşmiştir.

İçimdeki Turkuaz

Dikkatle bakıldığında görülür ki; onların hâkimiyetleri yalnızca fiziksel güç ya da yetkiyle değil, aynı zamanda derin bir tecrübe, hikmet ve sağlam bir öz güvenle inşa edilmiştir.

Peki, bunu nasıl anlamalıyız?

Bir alanda öz güven ve hâkimiyet sahibi olması için; kişinin o alanda derin bir ilminin, tecrübe ve birikiminin olması gerekir. İlim olmadan, hakiki manada bir öz güven ve hâkimiyet elde edilemez. Örneğin; alanında uzman ve otoriter bir doktor olmak için, kişinin o otoriteyi besleyecek bilgiye, tecrübeye ve kendini ispat etmişliğe ihtiyacı vardır.

Bilgi ve tecrübe olmadan, bir konuda aksiyon alıp başarıya ulaşmadan, sağlıklı bir öz güven ve hâkimiyetin elde edilmesi pek mümkün değildir.

Bilgi, tecrübeden yoksun ve her kademede çalışılmadan elde edilen bir hâkimiyet; kibre dönüşebilecek, sağlıksız bir öz güven oluşturabilir. Bu nedenle, öz güvenin sağlam temellere dayanması büyük önem taşır. Çünkü kibre dönüşen bir hâkimiyet, kişinin hem kendisine hem de çevresine zarar verebilir. Bu konuda dikkatli olmalıyız.

Gelin şimdi, öz güvenin ne olduğunu daha derinlemesine kavrayabilmek için; Kur'an'da ismi geçen bu karakterleri ayrıntılı bir şekilde inceleyelim. Onların neler yaşadıklarına, nasıl davrandıklarına bakarak, sağlıklı bir öz güvenin nasıl olması ve inşa edilmesi gerektiğini anlamaya çalışalım. Daha sonra, Kur'an'da kibirli davranışlarıyla anılan karakterleri inceleyip aradaki farkları ve bizim bu konuda nelere dikkat etmemiz gerektiğini analiz edelim.

Yusuf (A.S.) ile başlayalım.

Öncelikle, Yusuf'un (A.S.) kıssasını kısaca hatırlayalım.

Yusuf (A.S.), Yakup'un (A.S.) oğludur. O (A.S.), henüz 8-10 yaşlarındayken bir rüya görmüş ve bu rüyasını babasına; "On bir yıldızın, Güneş ve Ay'ın bana secde ettiklerini gördüm." diyerek anlatmıştı.[5]

Bu rüya, Yusuf'un (A.S.) hayatında gerçekleşecek büyük olayların bir habercisiydi. Ancak bu, kolay bir hikâye olmayacaktı.

Yusuf (A.S.); daha küçük bir çocukken, kendisini kıskanan abileri tarafından bir kuyuya atıldı. Kısa bir süre sonra, kuyunun yanından geçen kervandaki kişiler tarafından kurtarıldı. Fakat bu sefer de köle olarak pazarda satılmak için Mısır'a götürüldü.

Mısır'da, yönetici sınıfından biri Yusuf'u (A.S.) satın aldı ve evine getirdi. Yusuf (A.S.) getirildiği o evde büyüdü. Ancak bir süre sonra, evin hanımının iftirasına uğrayarak hapse atıldı.

O (A.S.), haksız yere zindana atıldığı bu dönemde bile; ümidini kaybetmedi, kendisine verilen ilmi ve yetenekleri kullanmaya devam etti.

Yusuf'un (A.S.) hapiste olduğu dönemde, ülkenin meliki bir rüya gördü. Rüyasında yedi zayıf inek, yedi semiz ineği yemişti. Ayrıca yedi kuru başak ve yedi yeşil başak vardı. Melik, bu rüyayı yorumlatmak istiyordu. Ancak hiç kimse, bu rüyanın anlamını çözümleyememişti. Çevresindekiler meliki, "Bunlar karışık rüyalardır." diyerek geçiştiriyordu.

O sırada, daha önce Yusuf (A.S.) ile aynı zindanda kalmış ve o anda melikin hizmetkârlığını yapan bir kişi, Yusuf'un (A.S.) rüya yorumlama yeteneğini hatırladı ve melike bundan bahsetti. Rüya, hemen Yusuf'a (A.S.) anlatıldı.

Yusuf (A.S.), melikin rüyasını yorumlayarak; yedi semiz inek ile yedi zayıf ineğin ve yedi yeşil başakla yedi kuru başağın ne anlama geldiklerini açıkladı. Yaptığı yoruma göre; yedi bolluk senesini yedi kıtlık

---

5. Yûsuf Suresi, 4

senesi izleyecek ve bolluk senelerinde biriktirilenler, kıtlık senelerinde kullanılacaktı. Bu yorum, Mısır için çok önemliydi.

Melik, Yusuf'un (A.S.) bilgeliği ve öngörüsünden çok etkilenmişti. Bu nedenle de, "Onu yanıma getirin, kendime özel danışman edineyim." diyerek Yusuf'u (A.S.) yanına çağırdı.[6]

Şimdi durun ve düşünün!

Diyelim ki hapishanedesiniz. Uzun zamandır mahkûmsunuz ve bir gün, ülkenin yöneticisi; "Ben onu; sadece kendime özel bir danışman yapacağım." diyerek sizi yanına çağırıyor.

Ne yaparsınız?

"Oh be hapisten çıktım, üstelik baksana nasıl bir makama geldim!" hissiyatıyla, hayret ve sevinç içinde olursunuz, değil mi?

Çünkü melikin teklifi, aslında insanların hemen kabul edeceği bir teklif.

Yusuf (A.S.) ne yapıyor, biliyor musunuz?

Kendisine melikin teklifini getiren kişiye; "Sen önce dönüp efendine 'O ellerini kesen kadınların meselesi neydi?' diye soruver." diyor.[7] Yani kendisine atılan o iftira araştırılmadan, o konu açığa çıkmadan gelmeyeceğini söylüyor. Buradaki öz güvenin farkında mısınız?

Peki, Yusuf (A.S.) neden böyle davranıyor?

Şöyle açıklayalım: O dönemde, yozlaşmış bir devlet yapısı vardı ve Yusuf (A.S.), bu yapı için önemli bir göreve getirilecekti.

---

6. Yûsuf Suresi, 54
7. Yûsuf Suresi, 50

Ekonomik sıkıntılar büyüktü. Devletin içinde; kendi çıkarlarını gözeten, yönetime yaranmaya çalışan birçok insan vardı. Rüşvet yaygındı, usulsüzlükler sıradanlaşmıştı. Herkes, kendi çıkarlarını gözetiyor ve devleti sömürüyordu. Kısacası; sistem bozulmuştu ve düzeltilmesi için güvenilir birine ihtiyaç vardı. Bu nedenle de melik, Yusuf (A.S.) için; "Onu hapishaneden çıkarın, özel danışmanım yapacağım." diyordu.

Bu perspektifle baktığımızda, Yusuf'un (A.S.) sergilediği duruşla aslında, "Benim sana değil, senin bana ihtiyacın var. Ben buradayım. Şayet yardımımı istiyorsan, öncelikle benim aleyhime atılmış iftiraları, kumpasları araştır." dediğini görüyoruz.

Dikkat edin bu; haklı olduğuna ve yanlış yapmadığına inanan bir kişinin sahip olduğu muhteşem bir öz güvendir.

Yusuf (A.S.); konu yeterince araştırılmadan zindana atılmış ve mahkemeye dahi çıkartılmadan senelerce orada tutulmuştu. Ancak haklı olduğundan o kadar emin ki, "Eğer bana önemli bir vazife verilecekse, ben bu vazifeye gelmeden önce, geçmişimde olan ve aleyhimde kullanılma ihtimali taşıyan bu meselenin açıklığa kavuşmasını istiyorum. Ancak öyle gelirim." diyordu.

Melik, hemen konuyla ilgili gerekli araştırmaları yaptırdı. İlgili kadınların hepsi mahkemeye çıkarıldı. Kadınlar, Yusuf'un (A.S.) masum olduğunu ve O'na (A.S.) iftira attıklarını söylediler. "Hâşâ! Allah için söylemek gerekirse, onun yaptığı hiçbir kötülük bilmiş, görmüş değiliz." dediler. Vezirin eşi de: "Şimdi gerçek meydana çıktı. Ondan kâm almak isteyen bendim. O ise tam sadık ve dürüst insanlardandır."[8] diyerek yaptıklarını itiraf etti.

Melik, Yusuf'un (A.S.) özel danışmanı olmasını istiyordu. Amacı; Yusuf'u (A.S.) herkesten bağımsız, doğrudan kendisine bağlı, çok yüksek bir göreve atamaktı. Ancak Yusuf (A.S.), bunu kabul etmedi. O (A.S.);

---

8. Yûsuf Suresi, 51

aslında daha üst bir makam olan bu vazifeyi değil, ekonomiden sorumlu bir görevi istiyor, yani daha alt seviyedeki bir vazifeye talip oluyordu.

Yusuf'un (A.S.) burada söyledikleri Kur'an'da şöyle anlatılır:

Yûsuf 55- "Kâlec'alnî alâ hazâinil ard, innî hafîzun alîm."

"Yusuf: 'Beni ülkenin hazine işlerinden sorumlu bakan olarak görevlendir. Çünkü ben malları iyi korur, işletme ve yönetimi iyi bilirim.' dedi."

Ayetin son kısmında; Yusuf'un (A.S.), melikin çevresindeki diğer adamlar gibi olmadığını, "İnnî hafîzun alîm. - Ben bu işi korurum, işletme ve yönetimi iyi bilirim." diyerek ifade ettiği bildiriliyor. Yusuf (A.S.) mealen; "Ben bu konuda hafîz ve alîmim." diyor. Yani kendisiyle alakalı "hafîz" ve "alîm" sıfatlarını kullanarak; talip olduğu pozisyonla ilgili, gerekli donanım ile eğitime sahip olduğunu ve bu pozisyonun hakkını koruyacağını ifade ediyor.

Bu, mealen şu anlama gelir:

"Ben hafîzim, çünkü bu pozisyonun gereğini yerine getireceğim. Ürünleri, ülke ekonomisini, fakirleri, yetimleri; kısacası bu işle ilgili her şeyi koruyacağım. Ben alîmim, çünkü bu dediklerimi de ancak, Allah'ın geçmişimde bana öğrettiği ilimle yapacağım. Bu işleri yapacak kişinin ilme ve tecrübeye ihtiyacı var. Ben de, bu pozisyona gelebilecek ve bu işleri yapabilecek ilme ve tecrübeye sahibim. Hatta, bu pozisyona talip olmamın sebebi de Allah'ın bana verdiği o ilim. Bu badireyi atlatabilmemiz için, bu pozisyonda olmam gerektiğini, bana o ilim söyletti. Bu konuda en ufak bir tereddüt olmamalı."

Bakın, doğru analiz edilmediğinde, böyle bir ifade karşısında insana; "Biraz mütevazi ol! O kadar ekonomi bakanı, iyi üniversitelerden mezun olmuş kişi varken; sen kimsin, özgeçmişinde ne var ki bu işe talip oluyorsun. Ne yani, sen ekonomiyi; bunca bakandan, Merkez Bankası'nın başındakilerden daha iyi mi biliyorsun?" denilebilir. Ancak, bu öz güvenin nereden geldiğini ve Yusuf'un (A.S) neden, "Malları iyi korur, işletme ve yönetimi iyi bilirim." dediğini doğru anlamak lazım.

Sizce, Yusuf'taki (A.S.) bu öz güven nereden geliyor?

Bu sorunun cevabını bulmak için, Yusuf'un (A.S.) neler yaşadığına bir bakalım:

O (A.S.), henüz küçük bir çocukken köle olarak satıldı. Yani yasa dışı dünyayı ve oranın insanlarını iyi tanıyordu. Çocukların nasıl kaçırılıp kötü yerlerde yaşamaya zorlandıklarını; bunu yapan insanların kafa yapılarını, çocukları nasıl sattıklarını ve kölelere nasıl davrandıklarını çok iyi biliyordu. Çünkü bütün bunları yaşamıştı.

Bakın, ekonomi çöktüğünde, kara borsa ortaya çıkar. Bazı insanlar, böyle bir durumda, ellerindeki malları normalden çok daha pahalıya satarlar. Yusuf (A.S.), çocukken pazarlarda satılmış biri olduğundan, bu sistemlerin nasıl işlediğini de çok iyi biliyordu.

O (A.S.), toplumun her kesiminden insanla temas etmişti. Nereden ne alınır, hangi işçi ne yapar, hangi tüccar nasıl davranır, pazarlar nasıl işler bilirdi. Köle olarak yaşadığı evde, temizlik yapan birinin neler hissettiğini de, o evi yöneten yüksek rütbeli politikacının aklından neler geçtiğini de anlamıştı.

Yusuf (A.S.), o politikacının halk önündeki konuşmalarına, ev içindeki diyaloglarına, eşiyle ilişkisine ve evde verdikleri davetlere tanıklık etmişti. Onlara çay getirirken, isteklerini yerine getirirken, aralarındaki sohbetleri duyma fırsatı bulmuştu. Yani, tüm bu kişilerin düşünce yapılarına hakimdi. Dönen entrikaları, kimin nasıl ve ne kadar rüşvet aldığını, kimin hangi adamla kuvvetli bağları olduğunu, kimin kiminle ittifak yaptığını biliyordu. Kısacası, devleti yönetenlerin gerçek yüzlerine vâkıftı.

Ayrıca, hapse girdiği dönemde; oradaki suçluların psikolojisini de öğrenmişti. Mafyayı ve suç örgütlerini tanıyor, onların dışarıdaki bağlantılarını biliyordu. İnsanların neden ve nasıl hapse girdiklerinden, orada nasıl davrandıklarından ve nasıl rehabilite edileceklerinden haberdardı.

Sonuç olarak: Yusuf (A.S.) hem halkı, hem o halkı yönetenleri, hem de suç dünyasını tanıyordu. O (A.S.); sadece akademik bilgiye değil, hayatın içinden gelen gerçek ve derin bir tecrübeye sahipti. Yani, sahip olduğu öz güven; Allah'ın (C.C.) öğrettiği ilimle birleşen bu hayat tecrübesinden kaynaklanıyordu.

Düşünün şimdi! Ülkeyi bekleyen büyük bir ekonomik kriz var ve toplum yozlaşmış bir durumda. Böyle bir ortamda; Yusuf (A.S.) insanların hayatlarını, zihniyetlerini, devleti nasıl soyduklarını ve ne yaptıklarını biliyor. Ayrıca O (A.S.), bu ülkede yapılan her şeyi, kişilerin düşünce yapılarını, aksiyonlarını, gerçek yüzlerini bilen ve temiz olan tek kişi. Bu nedenle de melike mealen; "Bu işi bana ver, çünkü ben hafîz ve alîm'im." diyor.

Bu söylemdeki "hafîz" ve "alîm" özelliklerine dikkat edin!

Yusuf (A.S.); "Eminim, aynı zamanda güvenilirim." diyor. Bu mealen, "Ben, bunu sana iyi okuldan mezun olan biri olarak söylemiyorum. Bu görev için kitaplar okumadım, ancak bizzat oralarda yaşadım. İşçi sınıfında, asgari ücretle çalıştım. Mafya beni pazarlarda sattı. Ben o hapishanelerdeki kara borsacıların, kötülük yapan, hırsızlık yapan o adamların arasında hapiste kaldım. Politikacıların düşünce yapısını biliyorum. Bu yüzden de bu işe hakimim. Ben bu işi bilirim, korurum. Ayrıca tertemiz biriyim, bunlar gibi hiç olmadım. Onların düşünce yapısını bilsem de kendimi hep korudum." demektir. Ve bu; kibirle değil, öz güvenle söylenen bir sözdür.

Ne görüyoruz?

Yusuf'taki (A.S.) bu öz güvenin temellerinde, tecrübe bulunmaktadır. O (A.S.) ilmini; kitaplardan okuyarak veya "Şu tarihte tohum ekersen, şöyle yağmur yağar ve o tohumlar yeşerir." gibi teorilerle değil; tarlada tohum ekip orada çalışıp, yeri geldiğinde ıslanarak öğrenmiştir.

"Ben bu işi yapabilirim, çünkü bu işin ne olduğunu, gerekliliklerini, kimi nasıl etkilediğini, kimden nasıl etkilendiğini, kısacası genetiğini biliyorum." diyebilen, öz güvenli insanlara her zaman ihtiyaç vardır. Ve bu, kibir değildir.

Yusuf'un (A.S.) bahsetmek istediğimiz bir başka özelliği de, makamı ve gücü olmasına rağmen; son derece temkinli bir kişi olmasıdır. Kıtlık döneminde, kardeşleri saraya yardım almak için geldiklerinde, Yusuf (A.S.) onları açığa çıkarmadı ve sadece küçük kardeşini yanına aldı. Çünkü o, devletin içinde kendisine düşman olanlar olduğu gibi, kendi kardeşlerinin de kötülük yapabileceğini ve planına zarar verebileceklerini biliyordu.

Yusuf (A.S.), gücün geçici olduğunu fark etmişti. Yozlaşmış bir devletin içinde, ne kadar güçlü olmaya çalışsa da, farklı dengelerin olduğunu ve bu dengelerin ekonomik olarak da kendi menfaatlerine zarar verebileceğini bilerek hareket ediyordu. Bu yüzden çok temkinliydi. Yani Yusuf (A.S.), bilgi ve tecrübeye dayalı bir öz güvene sahipti ve buna güvenip tedbiri elden bırakmıyor, dikkatli davranıyordu.

Peki, Kur'an bize bu kıssa ile ne öğretiyor?

Öz güvenli olmak, dikkatsiz davranmak demek değildir. Öz güven, "Hâkimiyetim, gücüm var!" ya da, "Artık her istediğimi yaparım!" diyerek gardını düşürmek ve tedbiri bırakmak anlamına gelmez. "Bana hiçbir şey olmaz!" hissiyatıyla hareket etmek, doğru bir yaklaşım değildir. Tedbiri ve dikkati, asla elden bırakmamalıyız. Yusuf'tan (A.S.) öğrendiğimiz en önemli şeylerden biri; gerçek öz güvenin, hem güçlü hem de temkinli olmakta saklı olduğudur.

Konumuza, Davut (A.S.) ile devam edelim.

Davut (A.S.), Kuran'da Adem (A.S.) ile birlikte halife olarak anılan ikinci kişidir. Allah (C.C.) Davut'a (A.S.); hâkimiyet, hikmet, isabetli karar verme ve meramını güzel bir şekilde ifade etme kabiliyeti vermiştir.

Davut (A.S.) kuşların dilini bilen; kendine özgü bir tespihi olan ve güzel sesiyle dua ettiğinde dağların, kuşların da zikre katıldığı bir peygamberdi.

Davut (A.S.); gençliğinden itibaren savaş meydanlarında bulunmuş, cesareti ile ön plana çıkmıştır. Bakara suresinin 249-251. ayetlerinde geçen Tâlut ve Câlut kıssasında, dönemin en güçlü savaşçılarından biri olan Câlut'u öldürmesi anlatılır. Rivayetlere göre, iki metre boyundaki bu savaşçıyı, Davut (A.S.) sapanıyla etkisiz hâle getirmiştir.[9]

Davut (A.S.), daha sonra Tâlut'un kızıyla evlenmiş ve başarılarından dolayı devletin başına geçirilmişti. Yani onun krallığı; bir soy mirası değil, liyakatle elde edilmiş bir yöneticilikti.

Davut (A.S.), halkı tarafından saygı duyulan, etkili ve güçlü bir hükümdardı. Görev süresi boyunca, birçok suikast girişimiyle karşı karşıya kalmış, hem savaş meydanlarında hem de devlet yönetiminde sürekli bir mücadele içinde yaşamıştı.

Kur'an'da hikmet kavramı incelendiğinde, Mushaf'ta ilk verilen örneğin Davut (A.S.) olduğu görülür. Ondaki hikmetten bahsedilirken, "hikmetin, hayat tecrübesine bakan yönü" vurgulanır.

Peki, buradan ne öğreniyoruz?

Davut (A.S.); büyük bir güce, hükümranlık ve savaşçılık özelliklerine sahip olmasına rağmen, Allah'a karşı derin bir tevazu ve teslimiyet içindeydi.

Güç sahibi olmak; zikri terk etmek, kibirlenmek ya da Allah (C.C.) ile bağı zayıflatmak anlamına gelmez. Aksine, gerçek güç; Allah'a (C.C.) karşı mahviyet içinde olmak, O'nu (C.C.) zikretmek ve her durumda tevazu gösterebilmektir.

---

9. İbni Kesir Tefsiri; Taberi Tefsiri; Eski Ahit, Samuel 17:49-50

O'nun (A.S.) özelliklerine sahip birinin güç ve otoritesinden kaynaklı olarak sert, kaba, katı yürekli olduğu düşünülebilir. Fakat Davut'ta (A.S.) bunları görmüyoruz.

Davut'un (A.S.) öz güveni, sahadaki tecrübesinden kaynaklanıyor. Ancak bu durum; O'nun (A.S.) kalbinin yumuşaklığını ve maneviyatını etkilemiyor.

Davut'un (A.S.) birkaç özelliğinden daha bahsedelim.

O'nun (A.S.) en önemli özelliklerinden biri, hiç durmadan öğrenen biri olmasıydı. Sahip olduğu öz güven, yöneticilik, hükümranlık ve fiziksel güç; hiçbir zaman onu öğrenmeye karşı kapalı birine dönüştürmemişti. Aksine O (A.S.), ömrü boyunca öğrenci kalmıştı.

Bakın bu nokta gerçekten çok önemli! Hangi konumda ya da ne kadar bilgi sahibi olursak olalım; kendisinden ilim öğrendiğimiz kişi karşısında, tevazu sahibi olmak zorundayız.

Gerçek öz güven, "Her şeyi ben bilirim." demek değil; yeri geldiğinde "Bilmiyorum." diyebilmektir. Karşımızdaki bir çocuk dahi olsa, her fırsatta öğrenmeye açık olmamız lazım.

Bu konudaki en güzel örneklerden biri, Davut (A.S.) ile oğlu Süleyman'ın (A.S.) kıssalarında yer alır. Allah Azze ve Celle, ihtilaflı bir mesele ile ilgili; "Biz, hükmü içeren çözümü Süleyman'a bildirdik." buyuruyor.[10]

Dikkat edin! Süleyman (A.S.) bu olay sırasında henüz on yaşlarındaydı. Allah (C.C.); bahsedilen meseleyle ilgili çözümü Davut'a (A.S.) değil, henüz daha bir çocuk olan oğlu, Süleyman'a (A.S.) bildirmişti. Bakın bu kıssa, tevazu ve öğrenmeye açıklığın yaşa, makama ya da otoriteye bağlı olmadığını gösteren müthiş bir örnektir.

---

10. Enbiyâ Suresi, 79

Gerçek öz güven; tevazu ile öğrenmeye açık olmaktır. Her gün kendine, "Acaba bugün ne öğrenebilirim, kendimi nasıl geliştirebilirim?" sorusunu sorabilmek, herkesten bir şeyler öğrenebilmek ve hayat boyu öğrenci olmayı benimsemektir.

Buraya kadar, Yusuf'tan (A.S.) temkinli bir öz güveni, Davut'tan (A.S.) ise hâkimiyet sahibiyken ve gücün zirvesindeyken dahi; tevazu sahibi, yumuşak kalpli olmayı ve öğrenmeye açık öz güveni öğrendik.

Gelin konumuza Süleyman'dan (A.S.) bahsederek devam edelim.

Süleyman (A.S.), hâkimiyeti en geniş peygamber olarak anlatılır. O'nun (A.S.) hayatı; özellikle, öz güven ve kibir arasındaki ince çizginin ayrıştırılması için bize muhteşem şifreler verir.

Allah Azze ve Celle, Süleyman'a (A.S.) hiç kimseye vermediği bir mülk ve hakimiyet vermişti.

Süleyman (A.S.); rüzgâra bir şehre gitmesini, orada kasırga, tufan çıkartmasını emredebilir ya da cinlere, verdiği emirle istediğini yaptırabilirdi.

Mesela; Neml suresinde cinlerin, göz açıp kapama süresi içinde Belkıs'ın tahtını Süleyman'a (A.S.) getirdikleri anlatılır.[11] Ayrıca aynı surede; Süleyman'ın (A.S.) karınca, kuş gibi pek çok hayvanın dilini bildiğinden ve kendisine böyle bir ilim ve hâkimiyet verildiğinden de bahsedilir.

Dikkat edin! Aslında bütün bu nimetler, insanda kibir ve enaniyet gibi hissiyatların gelişmesine sebebiyet verebilir. Ancak, Süleyman'da (A.S.) böyle bir durum görülmüyor.

O (A.S.), kendisine verilen tüm bu olağanüstü özelliklere ve hâkimiyete rağmen, tevazuya ve Allah'a (C.C.) olan bağlılığına sımsıkı

---

11. Neml Suresi 38;40

sarılmış biridir. O'nun (A.S.) öz güveni ile tevazusu arasında, muhteşem bir denge vardır.

Süleyman (A.S.), sahip olduğu nimetlerin Allah'tan birer lütuf olduğunu bilir ve şu şekilde dua eder: "Rabbigfir lî veheb lî mulken lâ yenbagî li ehadin min ba'dî, inneke entel vehhâb. - Ya Rab'bî! Affet beni ve bana, benden sonra hiç kimseye nasip olmayacak bir hâkimiyet lütfet. Çünkü Sen, lütufları son derece bol olan Vehhab'sın!"[12]

Bu dua; Süleyman'ın (A.S.) öz güvenini ve Rab'bine olan teslimiyetini görmemizi sağlayan önemli bir duadır.

Süleyman (A.S.); sahip olduğu yönetim yeteneğinin ve başarılarının kendisinden değil, Allah'ın rahmetinden kaynaklandığını bilir. Bu bilinçle, sahip olduğu nimetlere şükrederken de hep daha fazlasını Allah'tan talep etmekten çekinmez.

Dikkat çeken bir diğer nokta da Süleyman'ın (A.S.) duasındaki, "Rabbiğfirli. - Ya Rab'bî! Affet beni." ifadesidir. Bu, O'nun hem kendisini muhasebe ettiğini hem de kusurlarını kabul ederek Allah'a (C.C.) yöneldiğini gösterir. Zaten bu yöneliş de, öz güveni kibirden ayıran temel farktır. Süleyman'ın (A.S.) bu duası; öz güven sahibi olmanın yolunun, öncelikle Allah'a (C.C.) yönelmekten geçtiğini öğreten, çok önemli bir duadır.

Bakın, Süleyman (A.S.) bir peygamberdi. Ancak O (A.S.), insanın her zaman eksikleri olabileceğini ve hata yapabileceğini kabul ederek, hâlini Allah'a (C.C.) arz etmekten çekinmiyordu.

O (A.S.), öz güvenin Allah'a (C.C.) dayalı bir teslimiyetle nasıl güçlendiğinin canlı bir örneğidir. O (A.S.); kendi çabalarına güvenmekle beraber, elde edilen her neticenin Allah'ın iradesine bağlı olduğunu biliyordu. Zaten böyle bir denge de, öz güvenin kibirle karıştırılmasını engeller.

---

12. Sâd Suresi, 35

Onu (A.S.) örnek alıp, Allah'ın bize verdiği kabiliyetlere güvenmeli, ancak bu nimetlerin kaynağının Allah (C.C.) olduğunu asla unutmamalıyız.

Bakın! Öz güven; kibirden uzak bir şekilde, Allah'a (C.C.) bağlılıkla şekillendirildiğinde, en sağlıklı ve verimli hâle gelir. Bu konuya dikkat etmeli ve Allah ile olan bağımız üzerinde çalışmalıyız.

Burada şu noktaya da değinelim.

İlk bakıldığında Süleyman'ın (A.S.) duası anlaşılmayabilir ya da, "Acaba böyle bir hâkimiyet istenmeli mi?" diye düşünülebilir. Ancak duayı dikkatli incelediğimizde, aslında Süleyman'a (A.S.) verilen en önemli mülkün "nefse hakim olabilme" nimeti olduğunu görürüz. Bu, bir insan için belki de en muhteşem güç ve kuvvettir.

Kıssası incelendiğinde, Süleyman'ın (A.S.) kendisine verilen bu güç ve kuvveti; asla kişisel çıkarları için kullanmadığı görülecektir. Bu meseleyi, Neml suresinde anlatılan Belkıs kıssasıyla daha da iyi anlayabiliriz.

Kıssada, Yemen'de yaşayan ve başlarında Belkıs isminde bir kraliçenin olduğu bir kavimden bahsediliyor. Bu kavim, şirk koşan insanlardan oluşuyor. Süleyman (A.S.), o toplumu kendisine itaat ettirme ve bunu da savaşmadan yapma üzerine bir strateji izliyor. Allah (C.C.), Süleyman (A.S.) ile Belkıs'ın arasında geçen diyalogları Kur'an'da bize bildiriyor. Bu bölüm kısaca şöyledir:

Süleyman (A.S.), "besmele" ile başlayan bir mektup yazdı ve üzerine meşhur mührünü vurarak Hüthüt'e verdi. Hüthüt'e; mektubu götürüp onların yanına bırakmasını ve oradan biraz uzaklaşarak, ne yapacaklarını izlemesini tembihledi.[13]

---

13. Neml Suresi 27;28

Hüthüt, mektubu aldı ve kendisine söylenildiği gibi Belkıs'ın tahtının üzerine bıraktı. Sonra da bir kenara çekilip olanları seyretmeye başladı.

Sabahleyin uykudan kalkan Belkıs, tahtının üzerindeki mektubu gördü. Kimin getirdiğini merak etti. Çünkü kapılar kapalıydı ve içeri birinin girmesi mümkün değildi. Muhafızlara: "Bu mektubu kim getirdi?" diye sordu. Onlar da: "Bizler kapının önünde bekçi idik. Hiç kimse içeri girmedi!" diye cevap verdiler.

Belkıs şaşkınlıkla mektubu açtı. Okudu ve hayretler içinde kaldı. Derhâl kavminin ileri gelenlerini topladı ve onlara şöyle dedi: "Değerli danışmanlarım! Bana çok önemli bir mektup gönderildi. Mektup Süleyman'dandır ve 'Rahmân ve Rahîm olan Allah'ın adıyla' diye başlayıp: 'Bana karşı kibirlenmeyin, itaat ve teslimiyet göstererek yanıma gelin!' diye devam etmektedir."[14]

Hayal edin! Beyaz Saray'da, başkanın masasının üzerine bir mektup bırakılıyor ve kimin bıraktığı, o odaya nasıl girildiği hakkında hiçbir bilgi yok. İnsanlar hâliyle şaşkınlık içinde kalıyorlar.

İşte, çevresindekiler tam da böyle bir durumdayken, Belkıs, danışmanlarına konuyla ilgili fikirlerini soruyor. Onlar da: "Biz güçlü, kuvvetliyiz, savaşçı milletiz. Ama irade size aittir, değerlendirip münasip gördüğünüz emri verin." diyorlar.

Bunun üzerine Belkıs; "Doğrusu, hükümdarlar bir ülkeye girince oranın düzenini altüst eder, halkının eşrafını da sefil ve zelil ederler. Evet, istilacılar hep böyle yaparlar. Bunun içindir ki, ben şimdi onlara bir hediye gönderip elçilerimin ne gibi bir cevap getireceklerini bekleyeceğim." diyor. Daha sonra, hediyelerle birlikte Süleyman'a (A.S.) bir elçi gönderiyor.

Süleyman (A.S.) ise, gelen elçiye: "Siz bana mal ile yardım mı etmek istiyorsunuz? Oysa, Allah'ın bana verdiği nimetler; sizin verdiğinizden

---

14. Neml Suresi, 29;31

daha hayırlıdır. Ama siz hediyenizle böbürlenirsiniz"[15] diyor ve çok büyük ordularla üzerlerine geleceğini bildiriyor.

Bunun üzerine Belkıs, itaatlerini bildirmek üzere yola çıkıyor. Süleyman (A.S.) durumdan haberdar ve Belkıs oraya gelmeden önce, onun tahtını sarayına getirtmek istiyor. Etrafındakilere; "Değerli danışmanlarım! Onların itaat içinde huzuruma gelmelerinden önce, içinizden kim onun tahtını bana getirebilir?"[16] diye soruyor. Süleyman (A.S.) bu soruyu sorar sormaz, ortamdaki cinnîlerden biri çıkıp, göz açıp kapayıncaya kadar tahtı huzura getiriyor.

O ortamı hayal edin!

Süleyman'ın (A.S.) danışmanları bekliyorlar. Belkıs, yanındaki danışmanlarıyla saraya geliyor. Sırçadan yapılmış, adetâ akvaryum gibi bir sarayla karşılaşıyor ve içine giriyor.

Alttan akan suları görünce, ıslanacağı düşüncesiyle, Belkıs elbisesini yukarı çekiyor. Bu hareket, aslında güç ve kuvvet açısından bakıldığında; zayıflık olarak görülüp; "Aman bana bir şey olur mu?" korkusu olarak değerlendirilebilir. Ancak Belkıs, o an bunu yapmak zorunda kalıyor.

Süleyman (A.S.) ise, muhteşem şekilde ayarlanmış bu stratejik mücadeleyi izliyor. Belkıs, sarayın içinde ilerlerken bir süre sonra kendi tahtını görüyor. Süleyman'a (A.S.) bakıyor; fakat Süleyman (A.S.) ona bir şey demiyor. Süleyman'ın (A.S.) çevresindeki yardımcılardan biri, "Bu senin tahtına benzemiyor mu?" deyince Belkıs; "Evet, sanki bu benim tahtım." diye cevap veriyor.

Belkıs, bu kadar görkemli bir sarayda, bu denli güç ve hâkimiyet karşısında, nasıl bu kadar tevazu ve mahviyet sahibi olunabileceğini yakînen görüyor ve artık teslim oluyor.

---

15. Neml Suresi, 36
16. Neml Suresi, 38

Gelin konuyu daha iyi anlamak için, bu kıssada anlatılanları bir de kendimiz yaşıyormuşuz gibi düşünelim.

Farz edelim ki bir gün telefonunuz çalıyor ve dünyanın en güçlü insanlarından biri, telefonda size, kendisi için çalışmanızı istediğini söylüyor. Hatta siz neler olduğunu tam anlayamadan da, kapınıza takım elbiseli iki kişi geliyor.

Sizi alıp büyük ve lüks bir araca bindiriyorlar. Ardından helikopterle bir adaya geçiyorsunuz. Orada, ihtişamlı bir sarayın içine giriyorsunuz. Gördüklerinizle âdeta gözleriniz kamaşıyor. Ve bu yaşadıklarınızla, aslında şahit olduğunuz güç ve hâkimiyet karşısında bir ezilmişlik hissinin içine sokuluyorsunuz.

Sizi, güç sahibi o kimsenin yanına götürdüklerinde ise, o kişinin tevazusu ile karşılaşıyorsunuz. Ve o mütevazı kişi, orada sizden, çalışanı olmanızı istiyor.

Kıssaya bakıldığında insanın aklına, "Bu kadar güç gösterisine ne gerek var ki? Bu kibir değil mi?" gibi sorular gelebilir. Ancak bazen insan öyle durumlarla karşılaşır ki, büyük problemleri çözmek için, stratejik bazı güç gösterileri yapmak zorunda kalabilir.

Allah (C.C.) birine geniş imkânlar vermiş olabilir. Bu kişi; kendisine verilen imkânları inkâr edemez. Ona, üzerindeki bu elbise Allah (C.C.) tarafından giydirilmiştir. Ve o da "Bu elbise yok." diyemez.

Süleyman (A.S.) Sebe halkıyla savaşmak yerine; Allah'ın kendisine verdiği güç ve hâkimiyeti, aynı zamanda tevazusunu, oranın kraliçesine gösterdi ki, o ikna olunca diğer bütün danışmanlar ve halk da teslim olmak zorunda kalsın. Böyle bir durumda, insanlarda, "Yaa ne kadar çok imkânı var, ama bizden biri gibi davranıyor. Nasıl bu kadar mütevazı olabiliyor?" gibi hissiyatlar oluşabilir. Bu da zaten işin şifresidir.

İçimdeki Turkuaz

Dönün ve kendinize bakın! Allah (C.C.) sizi büyük işlerde istihdam ediyor, size geniş imkânlar veriyor olabilir. Vazife ve sorumluluğunuzun bilincinde olup ona göre davranmanız gerekir.

"Evet imtihan vesilesi olarak, bu imkânlar Allah tarafından bana verilmiş durumda ve ben de sorumluluk bilinci ile davranıp o imkân ve vazifeyi korumak zorundayım." hissiyatında olunmalıdır.

Şayet size verilenlerin Allah'tan geldiğini bilir ve bu öz güvenle hareket edersiniz; sahip olduklarınızı nefsinize veremezsiniz. "Ben bunu hak ettim, bunun için bunları yaptım." gibi söylemlerle övünemezsiniz. İşte bu da; nefse hâkim olmak, nefsi dizginlemek demektir ve çok zor bir iştir.

Süleyman (A.S.), böyle mütevazıca hareket etti. O (A.S.); "Ya Rab'bî! Beni nefsime öyle hâkim kıl ki gerek bana, gerek ebeveynime ihsan ettiğin nimetlere şükredeyim; Seni razı edecek güzel ve makbul işler yapabileyim. Bir de lütfedip beni hayırlı kulların arasına dahil eyle!" diyerek dua etti.[17]

O (A.S.) bir peygamberdi; fakat mütevazıca dua edip, peygamberlerden sonra hayırda ancak dördüncü sırada yer alan salihlerden olmak için Allah'a yalvardı.[18]

Buradaki tevazunun farkında mısınız? O'nun duası ve tevazusu, bizim için de muhteşem bir örnektir.

Süleyman'dan (A.S.) güç ve hakimiyetin; nefse karşı olması gerektiğini öğreniyoruz.

---

17. Neml Suresi, 19
18. Nisa Suresi, 69- "Kim Allah'a ve Resulüne itaat ederse işte onlar, Allah'ın nimetlerine mazhar ettiği nebîler, sıddîkler, şehidler, salih kişilerle beraber olacaklardır. Bunlar ne güzel arkadaşlar!"

En büyük öz güven; çok güçlü ve geniş bir hâkimiyet alanına sahip olduğumuzda, mütevazi kalabilmek ve bunu da nefsimiz adına kullanmamaktır. Söylediğimiz bir sözün insanlar tarafından dinlendiğini, saygıyla karşılandığını gördüğümüzde, bunu nefsimizden bilmemektir.

Kalbin tevazusu, her şeyi Allah'tan bilmek, nefse hâkim olabilmektir. Zaten dünyada en çok hâkimiyetin verildiği Süleyman (A.S.) da devamlı olarak; "Ya Rab'bi, beni nefsime hakim kıl." diye dua etmiştir.

Toparlayalım.

Öz güven ve kibir birbirine benziyor gibi görünse de aslında birbirine zıt iki kutup gibidir. İncelediğimiz örneklerde de görüyoruz ki, öz güven; tecrübeyle, o mesele hakkındaki ilmi arttırmakla ve o ilmi, sahada amele çevirmekle gelişir.

Unutmayın! Öz güvenliyiz diye tedbir ve temkini elden bırakamayız. Yusuf'tan (A.S.) öğrendiğimiz gibi; her zaman ve durumda, temkinli ve tedbirli davranmalıyız.

Öz güvenliyiz diye, katı bir kalple hareket edemeyiz.

Öz güvenliyiz diye, öğrenmeyi bırakamayız. "Ben biliyorum, artık bu konuda uzmanlaştım, sen kimsin ki bana bir şey öğreteceksin!" değil; "Ne kadar da güzelmiş, ben bu olaya hiç böyle bakmamıştım. Allah senden razı olsun, bana bunu öğrettin." diyebilmeli ve herkesten bir şeyler öğrenebilmeliyiz. Aksi takdirde, Allah korusun, kibre gireriz.

Öz güvenliyiz diye, nefis ile olan mücadeleyi bırakamayız.

Öz güvenliyiz diye, bize verilen imkânları, güç ve kuvveti; insanları ezmek için ve kendi nefsimiz adına kullanamayız.

Bize verilenleri; "Evet bu nimet bende var. Ama bu; bana Allah tarafından verildi." diyerek kabul etmeli, bu şekilde aksiyon almalıyız. Bakın bu, kibir değil; sağlıklı bir öz güvendir.

İçimdeki Turkuaz

Kişi; kendisine verilen nimeti kendinden bilmemeli, Allah'ın verdiği nimeti de inkâr etmemelidir. Bu denge, öz güven ve kibir arasındaki en önemli farkı görmemizi sağlar.

Bir sonraki bölümde; öz güven ve kibir ayrımının üzerinde biraz daha duracak ve kibir konusunu daha detaylı inceleyeceğiz.

Rab'bim bizlere, sağlıklı öz güvene sahip kişiler olmayı nasip etsin. Buna hepimizin, özellikle de çağımız gençlerinin çok ihtiyacı var.

10- Öz Güven mi, Kibir mi?

Kur'anî Kıssalar Işığında Bir Değerlendirme- 2

Kur'an'ın rehberliğinde, öz güven ile kibir arasındaki farkları keşfetmeye, kaldığımız yerden devam ediyoruz.

Önceki bölümde, Kur'an'da kendilerinden bahsedilen; Yusuf (A.S.), Davut (A.S.) ve Süleyman'ın (A.S.) kıssalarını inceledik. Onların düşünceleri, yaptıkları ve yaşadıkları üzerinden, "Sağlıklı bir öz güven nasıl olur? Öz güven ve kibir arasındaki fark nedir?" sorularının cevapları üzerinde durduk.

Bu karakterlerin ortak özellikleri, kendi alanlarında derinlemesine bilgi ve tecrübeye sahip olmalarıydı. Ayrıca onlar, Yusuf (A.S.) kıssasından da hatırladığımız gibi; yalnızca teorik bilgiyle sınırlı kalmamış, sahada tecrübe ederek yetkinliklerini pekiştirmiş; yani aslında, alanları ile ilgili çekirdekten yetişmiş kişilerdi.

Onlar; hangi alanda icraat gösteriyorlarsa, o alanla ilgili bilgi ve becerilerini pratikte deneyimlemiş, işin uzmanı olmanın doğal bir sonucu olarak da öz güven kazanmışlardı. Ancak onların öz güvenini sağlıklı kılan, sahip oldukları bu teknik yeterlilikten öte bir anlayıştı. Onlar, kendilerine verilen başarıların, aslında Allah'ın bir lütfu olduğunu ve dilediği zaman bunu geri alabileceğini biliyorlardı. Zaten sağlıklı öz güven de, bu bakış açısıyla şekillenen öz güvendir. Biz de bu anlayışı kazanıp hayatımıza uygulayarak, iç dünyamızda sağlıklı bir öz güven inşa edebiliriz.

Bu bölümde, konuyu başka bir perspektifle ele alacak ve Kur'an'da, kibirden bahsedilirken örnek verilen dört karakteri ve onların davranışlarını analiz edeceğiz. Böylelikle, öz güven ile kibir arasındaki ince çizgiyi, daha net bir şekilde anlamaya çalışacağız.

Kibir konusunda inceleyeceğimiz ilk karakter, İblis'tir. Onun şeytanlaşma süreci, bu konunun en çarpıcı örneğidir.

İblis'in ardından, Firavun'dan bahsedeceğiz. Firavun, Kur'an'da İblis'ten sonra, kötülüğün sembolü olarak en fazla anılan karakterdir.

Üçüncü olarak Kârun'u ele alacak ve son olarak da peygamber kavimlerinin davranışlarını inceleyeceğiz. Bu kavimleri toplu bir karakter gibi değerlendirecek ve onların nasıl kibirlendiklerini, hangi davranışlarla bu hâle geldiklerini analiz edeceğiz.

Unutmayın! Her şey, düşünce ve kalpte başlar. Ardından; o düşünce ve duygular aksiyonlara dönüşür. Bu nedenle, biz de bu bölümde Kur'an'da kibirle anılan karakterlerin düşüncelerini, hislerini analiz edeceğiz. Kibirlerinin hangi davranışlara yol açtığını ve bu tutumların, kibirli kişileri hangi sonuçlara sürüklediğini inceleyeceğiz. Üzerinde duracağımız tüm bu kıssalardan kendimize dersler çıkaracak ve kibirden nasıl korunabileceğimizi anlamaya gayret edeceğiz.

Gelin, analizimize "kibir" denilince akla gelen ilk karakter olan İblis'ten bahsederek başlayalım.

Kur'an'ın birçok ayetinde İblis'ten, onun şeytanlaşma sürecinden, Allah'a (C.C.) ve insana olan düşmanlığından bahsedilir. Özellikle A'râf ve Hicr surelerinde, Adem'in (A.S.) yaratılışı ve İblis'in nasıl şeytanlaştığı ayrıntılı olarak ele alınır.

İblis, cinnîlerdendir. Allah (C.C.), onu ateşten yaratmıştır. O da insanlar gibi cüzi iradeye sahiptir. Çokça ibadet edip Allah'a (C.C.) kullukta bulunduğundan, ona melek formu verilmiştir. Hatta bazı meleklere hocalık yapacak kadar ileri bir seviyeye ulaşmıştır.

Bir rivayete göre, İblis'in dünyada secde etmediği bir karış yer bile kalmamıştır. Bu rivayet zayıf kabul edilse de, onun ne kadar çok ibadet ettiğini ve ilim sahibi olduğunu göstermesi açısından önemlidir.

Peki, İblis'in şeytanlaşma süreci nasıl başlıyor?

Allah (C.C.), Adem'i (A.S.) yaratmayı murat edince; daha yaratılış gerçekleşmeden, bunu meleklere bildiriyor. Bu durum, Hicr suresinin 28-29. ayetlerinde şöyle geçer:

Hicr 28- "Ve hani Rab'bin meleklere şöyle demişti: 'Ben kuru çamurdan, şekillenmiş balçıktan, bir beşer yaratacağım.'"

Hicr 29- "Bu itibarla, Ben onu düzenlediğim insan şekline koyduğum ve içine Ruhum'dan üflediğim zaman, derhâl onun önünde secdeye kapanınız."

Bu ayetlerde; Allah (C.C.), yaratacağı varlığın üç özelliğini açıkça bildiriyor. Bunları; çamurdan yaratılış, balanslı ve kusursuz bir biçim verme ve Ruhu'ndan üfleme şeklinde sıralayabiliriz. Bu sanatın mükemmelliği karşısında da herkesin, onun bu üstünlüğünü kabul etmesini ve önünde saygı ile eğilmesini istiyor.

Sonra ne oluyor?

Hicr 30; 31- "İblis hariç, bütün melekler secdeye kapandılar. O ise kibirlenip, secde edenler arasında yer almadı."

Allah (C.C.), İblis de dahil bütün meleklerin secde etmesini emrettiği hâlde; İblis açıkça, "Ben bunu yapmayacağım." diyor. Ve Allah (C.C.), İblis'in bu itaat etmeme davranışını kibir olarak tanımlıyor. Peki neden?

Gelin bunu daha iyi anlamak için, surenin devamındaki ayetlere bakalım.

Hicr 32- "Allah, İblis'e, 'Sen niye secde edenlerle beraber olmadın?' diye sordu."

Hicr 33- "'Benim, kuru çamurdan şekillenmiş balçıktan yarattığın bir beşere secde etmem mümkün değildir.' dedi."

Bakın Allah (C.C.), âlemlerin Rab'bi olmasına rağmen; hüküm vermeden önce İblis'ten bir açıklama yapmasını istiyor. Bu durum, iletişim konusunda, bizim için de çok önemli bir ders içerir: Karşımızdaki kişi ne yaparsa yapsın, kesin bir yargıya varmadan önce; davranışının sebebini sormalıyız.

İblis, Allah'ın (C.C.) sorduğu bu soruya; "Benim; kuru çamurdan, şekillenmiş balçıktan yarattığın bir beşere secde etmem mümkün değildir." diye cevap veriyor.

Bu cevap, İblis'in bakış açısını net bir şekilde ortaya koyuyor: "Benim yaratılışım, mayam, ırkım onunkinden hayırlı; ben, her açıdan ondan üstünüm. Ben ateşten yaratıldım, o ise balçıktan." Bu sözler, İblis'in kibrini ve kendini üstün görme duygusunu açıkça gösteriyor.

İblis, tarihte "kibir ve üstünlük" iddiasıyla ırkçılık yapan ilk varlıktır. O; "Benim ırkım, benim yaratılışım, benim özelliklerim onunkinden hayırlı." diyerek, üstünlük iddiasında bulunmuştur. Daha sonra, tarih boyunca ırka, ten rengine, cinsiyete, mala-mülke ya da diğer üstünlük iddialarına dayalı kibirlerin hepsi, İblis'in bu hissiyatı ve davranışından beslenmiştir. Onun şu sözleri, sahip olduğu hissiyatı ve bakış açısını âdeta özetler: "Sen'in çamurdan yarattığına, secde etmem mümkün değil."

Hicr suresinde anlatıln bu olaydan, A'râf suresinde de şu şekilde bahsedilir:

A'râf 11- "Ve lekad halaknâkum summe savvernâkum summe kulnâ lil melâiketiscudû li âdeme fe secedû illâ iblîs, lem yekun mines sâcidîn."

"Sizi Biz yarattık, sonra size şekil verdik. Peşinden de meleklere: 'Haydi, hürmet için secde edin Adem'e!' dedik. Onların hepsi, hemen secde ettiler; yalnız İblis dayattı. Secde edenlerden olmadı."

A'raf 12- "Kâle mâ meneake ellâ tescude iz emertuke, kâle ene hayrun minhu, halaktenî min nârin ve halaktehu min tîn."

"Allah buyurdu: 'Söyle bakayım, sana emrettiğim hâlde, secde etmene mani nedir?' İblis: 'Ben ondan daha üstünüm; çünkü Sen beni ateşten, onu ise bir çamur parçasından yarattın.'"

A'raf suresinin 12. ayetinde anlatıldığına göre İblis, insana secde etmeme gerekçesini, "Ene hayrun minhu. - Ben ondan daha üstünüm." diyerek ifade ediyor. Bu ifade genellikle, "Ben, ondan üstünüm." şeklinde tercüme edilse de, aslında ayette "hayr" kelimesi kullanılıyor. Böyle bakıldığında da ayet mealen; "Ben, ondan hayırlıyım." anlamına geliyor.

Üstünlük ve hayır, farklı şeylerdir. Ayette şeytanın "Ben, ondan üstünüm." dediği düşünüldüğünde, bu ifade ile kastettiğinin aslında daha geniş bir anlam taşıdığı görülür.

Peki, burada ne görüyoruz?

Burada, yetenekli ve başarılı birinin, yaptıklarını beğenip kibirlenerek üstünlük hissiyle hareket ettiğini görüyoruz.

Gelin bunu, bir örnekle daha somut bir hâle getirelim:

Bir şirkette otuz yıl boyunca çalıştığınızı düşünün! Hemen hemen her departmanda görev almış, her aşamayı deneyimlemiş ve sonunda; "Vice President - Başkan yardımcısı" konumuna yükselmişsiniz. Şirketin başarısında önemli katkılarınız olmuş, sektörde çevreniz oluşmuş ve herkes size saygı duyuyor. Derken bir gün, şirketin sahibi on yedi yaşında birini getirip şunları söylüyor:

"Bu genç, benim özel olarak seçtiğim ve yetiştirdiğim biri. Artık sizin üzerinizde bir konuma sahip olacak. CEO'nun yardımcısı odur. Hatta onu, aynı zamanda özel danışmanım yaptım. Bundan sonra ona saygı duyacak ve dediklerini yerine getireceksiniz."

İçimdeki Turkuaz

Böyle bir durumda ne hissedersiniz? Hayal edin!

Otuz yıllık emeğinize rağmen, bir anda tüm statüleri aşıp sizin yerinize getirilen bu genci nasıl karşılarsınız? O anda iç dünyanızda; "Kim ki bu? Ne yapmış ki? Hangi başarısıyla, hangi tecrübesiyle bu konuma geldi? Ben bu şirket için, yıllarımı verdim. Her aşamasında bizzat çalıştım, katkı sağladım. Şimdi bu genç mi benim yerime getirilecek? Ona saygıyla, 'Buyurun efendim.' mi diyeceğim? Odamı ona mı vereceğim?" gibi düşünceler oluşabilir.

Dikkat edin! Bu tür düşünceler kişideki; "Ben daha üstünüm." hissiyatından kaynaklanır. İblis'in o anda yaşadığı kibir ve yaptığı itiraz da buna benzer bir durumdur. Kendisini daha haklı, daha değerli ve makamını daha üstün görmesi; İblis'in Allah'a (C.C.) isyanını şekillendiren temel sebeptir. Bu duygu, zamanla onu daha ileri bir noktaya götürmüştür.

Kısacası İblis; ilk adımda kibir ve üstünlük hissinden dolayı, Allah'ın emrini kabullenemiyor ve iç dünyasında; "O balçıktan, topraktan yaratılmış biri. Ben, ondan daha hayırlıyım. Benim bunca zamandır ortaya koyduğum emeğim, ibadetim ve itaatim varken; neden ona secde edeyim ki? Ona saygı duymam için; en az benim kadar efor sarf etmeli, benim kadar ibadet etmeli, benim gibi üstün bir seviyeye gelmeli." düşünceleri yer etmeye başlıyor. Bu düşünceleri sebebiyle de emre itaat etmeyi reddediyor.

İblis'in cevabı karşısında hiddetlenen Allah (C.C.), "Çabuk in oradan! Öyle orada kurulup da büyüklük taslamak, senin haddin değildir!" buyuruyor ve İblis'i huzurdan kovuyor.[1]

Bakın İblis, bu kovulma anında "Helak olacağım." korkusuna kapılmıştı. Bu korku, onu başka bir adım atmaya sevk etti ve Allah'a (C.C.)

---

1. A'râf Suresi, 13

yalvararak şu talepte bulundu: "Bana, onların diriltilecekleri kıyamet gününe kadar mühlet verir misin?"[2]

Allah (C.C.), İblis'in bu isteğini kabul etti ve "Haydi, sen mühlet verilenlerdensin!" buyurdu.[3] Böylece İblis'in mühlet talebi kabul edilmiş ve ona kıyamet gününe kadar izin verilmiş oldu.

Bundan sonra; İblis'in şeytanlaşma prosesi, üçüncü aşamaya geçti. Ve o, âdeta Rab'bine meydan okurcasına şöyle dedi:

Hicr 39;40- "Ya Rab'bi! Beni azdırmana karşılık, yemin ederim ki ben de dünyada onlara günahları süsleyeceğim ve Sen'in ihlasa erdirdiğin kulların müstesna, onların hepsini azdıracağım."

Allah'tan (C.C.) mühlet alan İblis'in bu hâli ve söyledikleri A'râf suresinde de şöyle anlatılıyor:

A'râf 16; 17- "Öyle ise, Sen beni azgınlığa mahkûm ettiğin için, ben de onları gözetlemek üzere Sen'in doğru yolunun üzerinde pusu kurup oturacağım. Sonra onların gâh önlerinden, gâh arkalarından, gâh sağlarından, gâh sollarından sokulacağım, vesvese verip pusu kuracağım, Sen de onların ekserisini şükreden kullar bulmayacaksın."

Ne görüyoruz?

Kendisini daha üstün gören birinin, bu duygunun peşinden nerelere sürüklenebileceğini ve sınırı nasıl aşabileceğini görüyoruz.

İblis, üstünlük duygusunu obsesyon hâline dönüştürüyor ve meseleyi artık o kadar ileri taşıyor ki âdeta, "Beni, Sen azdırdın. Onu yaratmasaydın, bu durum olmayacaktı. Ben zaten, Sana kulluk ediyordum. İnsanı yaratmana gerek var mıydı?" diyerek, Allah'ı (C.C.) suçlamaya başlıyor.

---

2. A'râf Suresi, 14
3. A'râf Suresi, 15

İçimdeki Turkuaz

Bakın, İblis'in hatasını fark edip kabullenmek gibi bir düşüncesi yok. "Acaba ben yanlış mı yaptım?" diyerek kendine, iç dünyasına dönmek yerine; isyanının sebebini Allah'ın kararına dayandırıyor. Hatta, bununla da yetinmeyip insanın yaratılışının yanlış olduğunu kanıtlamaya çalışıyor. Bu amaçla bir plan yapıyor ve bunu dile getiriyor.

Amacı; insanları yoldan çıkararak Allah'a (C.C.) isyan eden ve şükretmeyen kullar hâline getirmek. Böylelikle, insanların Allah'a (C.C.) layık bir yaratılışta, kıvam ve kapasitede olmadığını göstermek istiyor. Yani İblis, bir sonraki adımda da Allah'ın yanlış yaptığını ispatlamaya çalışıyor.

Üstünlük kompleksinin, İblis'i nasıl dönülmez bir yola sürüklediğinin farkında mısınız?

O, Allah'ın (C.C.) verdiği nimetleri kendinden biliyor, bu yüzden de öfkeyle bileniyor. Kendi yaratılışını daha üstün, daha hayırlı; başkalarınınkini ise değersiz ve aşağılık buluyor. Üstelik bu düşüncesinin bir sınırı da yok. Bu hisler, sonunda onu Allah'a (C.C.) karşı haklı olduğunu ispatlama çabasına kadar götürüyor.

Ve adım adım ilerleyen bu süreç, onun şeytanlaşma yolculuğunu oluşturuyor. İlk aşama, İblis'in iç dünyasında yaşadığı isyan; secde etmeyişi ve buna verdiği kibir dolu cevap; ikinci aşama, kıyamete kadar mühlet istemesi ve üçüncü aşama ise, bu mühleti aldıktan sonra; "Beni, Sen azdırdın." diyerek Allah'ı (C.C.) suçlamasıdır.

Dikkat edin! İblis her aşamada kendini haklı çıkarma çabası içinde ve asla hata yaptığını düşünmüyor. O'nun, Allah'a (C.C.) meydan okuması, yaptığı tüm davranışlar, aslında öz güvenli olduğundan kaynaklanmıyor. Çünkü öz güven, tamamen farklı bir şeydir. Şeytanın bu davranışları; kibirden, "Ben daha üstünüm." hissiyatı ile ortaya çıkan üstünlük kompleksinden kaynaklı davranışlardır.

Bakın bu gibi hisler; kişinin elinde olan bütün nimetleri yok eder, geçilmeyecek sınırları geçmesine ve geri dönülmez yollara girmesine sebep olur. "Ben daha üstünüm." hissiyatı ile insan; Allah'ın verdiği nimetleri ve özellikleri, kendinden bilmeye başlar. Kıymeti; kendi bilgi ve becerisinde görür. Kendi haricinde olanları aşağı bulur ve başkalarına asla saygı duymaz. Ekiple çalışmaya yanaşmaz, çünkü her zaman kendi dediği olsun ister. Bu da onun iç dünyasındaki, "Ben daha iyiyim, ben daha üstünüm." hissiyatından kaynaklıdır.

Analizimize, Firavun karakteri ile devam edelim.

Kur'an'da şeytandan sonra, kötülük timsali olarak, kendisinden en çok bahsedilen ikinci karakter Firavun'dur. Musa (A.S.) kıssası da Kur'an'da en ayrıntılı şekilde anlatılan kıssadır.

Musa (A.S.), baba ve oğul olmak üzere iki farklı Firavun döneminde yaşamıştır. Firavun, o dönemde dünyada en kudretli devlet başkanıydı. İnanılmaz derecede kibirliydi ve üstünlük kompleksine sahipti. Aynı zamanda, son derece manipülatif bir karakterdi. Kur'an'da, onun Musa (A.S.) ile yaptığı konuşmalara yer verilir.

Mesela; Musa (A.S.) ona, "Biz Rabbulâlemîn tarafından sana gönderilen elçileriz."[4] dediğinde, Firavun; "Sizin Rab'biniz de kimmiş ey Musa!" diyerek alay etmişti.[5]

Hatta, "A! Sen, şu bebekken alıp yanımızda büyüttüğümüz çocuk değil misin? Sonra da bizim sarayımızda senelerce kalmış, ömrünün bir kısmını bizimle geçirmiştin?" sözleriyle, Musa'yı (A.S.) manipüle etmeye ve konuşmasını provoke etmeye çalışmıştı.[6]

Bakın Firavun, kendini ilah gören biriydi. Halkın üzerinde mutlak otorite kurmuş, kibirli bir liderdi.

Adamlarını toplayıp onlara; "Sizin en yüce rab'biniz benim." derdi.[7]

---

4. Şuarâ Suresi, 16
5. Tâhâ Suresi, 49
6. Şuarâ Suresi, 18
7. Nâziât 23;24

Bu durum, Zuhruf suresinde şöyle anlatılır.

Zuhruf 51;53- "Firavun halkına duyuru yapıp dedi ki: 'Ey benim halkım! Mısır'ın yönetimi benim elimde değil mi? Ayaklarımın altından akan şu nehirler, kanallar benim değil mi? Görmüyor musunuz? Yoksa ben, şu aşağılık, meramını bile neredeyse anlatamayan adamdan daha üstün değil miyim? Eğer O dediği gibi ise, üstüne gökten altın bilezikler atılmalı, yahut beraberinde melaikeler gelmeli değil miydi?'"

Dikkat edin! Bu bakış açısı kendilerine güç ve nimetler verilen peygamberlerde var mı?

Davut (A.S.) ve Süleyman'a (A.S.) verilen hakimiyeti; rüzgârlara, başka varlıklara hükmetme yetkilerini hatırlayın! Yusuf'un (A.S.) elindeki geniş yönetim gücünü düşünün!

Onlardan hiçbiri, "Buralar benim değil mi? Şu akan ırmaklar benim değil mi?" diye böbürlenmedi. Ancak bu ayetlerde, Firavun karakterinin kibri açıkça görülüyor.

Başka bir ayette de Firavun'dan şöyle bahsediliyor:

Kasas 38- "Firavun da dedi ki: 'Ey benim danışmanlarım ve devlet adamlarım! Ben sizin, benden başka bir ilahınız olduğunu bilmiyorum. Hâman! Haydi benim için tuğla ocağını tutuştur, balçığı pişir, fazlaca tuğla imal ettirip benim için öyle yüksek bir kule yap ki, belki de onun vasıtasıyla yükselip Musa'nın (varlığını iddia ettiği) Tanrısını görürüm! Aslında, ben O'nun yalancının biri olduğu görüşündeyim ya! (Neyse!)'"

Firavun'un kibri, bu sözlerinden de açıkça anlaşılabilir. Onun, koltuğuna yaslanıp çevresine, "Benden başka ilahınız mı var?" deyişini hayal edin! Ancak kullandığı "ilah" kelimesini, yalnızca tapınılan bir varlık olarak düşünmeyin. Firavun'un kastettiği, "Benden başka, daha kudretli bir lideriniz, daha güçlü bir hükümdarınız mı var?" düşüncesidir. Onun bu tavrı, vücut diline bile yansır.

Firavun; kibirli bir lider gibi kasılır, halkını karşısına toplar ve gücünü gösterirdi. Tıpkı Hitler'in konuşmalarında görülen tavır ve kibirle, "Alman ırkının üstünlüğü"nden bahsederken kullandığı benzer ifadelerle halkını etkilemesi gibi. Davranış ve sözlerinden, Firavun'un manipülatif, kibirli, üstünlük kompleksiyle hareket eden bir lider olduğunu net bir şekilde anlayabiliriz.

Şöyle düşünün: Büyücülerle olan müsabakasında, Musa'nın (A.S.) gösterdiği mucizeler karşısında büyücüler, "O Rabbulâlemîne, Musa ve Hârun'un Rab'bine iman ettik." diyerek secdeye kapanmışlardı.[8] Bunu gören Firavun, öfkeden gözü dönmüş bir hâlde; "Benden izin çıkmadan O'na inandınız ha! Demek ki size sihri öğreten ustanız O'ymuş! Ellerinizi ve ayaklarınızı farklı yönlerden keseceğim ve sizi hurma dallarına asacağım! Kimin azabının daha şiddetli, daha devamlı olduğunu işte o zaman anlayacaksınız!" demişti.[9]

Bunun, nasıl bir kibir olduğunun farkında mısınız? Her türlü zulmü yaptığı gibi, insanların neye inanacağına da hükmetmeye çalışıyor. Öyle ki, "Benden izin almadan başka bir ilaha mı inandınız? Oysa ben, size müsaade etmedim." diyor. Bu söylemin ne anlama geldiğini iyi anlayın.

Musa'nın (A.S.) bu mucizesiyle, Firavun'un ve büyücülerinin oyunları bozuluyor ve her şey açığa çıkıyor. İşin ilginç tarafı ise Firavun, bütün bu olanlara rağmen inanmıyor. "Siz, bana oyun oynadınız. Bunları size, Musa öğretmiş." diyor ve hakikati kabul etmiyor.

Bir düşünün! Firavun, elindeki devlet gücünü pervasızca kullanan, bir bakışı bahane edip; "Bana neden öyle baktın?" diyerek insanları öldüren bir zalimdi. Kendini seçilmiş, diğer insanlardan üstün gören Firavun, bu kibriyle bebekleri öldürtecek kadar vahşileşmişti. Hatta meseleyi öyle ileri götürmüştü ki, insanların neye inanacağına bile karar verebileceğini iddia ediyordu.

---

8. A'râf Suresi, 120;121
9. Tâhâ Suresi, 71

İçimdeki Turkuaz

Firavun; çevresindeki adamlarını da kendi üstünlüğüne inandırmayı başarmıştı. Çevresindekiler, kendi çıkarları için onun yaptığı zulümleri onaylıyor ve ona dalkavukluk yapıyorlardı. Bu davranışlarıyla da Firavun'un kibrini iyice artırıyorlardı.

Firavun'un kibrinin boyutu öyle bir hâle gelmişti ki, Kızıldeniz'in mucizevi bir şekilde yarılmasına bile gözlerini kapatıyordu. Bu açık mucize karşısında dahi, Firavun ve çevresindekiler akıllanmadılar.[10] Hatta adamları, "Bu, Firavun'un eseridir." diyerek gerçekleri inkâr etti ve onun ardından körü körüne gitmeye devam ettiler.

Firavun, kendini kör eden bu kibriyle, atını denize sürdü. Deniz kapanmaya başladı. O, boğulmak üzereyken bile: "Musa ve Hârun'un Rab'bine inandım." demiyor; "İsrailoğullarının Rab'bine inandım." diyordu.[11] Yani ölmek üzereyken bile; "Musa'nın Rab'bine inandım." demeyi kibrine yediremiyordu. Bu kibri yüzünden de hem kendi, hem de ordusu helak oldu.

Dönün ve Firavun gibi zalimlik edenlere bakın! Hitler'i düşünün! Dikkatle baktığınızda, bu zalimlerin öz güvenli değil, kibirli olduklarını açıkça görürsünüz.

Mesela, sahip olduğu bütün güç ve kuvvetine rağmen; Firavun çok korkakmış. Onun bu hâli, ayette "Firavun'u, Haman'ı ve onların ordularını ise korktuklarına uğratmak istiyorduk."[12] şeklinde bildiriliyor.

---

10. Şuarâ Suresi, 52;66
11. Yûnus 90- "Derken, İsrailoğullarını denizden geçirdik. Hemen Firavun, askerleriyle beraber haksız ve saldırgan bir şekilde peşlerine düştü. Nihayet boğulmak üzere iken: 'İman ettim. İsrailoğullarının inandığı İlahtan başka tanrı yokmuş. Ben de Müslümanlardanım.' dedi."
12. Kasas 5;6- "Biz ise o ülkedeki güçsüzlere ihsanda bulunmak, onları dünyada örnek şahsiyetler yapmak ve ülkeye onları vâris kılmak, onlara dünya hâkimiyeti vermek; Firavun'u, Haman'ı ve onların ordularını ise korktuklarına uğratmak istiyorduk."

Diğer tarafta ise, Musa (A.S.) tek başınaydı. Yanında sadece Hârun (A.S.) bulunuyordu. Ne orduları ne de herhangi bir devlet rütbesi vardı. Buna rağmen; kudretli Firavun, onlara karşı hiçbir şey yapamadı.

Ne görüyoruz?

Kibir, insanı kötülükte sınır tanımaz bir hâle getirebilir; bebekleri katledecek kadar vahşileştirip, bir toplumu helake sürükleyebilir. "Ben üstünüm, güçlüyüm. Benim dediğim olacak, söylediğimden asla geri dönmem." gibi bir düşünce yapısı, insanı uçuruma sürükleyen en tehlikeli duygulardan biridir.

Gelin burada, konumuza güzel bir örnek olan Zülkarneyn'in kıssasından da kısaca bahsedelim.

Zülkarneyn, büyük bir hakimiyeti ve çok çeşitli imkânları olan bir imparatordu. Ancak az evvel bahsettiğimiz "Ben üstünüm, güçlüyüm. Benim dediğim olacak, söylediğimden asla geri dönmem." gibi bir düşünce ve hissiyat, Zülkarneyn'de yoktu.

Kur'an'da anlatılan kıssaya göre; ordusuyla çıktığı bir seferde; üç durakta, üç farklı toplumla karşılaşmıştı. Bu duraklardan ikincisinde; karşılaştığı toplumun düzelmesi için fazla efor ve kaynak gerektirdiğini görünce, "Ben buraya bir şey yapamam." diyerek oraya dokunmamıştı. Yani, "Ben dünyanın en büyük imparatoruyum, burayı da düzelteceğim." dememişti.

Yolculuğunun üçüncü durağında karşılaştığı toplum, Zülkarneyn'den yardım istemişti. O ise, şartları inceledikten sonra; "Buraya bir set inşa edeceğim ve savunma savaşı yapacağım." demiş ve set inşa etmişti.

Zülkarneyn bu kararları alırken; "Ben aslında çok güçlü bir komutanım, her şeyi yapabilirim." gibi bir hissiyatla hareket etmemişti. O, stratejik kararlar alıyor ve bunu yaparken de öz güvenle hareket ediyordu.

Unutmayın! Öz güven ve kibir çok farklı şeylerdir. Firavun'daki, "Ben seçilmişim, üstünüm, güçlüyüm, her istediğimi yapabilirim." kibri; onun kendini ilah olarak görmesine ve sonuçta da helak olmasına neden olmuştur. Firavun'un izini takip eden; onun gibi hiçbir şeyi takmayan, yapacaklarının sınırı olmayan kişilerin, toplumların akıbeti de emin olun; Firavun ve çevresindekiler gibi olacaktır.

Kibirle ilgili üçüncü karakter olan Kârun'dan bahsederek analizimize devam edelim.

Kârun; çıkarları için politikacılarla işbirliği yapan, rüşvet alan bir iş adamıydı. Musa'nın (A.S.) kuzeni olduğu ile ilgili rivayetler vardır.

Kârun; İsrailoğullarından olan, onların arasında yaşayan ve Firavun'un ajanlığını yapan biriydi. Firavun, Kârun'u; İsrailoğullarını kontrol etmek ve onların kimyasını bozmak için kullanırdı. Kârun, yaptığı bu işler karşılığında Firavun'dan imtiyazlar, ihaleler alarak zenginleşmişti.

Hayal edin! İsrailoğulları; gettolarda yaşayan, köleleştirilmiş ve yoksullaştırılmış fakir bir toplumdu. Bir isyan çıkar korkusuyla Firavun, onları baskı altında tutarak etnik kimliklerini yok etmeye çalışıyordu. Erkek bebekler öldürülüyor, kız çocukları ve kadınlar ise, kötü niyetle kullanılmak için sağ bırakılıyordu. Bu toplum, gece gündüz demeden karın tokluğuna çalıştırılıyor ve hiçbir hak talep edemiyordu.

Öte yandan İsrailoğulları arasında yaşayan, ancak onlardan farklı bir konumda olan, son derece zengin biri vardı. Bu kişi Kârun'du. Muhteşem bir saraya sahipti, etrafında onu koruyan muhafızlar bulunuyordu. Ve kendine özel imkânlarla donatılmış bir hayat sürüyordu. İsrailoğulları açlıkla mücadele ederken; Kârun lüks içinde yaşıyordu.

Bu sosyal adaletsizlik, toplum içinde büyük bir psikolojik etki oluşturuyordu. Kârun; fakirlik içinde ezilen bir halkın arasında gösterişli yaşamıyla parlayan bir figür hâline gelmişti. Onu görenler; hayranlık ve kıskançlıkla, "Şu adamın lüks hayatına bak." diyerek imreniyordu. Kur'an'da bu psikoloji, detaylı bir şekilde tarif edilir.

Kasas 76- "Yoldan sapanlardan biri olan Kârun da Musa'nın ümmetinden olup onlara karşı böbürlenerek zulmetmişti. Ona hazineler dolusu öyle bir servet vermiştik ki, o hazinelerin anahtarlarını bile güçlü kuvvetli bir bölük zor taşırdı. Halkı ona: 'Servetine güvenip şımarma, böbürlenme! Zira Allah, böbürlenenleri sevmez!' demişti."

Kasas 77- "Allah'ın sana ihsan ettiği bu servetle ebedî ahiret yurdunu mâmur etmeye gayret göster, ama dünyadan da nasibini unutma! (İhtiyacına yetecek kadarını sakla.) Allah sana ihsan ettiği gibi sen de insanlara iyilik et, sakın ülkede nizamı bozma peşinde olma! Çünkü Allah, bozguncuları sevmez."

Kasas 78- "Kârun, 'Ben bu servete ilmim ve becerim sayesinde kavuştum.' dedi. Peki şunu da bilmiyor muydu ki Allah, daha önce kendisinden daha güçlü ve serveti daha fazla olan kimseleri helak etmişti? Ama suç işlemeyi meslek edinen sicillilere, artık suçları hakkında soru sorulmaz."

Kasas 79- "Kârun bir gün, yine bütün ihtişam ve şatafatıyla halkının karşısına çıktı. Dünya hayatına çok düşkün olanlar: 'Keşke bizim de Kârun'unki gibi servetimiz olsaydı. Adamın amma da şansı varmış, keyfine diyecek yok!' dediler."

Bir psikolojiyi doğru anlamak gerekir. Halk açlık ve yoksulluk içinde kıvranırken; Kârun ihtişamlı bir hayat yaşıyordu. Muhafızları ve gösterişli arabaları eşliğinde sarayından çıkıyor, etrafındakilere kibirle yaklaşıp "Senin şu işini hallettim; çocuğunu gönder, onun işini de çözelim." diyor ve her durumda kendini halktan üstün görüyordu. Çevresindekiler ise, onun yaptıklarını sorgulamak yerine; ona hayranlıkla boyun eğip övgüler yağdırıyordu.

Ayetler şöyle devam ediyor:

Kasas 80- "Ahirete dair ilimden nasibi olanlar ise, 'Yazıklar olsun size! Bu dünyalıkların böylesine peşine düşmeye değer mi? Oysa iman edip güzel ve makbul işler yapanlara; Allah'ın cennette hazırladığı mükâfat, elbette daha hayırlıdır. Buna da ancak, sabredenler nail olur."

Kasas 81- "Derken Biz onu da, sarayını da yerin dibine geçiriverdik. Ne yardımcıları Allah'a karşı kendisine yardım edip onu kurtarabildi, ne de kendi kendisini savunabildi."

Kasas 82- "Daha dün, onun yerinde olmaya can atanlar; bu sabah şöyle dediler: 'Vah bize! Meğer Allah; dilediği kimsenin rızkını bol bol verir, dilediğinin rızkını kısarmış! Şayet Allah bize lütfedip korumasaydı, bizi de yerin dibine geçirirdi. Vah vah! Demek ki gerçekten kâfirler iflah olmazmış!'"

Düşünün şimdi! Toplumun bir kesimi, bilinçli olarak ötekileştirilmiş ve hayatta kalma mücadelesi veriyor. Böyle bir ortamda, kendi aralarından yozlaşmış bir karaktere sahip bazı zenginler ortaya çıkıyor. Bu kişiler; lüks yaşamlarını gözler önüne sererek, gençleri ve çocukları bilinçli bir şekilde o hayata özendiriyor. Toplumun değerleriyle oynayarak yeni akımlar, trendler oluşturuyor ve insanların zihinlerini yönlendiriyorlar.

Özellikle gençler, bu gösterişli hayatın etkisine kapılıp, "Vay be, adam gerçekten hayatını yaşıyor! Şunun arabasına, evine bak! Keşke, ben de onun gibi olabilsem! Böyle yaşamak için ne yapmam lazım?" düşüncesine sürükleniyorlar. Ve zamanla, toplumun düşünce yapısı, ruhu, birliği, dayanışması bozuluyor. Bunun ne kadar büyük bir tehlike olduğunun farkında mısınız?

İşte Kârun, toplumun yapısını bozmak için, o toplumun içinde bilerek böyle davranıyordu. Belki de Firavun'un içerdeki ajanıydı ve İsrailoğulları hakkında sürekli ona rapor veriyordu. Bunun karşılığında ise mal, mülk ve çeşitli imtiyazlarla ödüllendiriliyordu. Yani Kârun, halkının kimyasını bozmak için kullanılan bir hain olmuştu ve bu ihaneti karşılığında, büyük bir servet edinmişti.

O servet, Kârun'un bilgi ve becerisiyle kazandığı bir servet değildi. Çünkü Kârun, halkını ve ruhunu bir diktatöre satmanın bedeli olarak bu zenginliği elde etmişti. Fakat sonunda, hem kendisi hem de serveti yerin dibine geçti.

Dikkat edin! Kârun'un sahip olduğu şey öz güven değil, kibirle kör olmuş, sapıtmış bir zihniyettir. O, sahip olduklarını kendi bilgi ve becerisiyle elde ettiğini iddia ediyordu. Hâlbuki; köleleştirilmiş, fakir ve zulüm altında olan İsrailoğullarındandı ve onların arasında yaşıyordu. Yani o şartlarda, Kârun'un böylesine büyük bir serveti elde etmesi mümkün değildi. Eğer ona, "Sen de bu kavimdensin. Herkes fakirken, sen nasıl bu kadar zengin oldun? Neden başkaları senin gibi olamıyor? Neden sadece senin önün açıldı? Başkalarına izin verilmezken, sen nasıl ticaret yapabiliyorsun?" diye sorulsaydı, sahip olduklarının kendi emeğiyle değil; ihanetinin bir karşılığı olduğu açıkça görülürdü.

Yani o; kibirlenen, servetinin kölesi hâline gelmiş, sahip olduklarını sadece kendi çabasıyla kazandığını sanan; ancak para uğruna ruhunu satmaktan çekinmeyen, her şeyi yapmaya hazır, kibirli bir karakterdi. Rab'bimiz, o hâle gelmekten hepimizi korusun.

Konumuza, peygamber kavimlerinden örneklerle devam edelim.

Bahsedeceğimiz bu kavimler, kibrin farklı boyutlarını gözlemleyebileceğimiz çarpıcı örneklerdir. Burada, artık kibrin bireysel olmaktan çıkıp toplumsal bir olgu hâline geldiğini göreceğiz.

Konuyu biraz açalım.

Peygamberler, bozulmuş toplumlara gönderildiler. Onlar, toplumdaki bozuklukları tespit edip, Allah'ın gönderdiği vahiyle düzeltmekle vazifeliydiler. Fakat gönderildikleri toplumların ileri gelenleri, kibirlerine kapılarak peygamberlerin mesajını reddettiler. Hatta sadece reddetmekle kalmadılar; halkı da arkalarından sürükleyerek büyük felaketlere yol açtılar.

Bu kavimlerden bazılarına ait kıssalar, Hûd suresinde ayrıntılı bir şekilde anlatılır. Mesela Nûh'un (A.S.) kavmi ile yaşadıklarından şöyle bahsedilir:

Hûd 25;26- "Gerçekten Biz vaktiyle, Nûh'u kendi halkına gönderdik, şunu ilan etsin diye; 'Bilesiniz ki Ben sizi açıkça uyarmaya geldim.

Sakın, Allah'tan başkasına ibadet etmeyin. Doğrusu bu gidişle; Ben sizin canınızı yakacak, gayet acı bir günün azabına uğramanızdan endişe ederim."

Hûd 27- "Buna karşı halkının ileri gelen kâfirleri hep birden kalkıp, 'Bize göre Sen; sadece bizim gibi bir insansın, bizden farkın yoktur. Hem sonra Sen'in peşinden gidenler; toplumumuzun en düşük kimseleri, bu da gözler önünde! Ayrıca sizin bize karşı bir meziyetiniz olduğunu da görmüyoruz. Bilakis sizin yalancı olduğunuzu düşünüyoruz.' dediler."

Buradaki psikolojiyi iyi anlayın! Halkın ileri gelenleri, Nûh'u (A.S.) ve O'na inananları küçümsüyor, O'nunla alay ediyorlar. Hatta bununla da yetinmiyor ve O'na "Ey Nûh! Bizimle mücadele ettin, bu mücadelende de hayli ileri gittin. Yeter artık, eğer doğru söyleyenlerden isen, haydi bizi tehdit edip durduğun o azabı getir de görelim."[13] diyerek pervasızca meydan okuyorlar.

Bu tutum; tarih boyunca, hakikati reddedenlerin ortak tavrı olmuştur. Benzer bir durumu, Salih de (A.S.) Semûd kavmi karşısında yaşamıştır.

Salih (A.S.), toplum içinde saygın ve tanınmış biriydi. Halkı, onu başlarına yönetici olarak geçirmeyi düşünüyordu. Ancak peygamber olarak görevlendirildiğinde, bu durum onların hoşuna gitmedi. Salih (A.S.), ne kadar davet ettiyse de halkı iman etmedi. Azgınlıklarına devam ettiler ve sonunda Allah'ın azabına uğradılar.

Şuayb'ın (A.S.) gönderildiği Medyen halkı da bunlardan farklı bir tutum sergilemedi. O (A.S.) da diğer peygamberler gibi kavmini tevhit inancına çağırdı. Fakat Medyen halkı, onun öğütlerini küçümsedi. Hatta; "Atalarımızın taptıkları tanrılarımızı terk etmeyi yahut mallarımızı dilediğimiz gibi kullanmaktan vazgeçmemizi senin namazın mı

---

13. Hûd Suresi, 32

emrediyor? Aferin; amma da akıllı, uslu bir adamsın ha!"[14] diyerek onu aşağıladılar ve vazifesine devam etmesi hâlinde, onu linç edeceklerini söylediler.[15] Yani onlar da tıpkı anlatılan diğer kavimler gibi kibirlendiler ve kibirleri sebebiyle, hakikati göremez hâle geldiler.

Peki, Mekke müşriklerinin Resulallah'a (S.A.V.) yaptıkları bundan farklı mıydı?

Hayır. Benzer durumlar, Resulallah'ın (S.A.V.) hayatında da defalarca yaşanmıştı. Mekke'nin önde gelenleri, kendi kurdukları düzen sayesinde zenginleşmiş ve lüks bir hayat sürüyorlardı. Mevcut refahlarını korumak için bu düzenin devam etmesini istiyorlardı. Ancak Resulallah'ın (S.A.V.) anlattığı hakikatler, onların çıkarlarına ters düşüyordu. Bu yüzden; çıkarlarını korumak ve kurdukları sisteminin devam etmesini sağlamak için, hakkı söyleyen Resulallah'ı (S.A.V.) "Abdülmuttalib'in torunu" diyerek küçümseyip dinlemediler. Resulallah'ın (S.A.V.) etrafındaki sahabelerle alay ettiler.

Hatırlayın! Hudeybiye'de arabulucu olarak gelen Urve bin Mes'ud; "Etrafında dağınık ve karmakarışık bir topluluk görüyorum; bunlar Seni bırakıp kaçarlar."[16] sözleriyle sahabeleri küçümsemişti. Ya da Ebu Cehil ve diğer müşrikler, "Çobanlar ve kölelerle mi bize karşı koymayı düşünüyorsun?"[17] diyerek Resulallah (S.A.V.) ile alay etmişlerdi.

Unutmayın! Her çağda, her dönemde hakkı söyleyenler ve peygamberlerin yolunu takip edenler olmuştur. Ve yine her dönemde; güç sahibi olanlar, hakkın söylenmesini istememiştir. Bozulmuş sistemlerini ve rahat yaşamlarını devam ettirmek için halkın geri kalanının, çıkarlarına hizmet etmesini beklemişlerdir.

Ne zaman birileri çıkıp "Burada bir adaletsizlik var!" dese, otoriteler hemen karşı çıkmış ve "Sen kimsin ki? Çevrende birkaç fakir, güçsüz

---

14. Hûd Suresi, 87
15. Hûd Suresi, 91
16. Buhari, Cihad 2731
17. İbni Kesir, El-Bidaye ve'n-Nihaye, 3

insan, birkaç genç var. Seni mi dinleyeceğiz?" diyerek onlarla alay etmişlerdir. Bakın işte bu, toplumsal kibirdir ve son derece tehlikelidir. Tarih boyunca, bu tür kibre kapılan kişiler, binlerce insanı peşlerine takarak toplumların helak olmasına sebep olmuşlardır. Tabii buradaki "helak" kavramını da doğru anlamak gerekir.

Helak, yalnızca doğal afetlerle sınırlı değildir. Yöneticilerin ve onlara uyanların oluşturduğu toplumsal kibir de helaka sebep olabilir ve bu, sadece doğal afetleri değil; fakirlik, hastalık, iç savaşlar gibi birçok felaketi de beraberinde getirebilir.

Toparlayalım.

Öz güven ve kibir birbirine benzer gibi dursa da, birbirine taban tabana zıt duygu ve aksiyonlardır. Bu iki kavramın arasındaki farklardan bazılarını, şöyle özetleyebiliriz:

1- Öz güvende; teorinin yanında, yaptığı işte tecrübe ve uzmanlaşma vardır. Ayrıca kişi; bu uzmanlaşma ve başarıyı kendinden bilmez, Allah'ın bir lütuf ve nimeti olarak görür.

Allah'ın (C.C.) her insana verdiği bazı kabiliyetler vardır. Bunları; üzerimize giydirilen ve bize özel giysiler olarak düşünebiliriz. Bize verilen yeteneklerin yani, üzerimize giydirilen elbiselerin Allah'tan (C.C.) olduğunu bilmeli, şükretmeli ve şöyle demeliyiz: "Bu benden değil, bana Allah tarafından verildi. Yani tüm bunların asıl sahibi Allah'tır. Ancak O, bu nimetleri bana lütfetti. O hâlde ben de bu nimetlerin hakkını vereceğim. Bana verilen bu nimetlerin, giydirilen bu güzel elbisenin şükrünü eda edeceğim."

Bunu, Yusuf'un (A.S.) mealen, "Beni ülkenin hazine işleri bakanı olarak görevlendir, ben bu vazifeyi yaparım. Çünkü ben eminim; hafızım, bana emanet edilenleri iyi korurum; işletme ve yönetimi iyi bilirim."[18] demesi gibi düşünebilirsiniz.

---

18. Yûsuf 55- "Yusuf: 'Beni ülkenin hazine işlerinden sorumlu bakan olarak görevlendir, dedi. Çünkü ben malları iyi korur, işletme ve yönetimi iyi bilirim.' dedi."

Unutmayın! Allah'ın bize lütfettiği nimetleri en optimum şekilde kullanarak şükretmeye gayret etmek, yani onların hakkını vermek; kibir değil, öz güvendir.

2- Öz güvenli kişi, elde ettiği başarıların geçici olduğunu bilir.

O; Zülkarneyn gibi davranır ve yaptığı bir işi kendinden, kendi beceri, kabiliyet ve bilgisinden bilmez. Hatırlayın! Zülkarneyn, kendisinden yardım isteyen topluluk için bir set inşa etmişti. En önemlisi de bunu Allah'ın rahmetinden bilmiş ve Allah'ın; dilerse hem o seti, hem de kendi imparatorluğunu yıkacağını iç dünyasında kabullenmişti. O, yaptığı işten dolayı kibre düşmemiş ve mütevazı davranmıştı.

3- Öz güvenli bir insan, gücünün ve imkânlarının Allah'tan geldiğini bilir. O'na (C.C.) şükreder ve yalnızca O'na (C.C.) dayanır.

Bunun en güzel örneklerinden biri Davut'tur (A.S.). O (A.S.), sürekli Allah'ı (C.C.) zikrederdi. Hatta O'nun (A.S.) zikriyle dağlar, taşlar, kuşlar aşka gelir ve onunla birlikte tespih ederdi.

Oğlu Süleyman (A.S.) ise geniş bir hakimiyete ve büyük nimetlere sahipti. Öyle ki O (A.S.), rüzgârlara bile hükmeden bir hükümdardı. Ancak bunca güce rağmen, daima mütevazı davrandı.

Süleyman (A.S.), sahip olduğu her şeyin Allah'tan olduğunu biliyordu. Bu nedenle de; "Ya Rab'bi, beni nefsime öyle hakim kıl ki gerek bana, gerek ebeveynime ihsan ettiğin nimetlere şükredeyim, Sen'i razı edecek güzel ve makbul işler yapabileyim. Bir de lütfedip beni hayırlı, salih kulların arasına dahil eyle!" diye dua ediyordu.[19]

4- Öz güvenli insan, kendini başkalarından üstün görmez. O, kibrin; hakkı reddetmek ve halkı hakir görmek olduğunu bilir ve her durumda tevazusunu korur.

---

19. Neml Suresi, 19

Bakın bunlar, mütevazı ve öz güvenli insanların özelliklerindendir.

Kibirli insanlara ait özellikler ise, şu şekilde özetlenebilir:

1- Kibirli insanlar; kendilerini başkalarından farklı ve üstün görürler. Dikkat edin! Bu, öz güvenden farklıdır.

Çünkü kibirli kişiler; sürekli "Ben, ben, ben!" diyen, "En iyi benim, en üstün benim." düşüncesinde ve "Ben olmazsam, bu işler yürümez." hissiyatında olan kişilerdir.

2- Kibirli insanlar; başarıyı ve iyilikleri, Allah'tan değil; kendilerinden, yani kendi bilgi ve tecrübelerinden bilirler.

Onlar, sahip oldukları bilgi ve tecrübeyi kendi çabalarının bir sonucu olarak görürler. "Ben yaptım, ben başardım." diyerek her şeyi kendilerine mal ederler.

Bu noktada önemli bir ayrımı da vurgulamak gerekir: Öz güven, enaniyet değildir! Günümüzde bu fark çoğu zaman anlaşılamıyor. Öz güvenli olup yapabileceklerini ifade eden biri, kimi zaman; "Estağfurullah, ne kadar kibirli! Bak, 'Ben yaparım.' diyor." şeklinde eleştiriliyor. Bu tür söylemleri dikkate almamalıyız.

Eğer bir konuda yetkinliğiniz varsa, gerektiğinde; "Ben bunu yaparım." diyebilmelisiniz. Böyle bir durumda size yapılan, "Sana mı kaldı bu işler?" gibi yıkıcı ve motivasyon kırıcı geri bildirimleri dikkate almamalısınız. Bir konuda uzmanlığınız varsa, o konuyla ilgili çalışmalara katkı sağlamalısınız. Yoksa, Allah'ın vermiş olduğu yeteneklerin şükrünü yerine getirmemiş olursunuz.

Unutmayın, uzmanlığımız, bilgi ve tecrübemiz olan bir konuda; "Ben bunu yaparım." demek, çalışmak, gayret göstermek ve topluma katkı sağlamak kibir değil; adanmışlıktır. Buradaki önemli nokta; her şeyi Allah'tan (C.C.) bilmek ve O'na (C.C.) dayanarak hareket etmektir. Buna dikkat etmeli ve "Ya Rab'bi! Ben, Sen'in rızanı kazanmak istiyorum. Bunu kendi gücümle başaramam.

'Lâ havle ve lâ kuvvete illâ billâh. - Güç ve kuvvet ancak Allah'a mahsustur.' diyerek Sana sığınıyorum. N'olur beni muvaffak eyle." diye dua edip, her işimizde Allah'tan (C.C.) yardım istemeliyiz.

Bize verilmiş bir nimet, üzerimize giydirilmiş bir elbise varsa; bunu inkâr edemeyiz. O nimetin şükrünü yerine getirmek için gereken sorumlulukları üstlenmeliyiz. Çünkü bu öz güvendir; nimeti Allah'tan bilmek ve aktif bir şekilde, o nimetleri bize lütfeden Rab'bimize şükretmektir.

Sahip olduğumuz nimetleri reddetmek; alçakgönüllülük değil, zillet olur. Allah'ın bize lütfettiği nimetleri hakkıyla kullanmalı, elimizden geleni yapmalı ve sebepleri yerine getirmeliyiz.

Bizler, Allah'a (C.C.) olan imanımızla öz güven kazanırız. O'na (C.C.) tevekkül ettiğimizde, her şeyin üstesinden gelebileceğimizi biliriz.

Öz güven; emek vermeden, çalışmadan başarı getirmez. Çalışmalı, gayret göstermeli, tüm sebepleri yerine getirmeli ve Allah'a (C.C.) güvenmeliyiz.

Allah (C.C.) hepimizi kibirden korusun, öz güvenli olmayı ve bize lütfedilen nimetlerin şükrünü eda etmeyi nasip etsin.

11- Duygusal Zekâ ve Musa (A.S.) Kıssasından Öğrenilenler

Kur'an'ın rehberliğiyle öz güven ve kibir arasındaki farkları keşfetmeye, başka bir perspektifle devam ediyoruz.

Bu bölümde; bir insanın öz güvenini etkileyen faktörleri ve özellikle duygusal zekânın (EQ-Emotional Quotient) öz güven üzerindeki rolünü ele alacağız.

Öncelikle psikoloji, nörobilim ve liderlik alanlarındaki çalışmalarıyla tanınan Daniel Goleman'ın popüler hâle getirdiği duygusal zekâ (EQ) kavramından bahsedeceğiz. Ardından, narsistlerin uyguladıkları manipülasyon ve gaslightinglerle; kurbanlarının öz güvenlerini ve duygusal zekâlarını nasıl etkilediklerini inceleyeceğiz. (Narsist, Manipülasyon, Gaslighting için bkz.)[1]

---

1. Narsist: Sadece kendi isteklerini önemseyen, kibirli, ayrıcalık bekleyen, hayranlık ve ilgiye ihtiyaç duyan, empati eksikliği gibi karakteristik özellikler gösteren kişilik bozukluğu olan kişileri tanımlamak için kullanılan bir kavramdır.
Manipülasyon: İnsanları kendi çıkarı için yönlendirme ve etkileme çabasıdır.
Gaslighting: Kişinin özellikle kendi çıkarları için manipülatif bir şekilde karşısındakini yanıltma veya aldatma davranışı olarak tanımlanabilir. Mağdur kişi; düşüncelerini, gerçeklik algısını ve akıl sağlığını sorgulamaya başlar. Kişinin zaman içerisinde öz güveni ve öz saygısı zarar görür. Gaslighting, narsistik kişilere özgü bir davranış bozukluğudur ve bir manipülasyon yöntemi olarak da kullanılır.

Son olarak, konumuzu Musa (A.S.) kıssasına bağlayarak; "Öz güven eksikliğiyle nasıl başa çıkılır? Sağlıklı bir öz güven inşası için neler yapılmalı?" gibi sorulara yanıt arayacağız.

Gelin, duygusal zekânın (EQ) ne olduğundan bahsederek analizimize başlayalım.

Duygusal zekâ (EQ) nedir?

Bu kavram, onu dünyaya tanıtan Daniel Goleman'a göre; kişinin kendisiyle, başkalarıyla ve çevresiyle başa çıkabilmesini kolaylaştıran; duyguları tanıma, anlama ve etkin biçimde kullanma yeteneğini tanımlar.

Goleman'a göre duygusal zekânın (EQ) dört ana bölümü ve on iki alt başlığı bulunur. Bunları, kısaca şu şekilde inceleyebiliriz:

1- Öz farkındalık

-Duygusal öz farkındalık: EQ'su yüksek olan kişiler, duygusal öz farkındalık sahibidirler. Bu kişiler; kendilerini tanır ve duygularını bilirler.

2- Öz yönetim

-Duygusal öz kontrol: EQ'su yüksek kişiler, duygularını kontrol edebilir; nerede, nasıl hareket edeceklerini ve ne hissedeceklerini bilirler. Ayrıca, kriz anlarında duygusal zekâlarını etkin şekilde kullanır ve doğru yönetim sergilerler.

-Uyumluluk: EQ'su yüksek kişiler, bulundukları ortama kolayca uyum sağlar; insanlarla anlaşmakta zorlanmazlar.

-Başarı odaklılık: EQ'su yüksek kişiler; hedeflerine ulaşmak için öz denetim, motivasyon ve empati gibi alanlarını geliştirirler. Duygusal zekâlarını etkin şekilde kullanabilen kişiler; zorluklarla başa çıkabilir ve hedeflerine odaklanarak, sürdürülebilir başarılar elde edebilirler.

-Olumlu bakış açısı: EQ'su yüksek kişiler; daha pozitif ve hüsnüzan sahibi insanlardır. Onlar; hayata ve olaylara, her zaman olumlu bir perspektiften bakabilirler.

3- Sosyal farkındalık

-Empati: EQ'su yüksek kişiler; muhataplarının yaşadıkları, duyguları ve hisleri konusunda farkındalık sahibi olan ve davranışlarını buna göre şekillendirebilen bireylerdir.

-Organizasyon farkındalığı: EQ'su yüksek kişiler; görevli oldukları kurum, takım ya da organizasyon içinde; insan ilişkileri güçlü, organizasyonun yapı ve işlevinin, etkileşimlerinin farkında ve doğru zamanda, doğru işi yapabilen; yani nerede nasıl hareket etmeleri gerektiğini bilen kişilerdir.

4- İlişki yönetimi

-Etki: EQ'su yüksek kişilerin güçlü bir hitabet yetenekleri vardır. Sözleri son derece etkileyici ve tesirli olduğundan, insanları etkileyebilir ve onları yönlendirebilirler. İletişim becerileri sayesinde, söyledikleriyle insanları ikna etme ve onları doğruya yönlendirme konusunda da büyük bir etkiye sahiptirler.

-Koçluk ve mentorlük: EQ'su yüksek kişiler; insanların fikir aldıkları, danıştıkları kişilerdir. Analiz yapma yetenekleri kuvvetli olduğundan, başkalarına doğru yönlendirmelerde bulunabilir ve çözüm odaklı bir liderlik sergileyebilirler.

-Çatışma yönetimi: EQ'su yüksek kişiler, bir tartışma başlamadan önce durumu dikkatlice analiz eder ve farkındalıkları sayesinde olası gerginlikleri önceden engeller. Doğru, adil kararlar alır ve bu kararları güvenle uygularlar. Böylece, ortamda meydana gelebilecek çatışmalar, daha başlamadan çözülmüş olur.

-Takım çalışması: EQ'su yüksek kişiler, takım çalışmalarında da oldukça başarılıdırlar; bu uyumdan kaynaklanır. Çünkü uyumlu çalışmak, insan ilişkilerini doğru okuma ve çevreyi anlama yetenekleriyle pekişir. Bu uyum, grup içindeki verimliliği artırır ve ortak hedeflere ulaşmayı kolaylaştırır.

-İlham verici liderlik: EQ'su yüksek kişiler, çevrelerindeki insanlara ilham vererek onları harekete geçirebilirler. Onlar; sadece pozisyonları ya da unvanları nedeniyle değil, yürüdükleri yol ve gerçekleştirmek istedikleri projeler sayesinde insanları etkilerler. İnsanlar, onların vizyonlarından, hayat yolculuklarından ve yaptıklarından etkilenir, ilham alır.

Bu kategoriler incelendiğinde, duygusal zekânın (EQ) ne olduğu ve kişinin duygusal zekâsını geliştirmek için hangi alanlarda ilerleme kaydetmesi gerektiği ortaya konulabilir. Bu sayede, bireyin kişisel gelişimi için de olumlu adımlar atılmış olur.

Genellikle, başarılı insanların yüksek IQ (Intelligence Quotient) seviyelerine sahip olduğu ve başarılarının sadece buna bağlı olduğu düşünülür. Ancak IQ; bir insanın zihinsel yeteneğini, yani bilgiyi öğrenme, anlama ve uygulamasını ölçen bir değerdir. Bu değer; zekâ testleriyle ölçülebilir ve genellikle mantıklı düşünme ve hızlı öğrenme gibi becerileri yansıtır. IQ'nun önemi yadsınamaz; fakat EQ olmadan, efektif değildir. Çünkü EQ'nun gelişimi; balanslı, hikmetli bireyler olabilmek için elzemdir.

Şöyle açıklayalım: Bir işe girdiğinizde ya da kaliteli bir okula kabul edildiğinizde, genellikle oradaki çoğu kişiyle benzer IQ seviyelerine sahip olursunuz.

Peki, EQ bu denklemin neresindedir veya nasıl devreye girer?

EQ'nun önemi, IQ'nun yetersiz kaldığı alanlarda kendini gösterir. Mesela; EQ düşük olduğunda, elde edilen bir başarı; uzun soluklu olmaz, yani sürdürülemez.

Ayrıca güçlü bir EQ; liderlik yapabilme, etkili yönetici olabilme ve insanları doğru yönlendirme gibi alanlarda da belirleyici bir faktördür.

EQ'nun kişisel gelişim ve sağlıklı bir öz güven inşası için önemini kavrayabilmek, bireylerin yaşamlarını daha verimli bir hâle getirebilir. Yani EQ, yalnızca çocuklar ve gençler için değil; tüm bireyler için kritik bir gelişim alanıdır.

EQ ile ilgili özelliklere göre değerlendirdiğimiz bir kişinin; daha verimli bir hayat sürmesi için hangi alanlarını geliştirmesi gerektiğini keşfedebiliriz. Tabii, bireyin gelişmesi ve başarılı olabilmesi için yalnızca bu alan üzerinde yoğunlaşmak yeterli olmaz. Çünkü insanın içinde; her an onunla birlikte olan ve davranışlarını, duygularını, aksiyonlarını etkileyen bir mekanizma; yani nefis vardır. Dolayısıyla, nefsin özellikleri ve tepkileri, duygusal zekâ ile birlikte analiz edilmelidir.

Peki, bunu nasıl yapacağız?

Kur'an'daki peygamber kıssaları, davranışlarımızı şekillendirme konusunda bize rehberlik eder. Onları inceleyip keşfettiklerimizi, psikoloji alanında yapılan bu çalışmalarla bir araya getirdiğimizde; Kur'an'ın rehberliği doğrultusunda öz güvenimizi geliştirebiliriz. Böylece daha güçlü, kıvam sahibi bireyler olabiliriz.

Goleman'a göre, EQ geliştirilebilir. İnsan, doğru strateji ve pratiklerle EQ seviyesini yükseltebilir. Bu, çok önemli bir noktadır.

Şöyle bakın: IQ'su yüksek biri, girdiği başarılı bir okulda veya şirketteki diğer insanlarla yaklaşık bir IQ seviyesine sahiptir. Yani o ortamdaki farkı ancak, EQ'su ile ilişkili olacaktır. Bu; çok iyi sınav sonuçlarına sahip olmasalar bile, farklı alanlarda büyük başarılar elde eden insanların hayatlarına bakıldığında daha iyi anlaşılabilir.

Goleman; zaman içerisinde EQ'nun, IQ'nun yerini alacağına inanıyor. Günümüzde kullanımı gittikçe yaygınlaşan yapay zekâ (AI-Artificial Intelligence), IQ'nun yerini alacak şekilde gelişiyor. Bilgisayarlar ve yapay zekâ sistemleri, hızla bilgi işleyebiliyor ve sorulara doğru yanıtlar verebiliyor. Bu da IQ'nun gerekliliğini bir ölçüde azaltıyor.

Burada şu noktaya da dikkat çekmek gerekiyor: AI (Artificial Intelligence), bilgiyi işleyebilir ve sorulan sorulara doğru yanıtlar verebilir; fakat duygusal zekâ, empati ve sosyal beceriler gibi insana özgü yetenekleri taklit edemez. Bu yüzden, çocuklarımıza bu becerileri kazandırmak çok önemlidir.

Goleman'a göre, gençleri duygusal zekâlarını (EQ) yükseltecek stratejilerle yetiştirmek, hem bireysel başarılarını hem de toplumsal ilişkilerini güçlendirmeleri için kritik bir adımdır. Bu nedenle; "Bir insanın EQ'sunu etkileyen faktörler nelerdir? EQ'yu yükseltmek için neler yapılabilir?" gibi soruların cevaplandırılması çok önemlidir.

Bu konuda birçok çalışma bulunabilir. Ancak biz, bu bölümde Kur'an'ın rehberliğinde, narsistlerin, toksik ilişkilerin veya toksik arkadaşlıkların; bir bireyin öz güvenini nasıl etkileyebileceğini Musa (A.S.) kıssası üzerinden inceleyeceğiz.

Kur'anî öz güven inşası, kıvamlı bir mümin olabilmek için vazgeçilmez bir unsurdur. Bir insanın öz güveninin sağlam temeller üzerine inşa edilmesi, duygusal ve sosyal zekâsının gelişmesini sağlar. Bu sayede birey; Allah (C.C.) ile olan yolculuğunda daha güçlü bir duruş sergileyebilir. Çünkü öz güveni yüksek olan biri, şeytanın vesveselerine ve manipülasyonlarına karşı kendini koruyabilir.

Öz güven, doğrudan duygusal zekâ (EQ) ile ilişkilidir. Kişinin duygusal zekâsı (EQ), öz güveni arttıkça gelişir. Bundan dolayı, duygusal zekâ ve öz güven arasındaki ilişkiyi ayrıntılı şekilde ele alacağız.

Allah (C.C.); her insanı kıymetli, ahsen-i takvîm olarak yaratmıştır. Yani insana; yaratılış itibariyle muhteşem bir donanım, kıymet ve denge verilmiştir. Öyle ki, bu eşsiz nimetlerle insan; meleklerin dahi secde ettiği yüksek bir makama ulaşabilecek potansiyele sahiptir.

Ancak insan bazen bu potansiyelini unutur ve öz güveni zedelenir. İnsan; yaratılışından gelen bu kıymet zedelendiğinde, kendisiyle çelişmeye başlar. Kendini değersiz hissedip, "Bir işe yaramıyorum ki." düşüncesine kapılarak manipülasyonlara açık bir hâle gelebilir.

Öz güveni sarsılan, zedelenen bir kişinin, hem dünya hem de ahiret hayatına dair alacağı kararlar sağlıklı olmayabilir. Bu da onun, şeytanın yönlendirmelerine daha açık hâle gelmesine ve sonuçta da zarar görmesine yol açabilir.

Peki, bu konuda Kur'an'da bir örnek var mı?

Kur'an'da bu konu ile ilgili birçok örnek bulunur. Hemen hemen her peygamber, narsistler tarafından manipülasyon ve gaslightinge maruz kalmıştır. Mesela; Firavun'un, kendisine tebliğde bulunan Musa'ya (A.S.) karşı tavrı, Nûh'un (A.S.) kavmi tarafından "deli" olarak nitelendirilmesi ya da Resulallah'a (S.A.V.) müşriklerin "büyücü, sihirbaz" demesi, bu tür narsist davranışlarına örnek olarak verilebilir.

Kur'an'da örnek verilen kavimlerin isyan eden önde gelenleri ve liderlerinin de çoğunda narsistik davranışlar görülür. Bu kişiler, egolarını tatmin etmek ve halklarını kontrol altında tutmak için, gerçekleri çarpıtmış ve insanları manipüle etmişlerdir.

Düşünün! Ebu Leheb bir narsistti, Ebu Cehil bir narsistti. Velid bin Mugîre, bir narsistti. (Ebu Leheb, Ebu Cehil, Velid bin Mugîre için bkz.)[2] Onlar, "Malım, çoluğum, çocuğum ateşe girsin; yeter ki ben kurtulayım." diyecek kadar ileri gidebilen, bencil ve kötü kişilerdi.

Kur'an'da, narsizmi en net şekilde temsil eden örneklerden biri Firavun'dur. O; açıkça ilahlığını ilan etmiş, insanlara zulmetmiş; İsrailoğullarının bebeklerini öldürüp, milyonlarca insanı köleleştirmiş bir zalimdir. İnsanların inançlarını kontrol etme hakkını dahi kendisinde görmüştür. Musa'nın (A.S.) gösterdiği mucizeler karşısında iman eden büyücülerini; "Benden izin çıkmadan O'na inandınız ha! Demek ki size

---

2. Ebu Leheb: Peygamber Efendimiz'e karşı çıkan, onun amcası olan inatçı bir Mekke lideridir.
Ebu Cehil: İslam'ın en büyük düşmanlarından biri olarak tanınan, kibriyle bilinen bir Mekke büyüğüdür.
Velid bin Mugîre: Kur'an'ı duyup etkilenmesine rağmen iman etmeyen ve halkı kandıran bir Mekke ileri gelenidir.

sihri öğreten ustanız O'ymuş! Ellerinizi ve ayaklarınızı farklı yönlerden keseceğim ve sizi hurma dallarına asacağım! Kimin azabının daha şiddetli, daha devamlı olduğunu işte o zaman anlayacaksınız!" diyerek cezalandırmıştır.[3] Ve Musa (A.S.), bebekliğinden itibaren böyle bir narsistin sarayında, onun kurduğu narsistik devlet sisteminin içerisinde yetişmiştir.

Gelin, Musa'nın (A.S.) bebekliğinden itibaren yaşadıklarını ve bunların Kur'an'da nasıl anlatıldığını, kısaca hatırlayalım. Ayrıca, bir bireyin sistematik baskılarla öz güveninin nasıl zedelendiğini ve Allah'ın (C.C.) bu konu ile ilgili sunduğu çözümleri dikkatlice inceleyelim.

Musa'nın (A.S.) doğduğu dönemde Firavun; İsrailoğullarının yeni doğan erkek bebeklerini öldürtüyor, kız çocuklarını ise köle olarak çalıştırılmak üzere hayatta bırakıyordu. Bu nedenle Musa (A.S.) doğunca, annesi endişelendi. Firavun'un zulmünden korumak için de Allah'ın ilham etmesiyle, Musa'yı (A.S.) nehre attı.[4]

Annesi tarafından nehre atılan Musa (A.S.), Allah'ın koruması ve yönlendirmesi ile Firavun'un sarayına ulaştı. Firavun'un hanımı olan Asiye Anamız; "Bana da, sana da neşe kaynağı olacak sevimli bir çocuk! Öldürmeyin O'nu; olur ki bize fayda sağlar, bakarsın biz O'nu evlat da ediniriz."[5] diyerek bebeğin sarayda kalması konusunda Firavun'u ikna etti.

Allah (C.C.), Musa'yı (A.S.) saraydakilere sevdirmişti. Ancak O (A.S.), dış görünüşü itibarıyla saray hanedanından farklıydı. Musa (A.S.); İsrailoğullarının ten rengine benzer bir ten rengine sahipti. Ve o dönemde; Firavun hükümetinde, İsrailoğullarına karşı büyük bir düşmanlık vardı. Bu düşmanlık sadece Firavun'da değil; Firavun'un güvenlik bürokrasisi, generalleri, polis şefleri ve devlet mekanizmasının tamamında bulunuyordu. Kısacası; Firavun'un koruması altında

---

3. Tâhâ Suresi, 71
4. Kasas Suresi, 7
5. Kasas Suresi, 9

büyüyor, bir prens gibi yetişiyor olsa da devlet bürokrasisi Musa'dan (A.S.) hoşlanmıyordu.

Musa (A.S.) olgunluk çağına geldiğinde; gizlice İsrailoğullarının yaşadığı gettolara gitmeye ve halkın arasında dolaşmaya başlamıştı. Böyle gizlice saraydan çıktığı bir gün; yaşadığı bir olay, Musa'nın (A.S.) hayatındaki önemli kırılma noktalarından biri oldu. Musa'nın (A.S.) yaşadığı bu olay, Kasas suresinde şöyle anlatılır:

Kasas 15- "Musa bir gün, halkın habersiz olduğu bir sırada şehre girdi. İki adamı, birbirleriyle kavga eder vaziyette gördü. Onlardan biri kendi kavminden, öbürü ise düşmanının kabilesindendi. Hemşehrisi, düşman olana karşı Ondan yardım istedi. Musa da bir yumruk atıp onu öldürdü. Arkasından: 'Bu, dedi, şeytanın işindendir, kötü bir iştir. O gerçekten saptırıcı açık bir düşmandır.'"

Hayal edin o sahneyi! Polis veya asker olan bir güvenlik görevlisi İsrailoğullarından birine fiziksel şiddet uyguluyor. Musa (A.S.) bu sahneyi gördüğü an, yıllardır İsrailoğullarına uygulanan zulmü hatırlıyor ve müdahale etmeye karar veriyor. Bu sırada attığı bir yumrukla adam ölüyor. Musa (A.S.), istemeden yaptığı bu işin, kötü olduğunun farkında ve hemen istiğfar ediyor. Allah (C.C.), daha sonra neler olduğunu bize şöyle anlatıyor:

Kasas 18- "Sabaha kadar endişe içinde, etrafı kontrol ederek geceyi geçirdi. Sabahleyin, bir de baktı ki dün Kendisinden yardım isteyen soydaşı, yine imdadına çağırıyor. Musa ona: 'Belli ki sen azgının tekisin!' dedi."

Kasas 19- "Bununla beraber Musa, hem Kendisinin hem de soydaşının hasmı olan adamı tutmak isterken soydaşı O'na: 'Ne o, Musa! Dün bir adam öldürdüğün yetmemiş gibi bugün de beni mi öldürmek istiyorsun? Sen'in tek isteğin ülkede bir zorba olmaktır, asla ıslah etmek, ara bulmak istemiyorsun.' dedi."

Adamın bu söylemi ile, önceki gün yaşanan olay açığa çıkıyor. O ana kadar kimse o adamı öldürenin Musa (A.S.) olduğunu bilmiyordu.

Ancak bu sözlerle, herkes gerçeği öğreniyor. Artık polisler, bu işi Musa'nın (A.S.) yaptığını biliyorlar. Böylece, Musa'yı (A.S.) sevmeyen saray bürokrasisinin ve devlet mekanizmasının aradıkları fırsat da ellerine geçmiş oluyor.

Devletin güvenlik bürokrasisi; polisler, askerler ve diğer yetkililer; bir araya gelip bir toplantı yapıyor ve Musa'nın (A.S.) yakalanıp cezalandırılması konusunda karar alıyorlar. Ancak burada kritik bir detay var: Musa'yı (A.S.) mahkemeye çıkarırlarsa, davaya Firavun bakacak. Firavun ise, Musa'yı (A.S.) yanında büyüdüğü ve sevdiği için affedebilir. Bunu istemeyen güvenlik yetkilileri, Musa'yı (A.S.) mahkemeye çıkarmadan öldürmeye karar veriyorlar.

Bu toplantıya; Firavun'un sarayında bulunan, ancak gizlice iman etmiş ve Musa'nın (A.S.) yakın arkadaşı olan biri de katılıyor. "Mümin Âl-i Firavun" olduğu iddia edilen bu kişi, toplantıda konuşulanları duyar duymaz, hemen Musa'yı (A.S.) uyarmaya gidiyor.

Allah (C.C.) bundan sonra yaşananları da bize şöyle anlatıyor:

Kasas 20- "Derken, şehrin öte başından bir adam koşarak geldi ve dedi ki: 'Ne yapıyorsun Musa? Yetkililer idam istemi ile Sen'in hakkında karar vermek üzere toplantı halindeler. Beni dinlersen derhal şehri terket! Ben, hakikaten Sen'in iyiliğini isteyen biriyim!"

Kasas 21- "Hemen oradan ayrılıp, hep etrafını kontrol ederek endişe içinde şehirden çıktı ve: 'Şu zalimler gürûhunun elinden Ben'i halas eyle ya Rab'bi!' diye yalvardı."

Kasas 22- "'Medyen tarafına yönelince: 'Umarım Rab'bim Ben'i doğru yola yöneltir.' dedi."

Düşünün şimdi! Bir zamanlar, sarayda bir prens gibi yaşayan Musa (A.S.), bir anda kanun kaçağı hâline gelmiş ve yaşadığı ülkeyi terk etmek zorunda kalmıştı. Ancak Allah'ın (C.C.) kendisini doğru yola yönlendireceğinden emin bir hâlde dua ediyordu.

İçimdeki Turkuaz

Musa (A.S.), gece gündüz yol aldıktan sonra; nihayet Medyen su kuyularına ulaştı. Kuyuya yaklaştığında, hayvanlarını sulamak isteyen bir grupla karşılaştı. İki genç kızın, onlardan biraz geride durduğunu fark etti ve onlara neden beklediklerini sordu. Kızlar; kuyunun başında bulunanların işlerini bitirmesini beklediklerini ve babaları yaşlı olduğu için bu işin onlara kaldığını söylediler. Bunun üzerine Musa (A.S.), hayvanlarını sulamaları için onlara yardımcı oldu. İşi bittikten sonra da dinlenmek için gölgelik bir yere oturup; "Ya Rab'bi! Bana lütfedeceğin her türlü nimete muhtacım!"[6] diyerek dua etti.

Bu, Musa'nın (A.S.) hayatındaki önemli anlardan biridir. O'nun (A.S.) hayatı bir anda değişmişti. Üstelik bu, birine yardım etmeye çalışırken olmuştu. İyilik yapmak isterken bir kanun kaçağı hâline gelmişti ve yakalanırsa, idam edilecekti. Dolayısıyla, ülkesinden kaçmak zorunda kalmış; çölleri geçmişti. Belki karnı açtı, yanında hiç kıyafeti, yiyecek bir şeyi yoktu. Ve tam da böyle bir durumdayken, "Ya Rab'bi, Bana lütfedeceğin her türlü nimete muhtacım." diyerek dua ediyordu.

Musa'nın (A.S.) o anki hissiyatını, içinde olduğu durumu iyi anlayın!

Sonra dönün ve kendinize sorun! Musa'nın (A.S.) yerinde siz olsaydınız; O'nun yaşadıkları sizin başınıza gelseydi ne yaparsınız, kendinizi nasıl hissederdiniz?

Hayati tehlikeniz varken; ne yiyeceğinizi, nerede kalacağınızı bilmediğiniz bir hâldeyken böyle zorlu bir yolculuğa çıksaydınız; neler hissederdiniz?

Kendinizi suçlar mıydınız, endişelenir ya da korkar mıydınız? Ya da öz güvenli mi hissederdiniz?

Sizce Musa'nın (A.S.) yaşadıkları, bir insanın öz güvenini kırar mı? Tabii ki kırar. Hayatı altüst olan birinin öz güveni sarsılabilir. Ve bu, gayet insanî bir durumdur.

---

6. Kasas Suresi, 24

Kıssa şöyle devam ediyor:

Musa'nın (A.S.) yardım ettiği kızlar -Şuayb'ın (A.S.) kızları- işleri bitince evlerine dönüyorlar. Babalarına tüm yaşananları anlatıyorlar. Babaları Şuayb (A.S.) da Musa'yı (A.S.) yanına çağırıyor.

Musa (A.S.), Şuayb'a (A.S.) başından geçenleri anlatınca; Şuayb (A.S.) O'na güven vererek, "Endişe etme, o zalimlerin elinden artık kurtuldun!"[7] diyor. Ardından da Musa'ya (A.S.) şöyle bir teklifte bulunuyor: "Kızlarımdan birini Sen'inle evlendirmek istiyorum. Buna karşılık Sen de sekiz yıl yanımda çalışırsın; şayet, bu süreyi on yıla çıkarırsan, o da Sen'in ikramın olur. Ben Sen'i zahmete sokmak istemem. İnşallah Ben'im dürüst bir insan olduğumu göreceksin."[8]

Musa (A.S.), bu teklifi kabul ediyor. Böylece, sarayda büyümüş ve bir prens gibi yetişmiş Musa (A.S.) artık küçük bir köyde sade bir yaşam sürmeye başlıyor.

Durun ve kendinizi Musa'nın (A.S.) yerinde hayal edin! Hayatınızda alıştığınız bir düzen ve standart varken; bir anda, büyük bir imtihanla karşılaştığınızı ve her şeyin altüst olduğunu düşünün.

"Ya Rab'bi, Bana lütfedeceğin her türlü nimete muhtacım." diyerek dua ediyorsunuz. Belki küçücük bir odada kalıyorsunuz. Eskiden makam mevki sahibi biriyken, çok fazla dünyalık imkana sahipken artık yaşamınıza bir çoban olarak devam ediyorsunuz.

Peki, sizce böyle bir süreç, insanın iç dünyasını nasıl etkiler, öz güvenini nasıl şekillendirir? İşte, Musa'nın (A.S.) kıssasından tam da bunu; yani bir insanın öz güvenini yeniden nasıl inşa edebileceğini öğreniyoruz.

Devam edelim.

---

7. Kasas Suresi, 25
8. Kasas Suresi, 27

Musa (A.S.), ailesiyle birlikte çölde ilerlerken, Sina dağı tarafında bir ateş fark ediyor ve ailesine: "Durun! Ben bir ateş fark ettim. Gideyim belki yol hakkında bir bilgi alır veya bir ateş koru getiririm de ateş yakıp ısınma imkânı bulursunuz." diyor.[9]

Musa (A.S.), ateşe doğru ilerlerken, beklemediği bir şey oluyor ve Kendisine "Ey Musa! Rabbülâlemin olan Allah Ben'im."[10] denilerek seslenildiğini duyuyor.

O anı hayal edin! Karanlık bir gecede, bilmediğiniz bir yerde, ıssız bir dağın tepesindesiniz ve aniden bir ses size sesleniyor. Ne kadar şaşırır, nasıl heyecanlanırsınız değil mi?

Allah (C.C.), orada yaşananları Tâhâ suresinde bize şöyle anlatıyor:

Tâhâ 11- "Ateşin yanına varınca birden: 'Musa!' diye nida edildi."

Tâhâ 12- "'Haberin olsun: Sen'in Rab'bin Ben'im!' denildi. 'Çıkar pabuçlarını hemen! Çünkü kutsal vadidesin Sen! (Evet evet!) Tûvâ'dasın Sen!'"

Tâhâ 13- "Ve enahtertuke festemi' li mâ yûhâ."

"Peygamberliğe seçtim Sen'i, öyleyse iyi dinle Sana vahyedileni!"

Tâhâ 14- "Muhakkak ki Ben'im gerçek İlah. Ben'den başka yoktur ilah. O hâlde Sen de, yalnız Bana ibadet et! Ben'i anmak için namaz eda et!"

Musa (A.S.), hayatındaki en önemli anlardan birini yaşıyordu. Çünkü Allah (C.C.) doğrudan hitap ederek O'nunla (A.S.) konuşmuştu.

Burada şu ayrıntıya da dikkatinizi çekmek istiyoruz: Allah (C.C.), Tâhâ suresinin 13. ayetinde Musa'yı (A.S.) peygamberliğe seçtiğini; "Enahtertuke. - Sen'i seçtim." ifadesiyle bildiriyor. Bu ifade aslında, mealen

---

9. Kasas Suresi, 29
10. Kasas Suresi, 30

şu anlama gelir: "Sen'i, sahip olduğun bazı özellikler ve kapasiten nedeniyle peygamberlik için uygun gördüm. Bu görevi yerine getirebilecek yeteneklere sahipsin. Bu yüzden Sen'i seçtim."

Düşünsenize! Hayatınız altüst olmuş; yaptığınız bir şeyden dolayı, kendinizi suçlu hissediyorsunuz. Saraydan çobanlığa uzanan bir yolculukta, artık yeni bir hayatınız var. Ve bir gün Allah (C.C.); size özel olarak hitap edip, sahip olduğunuz bazı özelliklerinizden dolayı, sizi peygamberliğe seçtiğini söylüyor. Bunun, nasıl büyük bir sevinç ve huzur vesilesi olduğunu iyi anlamak gerekir.

Bizim de hayatımızda; kendimizi garip, yalnız veya çaresiz hissettiğimiz anlar, dönemler olabilir. Kim bilir, belki onlar da Allah'ın (C.C.) bizi özel bir görev için seçmesine vesiledir. Bunu bilmiyoruz. Ancak şundan eminiz: Bizim sahibimiz Allah'tır (C.C.) ve O (C.C.), her şeyi bir hikmetle yaratmıştır. Bu hakikati hep aklımızda tutmalı ve her durumda Allah (C.C.) ve O'nun icraatları hakkında hüsnüzan sahibi olmalıyız.

Dünyalık ölçülerle baktığınızda; saraydan köye, yüksek bir makamdan sıradan bir hayata geçiş yapan insan, tabii ki bir düşüş yaşadığını düşünür. Fakat işte tam böyle bir anda Allah (C.C.); aslında işin arka planının öyle olmadığını ve Musa'yı (A.S.), bazı özelliklerinden dolayı peygamberliğe seçtiğini buyuruyor. Hatta, bizzat O'na (A.S.) hitap ediyor.

Şu ana kadar Musa'nın (A.S.) hayatındaki zorlukları, kırılma anlarını, yaşadığı imtihanları ve tüm bunlar olurken neler hissettiğini anlamaya gayret ettik. Yaşadıklarının, Musa (A.S.) üzerinde oluşturduğu etkiler vardı. Her ne kadar peygamberler korunmuş olsalar da onların da insan olduğunu unutmamalıyız. Zaten bundan dolayı, peygamber kıssaları hayatımız için yolumuzu aydınlatan birer projektör gibidir.

Musa (A.S.) bebekliğinden itibaren zulüm altında olmuş, hayatının her döneminde çok sarsıcı imtihanlara maruz kalmış biridir. Ancak, O'nun (A.S.) gelişimi hep Allah'ın inayeti ve gözetimi altında olmuştur.[11]

Sistematik bir zulmün, baskının, manipülasyon ve gaslightingin insanın iç dünyasında nelere sebebiyet verebileceği, Musa'nın (A.S.) kıssası ile bizlere çok güzel anlatılmıştır. Şimdi inceleyeceğimiz Şuârâ suresi ayetleri de bu konuyu anlamamız açısından çok önemlidir.

Şuârâ 10;11- "Ve iz nâdâ rabbuke mûsâ eni'til kavmez zâlimîn. Kavme fir'avn, e lâ yettekûn."

"Bir vakit de Rab'bin Musa'ya: 'Haydi! O zulme batmış olan topluma, yani Firavun'un halkına gidip; 'Hakkı inkârdan ve azgınlıktan sakınma zamanı gelmedi mi? de!' diye nida etti."

Şuârâ 12;13- "Kâle rabbi innî ehâfu en yukezzibûni. Ve yadîku sadrî ve lâ yentaliku lisânî fe ersil ilâ hârûn."

"'Ya Rab'bi!' dedi, 'Korkarım ki Ben'i yalancı sayarlar, Ben'im de sadrım daralır, dilim tutulur. Onun için Hârun'a da risalet ver!'"

Şuârâ 14- "Ve lehum aleyye zenbun fe ehâfu en yaktulûni."

"Hem sonra onların Ben'im aleyhimde bir suçlamaları da var. Bundan ötürü Ben'i öldürmelerinden endişe ediyorum."

Şuârâ 15- "Kâle kellâ, fezhebâ bi âyâtinâ innâ meakum mustemiûn."

"'Hayır!' buyurdu, 'Ben'im ayetlerimle gidin, Biz de sizinle beraberiz, olup bitenleri işitiriz.'"

Şuârâ 16;17- "Fe'tiyâ fir'avne fe kûlâ innâ resûlu rabbil âlemîn. En ersil meanâ benî isrâîl."

---

11. Tâhâ Suresi, 39

"Gidin o Firavun'a: 'Biz Rabbülâlemin tarafından sana gönderilen elçileriz, O'ndan sana mesaj getirdik: İsrailoğullarını serbest bırakacaksın, bizimle gelecekler!' deyin."

Düşünün şimdi! Öldürülme korkusuyla Mısır'dan kaçmışsınız. Zulümden kurtulmuş, güvenli bir ortamda yeni bir hayat kurmuşsunuz. Sizi o zulüm ve tehlikeden kurtaran Allah'a (C.C.) sürekli şükrediyorsunuz. Sonra bir gün, hiç beklemediğiniz bir anda Allah (C.C.) size özel hitap ederek bir görev veriyor: "Haydi! O zulme batmış olan topluma, yani Firavun'un halkına gidip, 'Hakkı inkârdan ve azgınlıktan sakınma zamanı gelmedi mi?' de!"

Kendinize sorun! Böyle bir anda, ne düşünürdünüz? "Hangi topluma?" diye sormaz mıydınız? "Allah (C.C.) Ben'i Mısır'dan, orada başıma geleceklerden kurtardı. Herhâlde, gitmem istenilen yer başka bir yerdir. Çünkü Mısır'a dönmem mümkün değil!" diye düşünmez miydiniz?

Bakın Allah (C.C.), Musa'yı (A.S.) tam da zulmünden kaçtığı yere geri gönderiyor.

Şuarâ suresi 11. ayette, "Kavme fir'avn. - Firavun halkına git." denildikten sonra; "E lâ yettekûn - Korunma zamanı gelmedi mi?" ifadesi geçiyor. Bu, mealen şu anlama geliyor: "Onlar büyük bir tehlike altındalar ve kendilerini bu tehlikeden korumalılar. Kendilerini kurtarmaları için artık sakınma ve uyanma vakti de geldi."

O sahneyi hayal edin! Siz ne hissederdiniz? "Orası zaten zulmün merkeziydi, şimdi oraya geri mi döneceğim? Asıl tehlikede olan ben değil miyim? Onlar güçlü bir devlet, ben ise tek başımayım! Nasıl olur da tehlikede olan onlar olur?" diye endişe etmez miydiniz?

İşte Allah (C.C.) bütün bu muhtemel sorulara cevap olarak mealen; yaptıkları büyük zulüm sebebiyle çok kuvvetli görünseler de gerçekte o kavmin çok zayıf ve her an helak olma tehlikesiyle karşı karşıya olduğunu, dolayısıyla da asıl güçlünün Musa (A.S.) olduğunu bildiriyor.

Peygamberlerin hayatlarına baktığımızda onların, Allah (C.C.) kendilerine bir görev verdiğinde, hiç tereddüt etmeden anında; "Semi'nâ ve ata'nâ. - İşittik ve itaat ettik."[12] dediklerini görüyoruz. Mesela; İbrahim (A.S.) ateşe atılırken, Allah'a (C.C.) tam bir teslimiyet ve hüsnüzan içerisindeydi. (Hüsnüzan için bkz.)[13] Birlikte yaşadığı toplum O'nu (A.S.) kovduğunda, hiç tereddüt etmeden; "Ben, Rab'bimin gitmemi emrettiği yere doğru gidiyorum. O, elbet Bana yol gösterecektir." demişti.[14]

Yine bir imtihan olarak, oğlunu kurban etmesi emredildiğinde; bu emri yerine getirmek için, hem Kendi hem de oğlu hiç tereddüt etmemişti.[15] O'na (A.S.), "Eslim! - Teslim ol!" denildiğinde; O da "Eslemtu li Rabbil âlemîn. - Âlemlerin Rab'bine teslim oldum."[16] diyerek karşılık verdi. Buna benzer örnekleri, diğer peygamberlerin hayatlarında da görebiliriz. Çünkü peygamberler, Allah'tan (C.C.) bir emir aldıklarında; onu sadece kabul etmekle kalmaz, anında yerine getirirler.

Peki Allah (C.C.), Musa'ya (A.S.); "Firavun'un kavmine git!" dediğinde ne oldu? Musa (A.S.), bu emri duyunca beş farklı şey söyledi. Allah (C.C.) bunları Şuarâ suresinde şöyle sıralıyor:

Şuarâ 12;13- "'Ya Rab'bi' dedi, 'Korkarım ki Ben'i yalancı sayarlar, Ben'im de sadrım daralır, dilim tutulur. Onun için Hârun'a da risalet ver!'"

Şuarâ 14- "Hem sonra onların Ben'im aleyhimde bir suçlamaları da var. Bundan ötürü Ben'i öldürmelerinden endişe ediyorum."

Musa (A.S.) mealen şöyle diyor:

1- "Ben'i yalancı saymalarından korkuyorum."

---

12. Bakara Suresi, 285
13. Hüsnüzan: İslam ahlak kültüründe; bir kimsenin kesin bilgisi olmamakla birlikte başka birisi hakkında iyi kanaat beslemesine "hüsnüzan" denir.
14. Sâffât Suresi, 99
15. Sâffât Suresi, 102;105
16. Bakara Suresi, 131

2- "Ben'i yalancı saydıklarından dolayı, anksiyete seviyem artacak ve sadrım daralacak."

3- "Anksiyetem artınca, akıcı konuşamam."

4- "Bu vazifeyi Hârun'a ver!"

5- "Üstelik hakkımda yakalama kararı var. Ben'i öldürürler."

13. Ayetin sonunda geçen "Fe ersil ilâ hârûn." ifadesi, bazı meallerde, "Hârun'a da risalet ver." şeklinde tercüme edilmiş. Ancak Arapçada, "da" anlamını ifade eden özel bir ek veya vurgulayıcı kelime bulunmaz. Yani Musa (A.S.) burada, Allah'tan (C.C.) "Hârun'a ver risaleti." talebinde bulunuyor.

Musa (A.S.), beş farklı şey söyleyerek Allah'a (C.C.) duygu durumunu, hissettiklerini ifade ediyor. Ancak o kadar ilginç ki, bunların hiçbirinde; "Gideceğim, gidiyorum ya Rab'bi!" demiyor.

O'nun (A.S.), Rab'bi ile arasında çok sıcak ve yakın bir bağı var. Bu öyle bir bağ ki, onun sayesinde duygularını Rab'bine rahatlıkla ifade edebiliyor. Ne kadar muhteşem, değil mi?

Bakın, aynı zamanda bu örnek; bir insanın iç dünyasında yer alan endişelerin ne kadar derin ve sarsıcı olabileceğini de bize gösteriyor.

Allah (C.C.) ile öyle bir bağımız olmalı ki; tüm kırılganlığımızla, bütün acizliğimizi, endişelerimizi, korkularımızı, yetersizliklerimizi, "Allah bana kızar, beni cezalandırır!" korkusu olmadan, O'na (C.C.) ifade edebilelim. Böyle bir bağa ne kadar da ihtiyacımız var, öyle değil mi?

Musa'nın (A.S.), en büyük korkusunun öldürülmek olduğunu düşünebilirsiniz, ama öyle değil! Musa (A.S.), bu korkusunu ta en son sırada; "Onların Ben'im hakkımda suçlamaları var, bu yüzden Ben'i öldürmelerinden endişe ediyorum." diyerek dile getiriyor.

Peki O (A.S.), ilk sıraya neyi koyuyor?

İçimdeki Turkuaz

"Korkarım ki Ben'i yalancı sayarlar." diyor. Yani en büyük korkusu öldürülmek değil; yalancı sayılmak, dalga geçilmek ve aşağılanmak!

Bazen en büyük korkumuz; fiziksel bir tehdit değil, toplum, çevre ve başkaları tarafından nasıl algılandığımızdır. Öyle ki aşağılanmak ve yetersiz görülmek, ölüm korkusunun bile önüne geçebilir.

Dış görünüşümüzü, konuşma tarzımızı, yavaş öğrenmemizi, boyumuzu ya da herhangi bir özelliğimizi beğenmiyor olabiliriz. İnsan, tüm bunlardan dolayı kendi içinde bazı kompleksler geliştirebilir. Zamanla bu kompleksler, insanı öyle daraltır ki, onun sessiz kalmasına, arkadaş ortamında susmasına ve "Ben'imle dalga geçerler." korkusundan dolayı içine kapanmasına sebep olabilir.

Musa'nın (A.S.) endişelerine, bu perspektifle bakın. O'nun (A.S.), dilinde bir çeşit pelteklik olduğu ve özellikle heyecanlandığında akıcı konuşamadığı rivayet ediliyor. Firavun O'nun (A.S.) bu özelliğiyle dalga geçiyordu. Allah (C.C.), Firavun'un bu tavrını Zuhruf suresi 52. ayette şöyle bildiriyor:

Zuhruf 52- "Yoksa ben; Şu aşağılık, meramını bile neredeyse anlatamayan adamdan daha üstün değil miyim?"

Allah (C.C.); bu olayı anlatarak, insanlarla dalga geçmenin aslında ne kadar tehlikeli bir davranış olduğunu da bize gösteriyor. Çünkü bazen bu tür korkular, ölüm korkusunun bile önüne geçebilir.

Benzer bir durumu Meryem'in (A.S.) kıssasında da görüyoruz.

Hatırlayın! Meryem Anamız, İsa'ya (A.S.) hamile kaldığında kendini açıklayamayacağı endişesinden dolayı; insanların onu aşağılayıp, hakaret ederek; "Kız Meryem! Sen ne tuhaf bir şey yapmışsın öyle! Ey Hârun'un kardeşi! Baban kötü bir insan değildi. Annen de iffetsiz bir kadın değildi!" diyeceklerini düşününce, ölmeyi istemişti.[17]

---

17. Meryem Suresi, 27;28

Gençler Serisi

Meryem Anamız'ın o anki hissiyatı, Meryem suresinin 23. ayetinde şöyle anlatılır: "Derken doğum sancısı, onu bir hurma ağacına dayanmaya zorladı. 'Ay!' dedi, 'N'olaydım, keşke bu iş başıma gelmeden öleydim, adı sanı unutulup gitmiş biri olaydım!'"

Allah (C.C.), Kur'an'da bu konuları bize özellikle anlatıyor. İnsanın onuru ve izzeti, Allah (C.C.) nezdinde çok kıymetlidir. Hatta Kâbe'den bile kıymetlidir. Çünkü insan, Allah'ın; Ruhundan üflediği, ahsen-i takvîm üzere kıymetli ve balanslı yarattığı bir varlıktır. Ona yapılan bir saygısızlık, doğrudan Allah'ın yarattığı fıtrata saygısızlık anlamına gelir. Bundan dolayı, insanların onurunu zedeleyecek söz ve davranışlardan uzak durmak gerekir.

Musa (A.S.) kıssasına devam edelim.

O'nun (A.S.) en büyük korkusunun, ölüm olmadığından bahsetmiştik. O (A.S.), Kendini yalancı sayıp dalga geçeceklerinden korkuyordu.

Bakın, insanlarla dalga geçmek öyle yıkıcı olabilir ki, öz güvenleri zedelenebilir. Gerek fiziksel görünüş, gerek IQ seviyesinin düşüklüğü, bireyin yavaş anlaması, kekeme olması, gerekse de başka eksiklikleri, özellikleri ile ilgili olsun; insanlarla dalga geçmemeliyiz. Çünkü bu; insanların öz güvenlerinin kırılmasına, onurlarının zedelenmesine sebep olabilir. Ve bu hisler insana, ölüm korkusundan bile ağır gelebilir. İşte Musa (A.S.), böyle bir durumla karşılaştığında, anksiyetesinin oluşacağından bahsediyor.

Şöyle bakın: Bazen insanlar, öyle üzerimize gelir; öyle baskı yapar, bizi öyle aşağılar ve öyle dalga geçerler ki; en iyi bildiğimiz konuyla ilgili bile konuşamaz bir hâle geliriz. Dilimiz tutulur, sadrımız daralır, heyecanımız artar. Böyle anlarda, normalde rahatça konuşup anlatabildiğimiz bir konu hakkında bile konuşamaz hâle gelebiliriz. İnsan bu duyguyu, özellikle narsistlerin karşısında çok fazla hisseder.

Bu anlatılanlardan ne öğreniyoruz?

İnsanların sizi manipüle etmelerine izin vermeyip hakkınızdaki, "Şuna bak! Ne anlattığı, ne söylediği belli değil." şeklindeki dalga geçmelerini önemsemediğinizde; gerçek öz güveni inşa edebilirsiniz.

Firavun; küçümseyerek, alay ederek Musa'yı (A.S.) manipüle etmeye çalıştı. Ancak Musa (A.S.), onun bu manipülasyonlarından etkilenmeyerek, hakikati anlatmaya devam etti.

Allah (C.C.); Musa'nın (A.S.) korkularına, endişelerine Şuarâ suresinin 15. ayetinde geçen "kellâ" ve "fezhebâ" kelimeleri ile cevap verdi.

Peki, neden?

Gelin bunun daha iyi anlaşılması için, "kellâ" ve "fezhebâ" kelimeleri ile ne anlatıldığını biraz daha detaylı inceleyelim.

Şuarâ 15- "Kâle kellâ, fezhebâ bi âyâtinâ innâ meakum mustemiûn."

"'Hayır!' buyurdu, 'Ben'im ayetlerimle gidin, Biz de Sizinle beraberiz, olup bitenleri işitiriz.'"

Allah (C.C.), Musa'nın (A.S.) dile getirdiği beş temel korkunun her birine, ayetteki bu iki kelimeyle mealen şöyle yanıt veriyor:

1- "Ben'i yalancı saymalarından korkuyorum.": "Kellâ! - Hayır! Endişelenme, Biz Sen'inle beraberiz."

2- "Ben'i yalancı saydıklarından dolayı anksiyete seviyem artacak ve sadrım daralacak.": "Kellâ! - Hayır! Endişelenme, Sen'i destekliyoruz."

3- "Anksiyetem artınca da akıcı konuşamam.": "Kellâ! - Hayır! Sözlerine tesir vereceğiz."

4- "Bu vazifeyi Hârun'a ver.": "Fezhebâ! - O da Sen'inle gidecek."

5- "Ben'i öldürürler.": "Kellâ! - Hayır! Allah'ın yardımı Sen'inle."

Bakın Allah (C.C.), Musa'ya (A.S.) dile getirdiği korkularından kurtarmak için mucizeler de vermişti.[18] Mesela Musa (A.S.), Firavun'un karşısına çıktığında doğrudan asasını atıp onu etkisiz hâle getirebilirdi. Yani O'na (A.S.) verilen mucizeleri kullanabilirdi. Ancak böyle yapmadı. O (A.S.), Firavun'un kullandığı manipülasyon tekniklerine aldırmadan konuştu ve öz güvenli bir şekilde vazifesini yerine getirdi.

Peki Musa (A.S.), Firavun'a gitmeden önce Allah'tan (C.C.) ne istemişti?

Musa (A.S.) öz güven, işine kolaylık, akıcı konuşma ve kardeşi Hârun'u (A.S.) yanına yardımcı olarak istemişti. Dikkatli baktığımızda bunların; öz güven inşası için çok önemli şifreler olduğunu görürüz.

Tâhâ 25;28- "Kâle rabbişrah lî sadrî. Ve yessir lî emrî. Vahlul ukdeten min lisânî. Yefkahû kavlî."

"'Ya Rab'bî' dedi. 'Genişlet sadrımı, kolaylaştır işimi, çözüver şu dilimin bağını. Ta ki anlasınlar sözümü!'"

O'nun (A.S.) istedikleri ve ettiği bu dua, bizim için muhteşem bir hediyedir.

Dikkat edin! Öz güven; insanın kendini gerçekleştirebilmesi, potansiyelini ortaya koyabilmesi, hem zihinsel (IQ) hem de duygusal zekâsını (EQ) geliştirebilmesi için olmazsa olmaz unsurlardandır.

Peygamberler bile narsistlerin baskıları karşısında zorlanabilirler. Narsistler; insanın iç dünyasını, öz benliğini ciddi biçimde sarsabilirler. Bu, önemsenmesi gereken bir konudur.

Resulallah (S.A.V.) da bu tür psikolojik baskılara maruz kalmıştı. Allah (C.C.) mealen, "Onların bu kabil iddialarından ötürü Sen'in sadrının

---

18. Şuarâ Suresi, 32; Tâhâ Suresi, 20;23

daraldığını çok iyi biliyoruz."[19] buyurarak, yaşadığı duygusal zorluk karşısında Resulallah'ı (S.A.V.) teskin etmişti.

Ebu Leheb'in "Ebter!" demesi, Ebu Cehil'in saldırıları ve Mekke'nin önde gelenlerinin uyguladığı gaslightingler üzerine; Allah (C.C.), Duhâ ve İnşirâh sureleriyle Resulallah'ı (S.A.V.) teselli etmişti. Ayrıca, "Onların söylediklerine karşı sabret, onlardan güzel bir tavırla uzak dur!"[20] buyurarak, Resulallah'ın (S.A.V.) öz güvenini korumuş; Müzzemmil ve Müddessir surelerinde, O'na (S.A.V.) böyle insanlarla karşılaştığında nasıl davranması gerektiğini anlatmıştı.

Unutmayın! Öz benliğine yapılan manipülasyon ve gaslighting, kişinin öz güvenini ve duygusal zekâsını da etkiler. Narsistlerin istismarları, özellikle insanların öz farkındalık, öz yönetim, empati ve sosyal beceriler gibi duygusal zekâlarının temel bileşenlerini olumsuz etkileyebilir.

Bu istismar çeşitleri ile oluşabilecek etkileri şu şekilde kısaca özetleyebiliriz:

a) Öz farkındalığı (Self awareness) zayıflatma: İnsanın kendisini tanımasını engeller. Kurban, "Ben kimim?" demeye başlar.

-Gaslighting (Gaz lambası): Gerçeklik algısını bozarak kurbanın kendini sorgulamasına neden olur. Kurban, çok emin olduğu meselelerde bile durmadan, "Şunu yaparsam doğru mu olur, bunu yaparsam yanlış mı olur?" şeklinde kendini sorgulamaya başlar.

-Sürekli eleştiri: Kişiyi yetersiz hissettirerek, kendi duygularını anlamasını zorlaştırırlar. Narsistler, sürekli eleştiri ve küçümseyici tavırlarla, kişinin kendini yetersiz hissetmesine sebep olurlar. Kurban, duygusal tatmin yaşayamadığı için, kendi duygularını anlamakta zorlanır. Bu yetersizlik hissi, hayatının her alanını öyle bir ele geçirir ki, kişi

---

19. Hicr Suresi, 97
20. Müzzemmil Suresi, 10

inanılmaz yetenekli bile olsa; "Ben, hiçbir işe yaramıyorum." hissiyatında olur.

b) Öz yönetimi (Self regulation) bozma:

-Tetikleme mekanizmaları: Kurbanın sinirlenmesini veya üzülmesini sağlayacak şeyler yapıp sonra da bunu "abartılı tepki" gibi gösterirler.

-İstikrarsızlık oluşturma: Duygusal iniş çıkışlarla kişiyi sürekli stres altında bırakırlar.

c) Empatiyi (Empathy) suistimal etme:

-Empati suistimali: Narsistler; kurbanın empatisini kullanarak, kendilerini mağdur gibi gösterirler.

-Duygusal mesafelenme: Kurban, kendi duygularıyla bağını kaybedebilir veya diğer insanlara karşı duygusal kapanma yaşayabilir.

d) Sosyal becerileri (Social skills) zayıflatma:

-İzolasyon: Kurbanın ailesi ve arkadaşlarıyla bağlarını zayıflatmaya çalışarak sosyal desteğini yok ederler.

-Öz güven kırma: Kurbanın kendini yetersiz hissetmesine neden olarak, insanlarla sağlıklı iletişim kurmasını zorlaştırırlar.

Narsistik istismara maruz kalan kişilerde, uzun vadede şu etkiler de gözlemlenebilir:

-Düşük öz güven ve kendini değersiz hissetme

-Duygusal dalgalanmalar ve öz kontrol kaybı

-Başkalarına güven kaybı ve empati eksikliği

-Sosyal kaygı, depresyon ve hatta travma sonrası stres bozukluğu (PTSD).

Şimdi kıssaya dönün ve Musa'nın (A.S.) hayatını bu maddeler perspektifi ile yeniden gözden geçirin!

Allah (C.C.), Musa'ya (A.S.) hitap ederek, Firavun'a gitmesini ve bunu da ayetleriyle yapmasını emrediyor.

Musa (A.S.), çocukluğundan itibaren büyük bir baskı altında yaşamıştı. Bu nedenle, iç dünyasındaki endişelerini; "Korkuyorum. Ben'imle dalga geçerler. Daralırım, Kendimi ifade edemem. Onların karşısına çıktığımda anksiyetem artar. Ben'i öldürebilirler." şeklinde dile getirmişti.

Bakın, Musa (A.S.) fiziksel olarak güçlü, kuvvetli bir insandı. Donanımlıydı, bilgi sahibiydi. O (A.S.), Allah'ın özel olarak hitap ettiği bir peygamberdi. Ancak tüm bunlara rağmen, çocukluktan itibaren yaşadıkları, maruz kaldığı baskılar ve manipülasyonlar; O'nun (A.S.) duygusal dünyasında derin izler bırakmıştı. Bu durumu küçümsememek gerekir.

Narsizm, gaslighting ve manipülasyon; ruhunu öylesine zedeler ki, insanı hareket edemez hâle getirebilir. Böyle bir durumda kişi; kendine olan güvenini kaybeder, karar vermekte zorlanır ve sürekli bir korku içinde yaşar. Ancak, Allah'ın (C.C.) yardımı ve bilinçli bir farkındalık süreci ile, bu duygusal yıkımın üstesinden gelmek mümkündür.

Narsistik istismarın etkilerinden kurtulmak zaman alabilir. Fakat şu adımlar izlendiğinde, bu süreç kolaylaşacaktır:

-Öz farkındalığı geri kazanmak için günlük yazılar yazılabilir. Örneğin, kişi duygularını; "Ben böyle hissediyorum." şeklinde not edebilir. Ya da profesyonel bir yardım almak için terapiye gidilebilir.

-Duygusal düzenleme becerilerini güçlendirmek için; spor, nefes egzersizleri ve tefekkür saatleri yapılabilir.

-Empati yeteneğinin yeniden inşa edilmesi için, güvenilir insanlarla bir arada bulunmak gerekir. Sosyal becerilerini geliştirme, küçük adımlarla sosyal çevrelere girme, öz güven inşasına yardımcı olabilir.

Bu adımlar takip edildiğinde, kişinin öz benlik algısı kuvvetlenmeye başlayıp EQ seviyesi de geliştirilebilir.

Toparlayalım.

Bir insan, Musa (A.S.) kadar güçlü ve seçilmiş biri dahi olsa; çocukluk yıllarından itibaren baskı, gaslighting ve narsistik bir sistemin içinde büyüdüğünden öz güveni sarsılabilir, sadrı daralabilir. Böyle biri; kendini ifade etmekte zorlanabilir ve hatta konuşmakta güçlük çekiyor hâle gelebilir. Bu tür yıkımları onarmanın en güçlü yolu, Allah (C.C.) ile çok kuvvetli bir bağ kurmak ve O'nun (C.C.) sunduğu çözümleri hayatımıza uygulamaktır. Musa'nın (A.S.) çözümü de zaten buydu.

Peki, biz ne yapmalıyız?

Kur'an'da sunulan çözümleri, peygamberlerin uyguladığı yöntemleri hayatımıza uygulamalıyız. İnsanların eksiklikleriyle, dış görünüşleri ile dalga geçmek; çok yıkıcı sonuçlar oluşturabilir, insanların öz güvenlerinin yıkılmasına neden olabilir. Bundan uzak durmalıyız. Unutmayın! Yıkılan öz güveni inşa etmek, uzun zaman alabilir.

EQ (duygusal zekâ), üzerinde titizlikle çalışılması gereken, kritik bir konudur. Sağlıklı bir öz güven ve yüksek duygusal zekâ bizim; hem dünya hem de ahiret yolculuğumuz adına; bilinçli, güçlü ve başarılı bireyler olmamızı sağlayacaktır. Her ne yaşarsak yaşayalım, kendimizi nasıl hissedersek hissedelim; "Allah beni seviyor." hüsnüzannı ile, iç dünyamızdaki tüm duygularımızı, Allah'a (C.C.) anlatabiliriz.

Unutmayın! Bize Allah'tan (C.C.) daha yakın hiç kimse yok. Ve Allah (C.C.) bize şah damarımızdan daha yakın.

Bazen konuşamasak, duygularımızı kelimelere dökemesek de; Allah'ın (C.C.) bizi anladığını bilerek, sessizce seccadede oturmak bile; yaşadığımız sıkıntıları çözmek adına çok önemli bir adım olacaktır.

Musa'nın (A.S.) hayatını bebekliğinden itibaren incelediğimizde; her anının imtihanlarla dolu olduğunu görüyoruz. Bizim hayatımızda da muhakkak inişler-çıkışlar vardır ve olacaktır. Bu, öz güvenimizi etkiyebilir. Mental olarak zayıfladığımız zamanlar olabilir. Yaşadığımız duygusal yoğunluktan kaynaklı, ağlamalarımızdan dolayı; Yakup (A.S.) gibi gözlerimiz görmez hâle gelebilir.

Ancak şunu hiç unutmamalıyız! Allah (C.C.), Duhâ suresinde Resulallah'ı (S.A.V.) teselli ettiği gibi, bizi de teselli ediyor: "Rab'bin Sen'i terk etmedi, Sana darılmadı da. Elbette Sen'in için her zaman, işin sonu, başından daha hayırlıdır. Elbette Rab'bin Sana ileride öyle ihsan edecek, ta ki Sen de O'ndan ve verdiğinden razı olacaksın."[21]

Sağlıklı öz güven inşa etmenin en önemli adımlarından biri; Allah (C.C.) ile sağlıklı bir bağ kurmaktır. Rab'bimiz, Kendisi ile sağlıklı, güçlü ve kuvvetli bir bağ kurabilmeyi nasip etsin. (Amin)

---

21. Duhâ Suresi, 3;5

Sonsöz

Sevgili Genç,

Bir yolculuğun ilk durağını geride bıraktın. Bu kitap, senin için bir sonuç değil; aksine bir başlangıç. Çünkü gerçek yolculuk, tek bir adımla bitmez; her yeni adım seni daha da derinleştirir, daha da olgunlaştırır. Sen şimdi sadece kapıyı araladın.

Unutma, sen sıradan bir genç değilsin. Çağının yüklerini taşıyan, içindeki sorularla yoğrulan ve hakikati arayan bir yolcusun. Belki sende hâlâ eksiklikler var, belki hâlâ kararsızlıkların gölgesi üzerindesin. Ama bil ki en büyük güç, eksiklerine rağmen yola devam edebilmektir.

Senden istenen kusursuz olman değil, yeniden başlayabilme cesaretine sahip olman. Düşebilirsin, yorulabilirsin, hatta bazen yolunu kaybediyor gibi olabilirsin. Fakat yeniden ayağa kalktığında, işte o zaman kahraman olursun. Çünkü kahramanlık, hiç düşmemek değil; düştüğünde kalkabilmektir. Düştüğün yerden nasıl kalkacağının en optimum yol haritası nerede gizli biliyor musun? Allah'ın insanlara göndermiş olduğu son hidayet rehberi olan Kur'an'da. Kur'an sana hangi durumda nasıl hareket edeceğini gösterecektir.

Bu kitabın satırları boyunca sana eşlik eden sorular, aslında kendi içindeki cevabı aramana yardım etmek için vardı. Kimlik, öz güven, denge, iyilik, özgürlük... Bunların hepsi, zaten senin içinde taşıdığın hazineler. Belki de bu yolculuk, onları hatırlaman için bir fırsattı.

Şimdi geriye tek bir şey kalıyor: Öğrendiklerini hayata taşımak. Çünkü bilgi, sadece zihinde kaldığında yük olur; davranışa dönüştüğünde ise aşk. Öğrendiklerini aşkla taşıdığında, sadece kendine değil; çevrene, belki de hiç tanımadığın insanlara bile umut olacaksın.

Unutma, hayat bir deftere benzer. Bu kitapla sadece o defterin ilk sayfasını açtın. Önünde hâlâ boş sayfalar var ve onları dolduracak olan da senin seçimlerin olacaktır. Bizim bu seride yapmaya çalıştığımız şey, sana o sayfaları yazarken rehberlik etmek, düşüncelerine ışık tutmak ve iç yolculuğunda yalnız olmadığını hatırlatmak.

Bu seri, sana o yürüyüşte güç katmak, yön göstermek ve kalbine umut vermek için hazırlanıyor.

Şimdi bu kitabın kapağını kapatıyorsun. Ama yolculuk devam ediyor. Çünkü bu yalnızca ilk adımdı. Önümüzde seni bekleyen yeni konular, yeni başlıklar ve yepyeni analizler var.

Sen, bu çağın genç kahramanısın ve serüvenin daha yeni başlıyor.

Hazır ol! Yol uzun; ama endişe etme, çünkü biz seninleyiz.

Sen, bu çağın genç kahramanısın. Ve senin yürüyüşün, senden sonrakilere yol gösterecek.

Yolun açık, kalbin diri, azmin daim olsun!

www.ingramcontent.com/pod-product-compliance
Lightning Source LLC
Chambersburg PA
CBHW020406080526
44584CB00014B/1198